国家社会科学基金项目资助 项目编号：15BYY128
浙江师范大学中国语言文学一流学科建设成果

基于语料库的
汉语程度副词历时研究

——兼与英语比较

张家合 ◎ 著

中国社会科学出版社

图书在版编目(CIP)数据

基于语料库的汉语程度副词历时研究:兼与英语比较/张家合著.
—北京:中国社会科学出版社,2022.7
ISBN 978 - 7 - 5203 - 9715 - 5

Ⅰ.①基⋯ Ⅱ.①张⋯ Ⅲ.①汉语—副词—研究 Ⅳ.①H146.2

中国版本图书馆 CIP 数据核字(2022)第 022942 号

出 版 人	赵剑英
责任编辑	郭晓鸿
特约编辑	杜若佳
责任校对	师敏革
责任印制	戴 宽

出 版	中国社会科学出版社
社 址	北京鼓楼西大街甲 158 号
邮 编	100720
网 址	http://www.csspw.cn
发 行 部	010 - 84083685
门 市 部	010 - 84029450
经 销	新华书店及其他书店

印 刷	北京明恒达印务有限公司
装 订	廊坊市广阳区广增装订厂
版 次	2022 年 7 月第 1 版
印 次	2022 年 7 月第 1 次印刷

开 本	710×1000 1/16
印 张	20.75
插 页	2
字 数	290 千字
定 价	118.00 元

凡购买中国社会科学出版社图书,如有质量问题请与本社营销中心联系调换
电话:010 - 84083683

序　言

　　程度副词研究是学术界研究的热点问题，中外学者多有关注。本书是家合在其主持完成的国家社科基金项目基础上，充分吸收结项专家意见后，进一步修改完成的。本书立足于汉语实际，依据大型标记语料库，系统全面地考察汉语程度副词的基本面貌和历史流变，重点突出程度副词的搭配能力及其发展变化。研究时，借助语料库语言学的方法，对汉语历史文献的文本问题进行考察，注意将近代汉语与早期现代英语的程度副词进行比较，为汉语、英语的比较研究，特别是汉、英古代语言的比较研究，提供了一个可资参照的样本。本书材料丰富，方法可取，显示了作者鲜明的理论追求和创新意识。

　　本书的价值主要反映在以下几个方面。

一　全面地介绍了语料库和语料库语言学

　　本书较为全面地介绍了汉语、英语研究中常用的语料库，语料库语言学的基本理论和研究方法，特别是对词语搭配和构式搭配分析法进行了系统论述。台湾"中央研究院"古汉语标注语料库，是一个开放标注的大型汉语历时语料库，搜集的语料丰富，又有词类标注。借助语料库的语言学研究，更加重视真实语料和实证数据，从而避免了传统基于直觉的语言研究的不足，因此结论更为可信。

二　利用语言统计学的方法进行程度副词的搭配研究

构式搭配分析法，是结合语料库语言学和认知语言学而出现的研究方法。本书利用这种方法考察程度副词构式与不同搭配词的搭配强度、特异值，研究程度副词与搭配词之间相互吸引或排斥的程度，呈现不同程度副词的特异搭配词，以及不同程度副词（尤其是近义程度副词）的差异性。利用对应分析，将不同成员的搭配差异性进行可视化呈现，展示了语料库语言学的优势和魅力。

三　进行历史汉语与英语程度副词的比较研究

本书选择 EEBO（收录了 1473—1700 年间出版的英语文献）作为早期现代英语的代表，与近代汉语的程度副词进行比较。虽然英语和汉语差别很大，但在程度副词方面却表现出某些共性：程度副词系统发展不够均衡，部分成员的使用极为频繁，而其他成员使用较少；程度副词系统不断地发展变化，是一个具有历史层次性的系统。

四　利用语料库语言学的统计方法对语料性质进行考察

利用语料库语言学的统计方法，考察文本中程度副词的使用情况，为探讨历史文献的语言性质提供了新思路。本书借助频数差异检验法（对数似然率，LLR），发现《红楼梦》前 80 回与后 40 回，以及《金瓶梅词话》第 53—57 回与其他的 95 回，在程度副词使用上存在明显的差异。这些差异为判定《红楼梦》和《金瓶梅词话》的语言性质和作者问题提供了用语方面的证据。

五　对比考察英汉程度副词的来源

本书在介绍程度副词形成和发展相关理论的基础上，对汉语和英语程度副词的来源进行了考察，发现二者的语义演化模式存在某些共性。具有某一意义的一组词往往会朝着共同的方向发展，演化为程度副词。如表"指示"的代词往往会发展出程度语义，这种现象在历史汉语、现代汉语方言、英语和其他语言中普遍存在。

本书论证充分、结构合理、视野开阔、引证规范，体现了作者缜密的思路和强烈的创新意识。

当然，由于本书属于一种创新性的研究，前人研究成果可供参考者并不很多，因而无可避免地存在一些不足之处。

一是本书的搭配侧重于词语之间线性紧邻的共现，由于有些线性序列的共现，并不是严格的意义搭配，如"更无""更不"之类，"更"所修饰限制的对象是其后的整个 VP，而不是"无"和"不"本身。若能将词语之间的共现与意义结合起来考察，效果或将更好。

二是本书使用资料来自标注的语料库，语料库的标注质量对研究结论有很大的影响。虽然作者在第十章、第十一章已经谈到语料库在程度副词的标注上存在的问题，但若能将语料库的数据和研究者的判断相结合，这样的研究才更为合理。

家合从攻读博士学位开始即从事汉语程度副词的研究，毕业后到浙江工作，承担着繁重的教学任务。所幸的是，他对程度副词的研究热情不减，又利用在英国兰卡斯特大学访学的机会，深入学习语料库语言学的理论和方法，并运用于程度副词研究之中。我翻阅本书后非常高兴，他经过这些年的积淀和探索，在程度副词的相关领域积累了丰富的研究经验，我相信他一定能够获取更大的成功！

柳士镇

2020 年 12 月 30 日

目　　录

第一章　语料库与语料库语言学 ……………………………… 1

　第一节　语料库 …………………………………………… 1

　第二节　语料库语言学 …………………………………… 8

　第三节　语料库语言学的研究议题 …………………… 12

　第四节　语料库语言学与语言类型学的结合 ………… 14

　第五节　使用的语料库 ………………………………… 15

　第六节　研究目的和统计方法 ………………………… 18

第二章　理论基础与研究方法 ………………………………… 21

　第一节　理论基础 ……………………………………… 21

　第二节　研究方法 ……………………………………… 26

　第三节　构式搭配分析法 ……………………………… 28

第三章　汉英程度副词的界定和分类 ……………………… 37

　第一节　程度副词的界定 ……………………………… 37

　第二节　程度副词的分类 ……………………………… 41

第四章　汉语程度副词概说 ………………………………… 49

　第一节　历史概貌 ……………………………………… 49

第二节 基本特征 …………………………………… 52

第三节 搭配功能 …………………………………… 56

第五章 汉语程度副词的历时考察 ………………… 64

第一节 "最"类词 ………………………………… 64

第二节 "太"类词 ………………………………… 74

第三节 "更"类词 ………………………………… 85

第四节 "甚"类词 ………………………………… 98

第五节 "略"类词 ………………………………… 124

第六章 构式搭配分析 ……………………………… 127

第一节 上古汉语的"最"类词 …………………… 128

第二节 中古汉语的"甚"类词 …………………… 140

第三节 近代汉语的"更"类词 …………………… 155

第七章 汉英程度副词系统的比较 ………………… 170

第一节 发展不够均衡的词汇系统 ………………… 172

第二节 具有历史层次性的词汇系统 ……………… 179

第三节 不断发展变化的词汇系统 ………………… 185

第四节 不对称的词汇系统 ………………………… 202

第八章 汉英指示程度词的来源考察 ……………… 208

第一节 汉语指示义的程度词 ……………………… 209

第二节 "恁"系词 ………………………………… 211

第三节 "这"系词 ………………………………… 219

第四节 "那"系词 ………………………………… 225

第五节 类型学的证据 ……………………………… 229

第九章　基于程度副词的文本考察 ···························· 234

　第一节　《红楼梦》前 80 回与后 40 回的对比分析 ·········· 234

　第二节　《金瓶梅词话》文本的分析 ·············· 246

第十章　汉语语料库语言学存在的问题 ·············· 256

　第一节　标注的主要问题 ·············· 256

　第二节　"有些""有点"的历史演变 ·············· 265

第十一章　结语 ·············· 275

　第一节　已做工作的总结 ·············· 275

　第二节　本领域研究的不足和展望 ·············· 279

附表 ·············· 284

参考文献 ·············· 286

后记 ·············· 321

第一章　语料库与语料库语言学

语料库语言学已经成为语言研究的主流。基于语料库的研究不再是计算机专家的独有领域，它正在对语言研究的许多领域产生愈来愈大的影响。[①]

——Thomas，J. & Short M.

第一节　语料库

一　语料库的定义

语料库（corpus，复数形式为 corpora），此术语源自拉丁语，原义为"人或动物的躯体"，后引申为"文本集"。从字面上看，语料库就是存放语言材料的仓库。大型的电子计算机诞生之前，电子语料库根本无从谈起，语言研究者曾经用各种不同的形式保存、记录和标记语言材料，使用手工制作的纸本卡片，是早期语言研究者的惯常做法。纸本卡片是研究者通过人工翻阅、查找书籍文献之后，摘录语言信息的纸质卡片，这项工作对语言研究很有帮助，但相当费时费力。20 世纪后半叶

---

① 参看丁信善（1998）。

以来，电子计算机技术飞速发展，为各门科学的研究提供了极大便利，语言学的研究也从中获益。此后，各种记录语言信息的电子文本大量涌现，将这些文本汇聚而成的"电子文本集"（a collection of texts stored in an electronic database）应运而生。大型电子语料库不断创建和完善，所收集文本的数量越来越多，语料应用的范围越来越广，研究的手段和方法日趋科学，促使语言研究逐渐走向深入。

学界对语料库有诸多的定义，这些界定的本质往往大同小异。正如杨慧中（2002：9 – 10）所指出的，"所谓语料库是指在随机采样的基础上收集的有代表性的真实语言材料的集合，是语言运用的样本"。杨慧中（2002：36 – 42）认为，语料库一般具有以下几个方面的特征。

（1）语料库的设计和建设是在系统的理论语言学原则指导下进行的，语料库的开发具有明确而具体的研究目标。

（2）语料库语料的构成和取样是按照明确的语言学原则并采取随机抽样方法收集语料的，而不是简单地堆积语料。所收集的语料必须是语言运用的自然语料（Naturally-occurring Data）。

（3）语料库作为自然语言运用的样本，就必须具有代表性（representativeness）。

（4）语料库的语料是以电子文本形式储存并且是通过计算机自动处理的。

（5）基于语料库的研究以量化研究为基石，以概率统计为基本手段，以"数据驱动"为基本理念。

（6）语料库既是一种研究方法，又代表着一种研究思维，并以当代先进的计算机技术为技术手段。

（7）语料文本是连续的文本或话语片段（running text or continuous stretches of discourse），而不是孤立的句子和词汇。

McEnery 和 Wilson（2001）认为当代语料库具有四大特征：采样性（Sampling）、代表性（Representativeness）、限定大小（Finite Size）、机读形

式（Machine-readable Form）和可作为标准参照（Standard Reference）。

综上可知，假若只是将一些电子文献进行简单的堆砌和汇总而成的"电子文本集"，尚不能被称作是真正意义的语料库。诚如梁茂成、李文中、许家金（2010：3）所说，在现代语言学里，"真正意义上的语料库是一个按照一定的采样标准采集而来的、能够代表一种语言或者某语言的一种变体或文类的电子文本集。可以说，一个语料库由若干个电子文本构成，而这些电子文本作为一个整体可以代表某语言或者某语言的变体或文类"。

世界上第一个能够机读的（machine-readable）语料库，是 1967 年 Henry Kučera 和 W. Nelson Francis 在美国布朗大学建立的"布朗大学当代美国英语标准语料库"（The Brown University Corpus of Present Day American English）。这个语料库通常被称为布朗语料库（Brown Corpus），代表的是 20 世纪 60 年代的美国英语书面语。在该语料库建设之初，创建者就对该语料库的文体平衡性和语料抽样原则进行了通盘考虑和周密设计。具体做法是，采用分层随机抽样的原则，从 15 种语体中选取 500 个英语书面语，每个文本选取 2000 个词左右，整个语料库共包括一百万个词。布朗语料库是世界上第一个平衡语料库，为后来的语料库建设提供了建库标准，成为现代语料库的典范，在语料库建设史上有着极为重要的地位和影响。此后，各种类型、各种用途的语料库陆续建立起来。英语语料库，如 ACE（Austrailia Copus of English，澳大利亚英语语料库，亦称 Macquarie 语料库），ARCHER（A Representative Corpus of Historical English Registers，英语历史语料库），BNC（British National Corpus，英国国家语料库），CEECS（Corpus of Early English Correspondence Sampler，早期英语书信语料库），CNC（The Czech National Corpus，捷克国家语料库），COBUILD（Collins Birmingham University International Language Database，柯林斯伯明翰大学国际语言数据库），COCA（The Corpus of Contemporary American English，美国当代英语语料库），HC（The Diachronic Part of the Helsinki Corpus，赫尔辛基历时英语语料库），ICE（The International Corpus of English，国际英语语料库），Kolhapur 语料库（印度英语语料库），LOB（The Lancaster-Oslo-Bergen Corpus，兰卡斯特—奥斯陆—卑尔根语料库），WC（Wellington Corpus，惠灵顿语料库），LCEMET（Lampeter Corpus of Early Modern English Tracts，兰彼得早期现代英语语料库），LLC（London-Lund Corpus of Spoken English，伦敦 – 隆德英语口语语料库），Longman Corpus（朗文语料库），UPenn TreeBank（宾大树库）；汉语语料库，如 Sinica Corpus（台湾"中央研究院"电子语料库），UCLA Chinese Corpus（加州大学洛杉矶分校汉语语料库），CCL 语料库（Center for Chinese Linguistics，北京大学语言学研究中心汉语语料库），BCC 语料库（BLCU Corpus Center，北京语言大学语料库），JDEST 语料库（Jiao Tong University Corpus of English for Science and Technology 上海交通大学科技英语语料库）等。这些语料库有些是参照布朗语料库的建库原则和标准建立的，有些是另设其他标准和目的而建立的。

二　语料库的分类

依据不同的分类标准，语料库可以分成不同的类型。

根据收集语言种类的多少，语料库可以分为单语语料库（Monolingual Corpus）、双语语料库（Bilingual Corpus）和多语语料库（Multilingual Corpus）。单语语料库只收录一种语言的语言文本，如国家语委创建的现代汉语平衡语料库；双语语料库收录两种不同语言的文本，如北京外国语大学创建的英汉双语平行语料库；多语语料库则收集三种及三种以上语言的文本，如欧洲平行语料库，该库收录了欧洲议会的多种语言文本。

根据语料性质的差异，语料库可以分为口语语料库（Spoken Corpus）和书面语语料库（Written Corpus）。口语语料库主要收录口语语料，用来研究语言的口语特征，如北京口语语料库；书面语语料库主要收录书面语语料，用来研究语言的书面语特征，如日语学习者书面语语料库。

根据所收语料时间跨度的长短，语料库可以分为共时语料库（Synchronic Corpus）和历时语料库（Diachronic Corpus）。共时语料库的文本均来自同一个时期，用来研究某一时期语言的特征，如台湾"中央研究院"的现代汉语平衡语料库；历时语料库的文本来自不同的历史时期，用于研究语言的历史演变，如赫尔辛基历时英语语料库。

根据语料应用的范围，可以分为通用语料库（General Corpus）和专用语料库（Specialized Corpus）。通用语料库的文本来源多样，具有广泛的代表性，能够反映语言的系统性特征，如英国国家语料库；专用语料库一般由某一特定专业领域的文本构成，是具有特殊用途的语料库，如法律英语语料库。

根据语料是否经过加工，语料库可以分为生语料库（Raw Corpus）和标注语料库（Tagged Corpus）。生语料库指文本汇集起来之后，未经任何加工处理，没有词类和句法标注的语料库，如网络版的 CCL 语料库；标注语料库的文本则经过词类标注或句法标注，如台湾"中央研究院"的上古、中古、近代汉语和现代汉语的标注语料库。

三　常用英语语料库介绍

除上文介绍的布朗语料库外，还有不少大型的语料库，为语言研究者所常用。其中，英语语料库数量众多，建设标准比较规范，这些语料库既为英语的研究提供了方便，也为汉语和其他语言的语料库建设提供了经验和借鉴。以下简要介绍几种常见的英语语料库。

LOB 语料库，兰卡斯特—奥斯陆—卑尔根语料库（The Lancaster-Oslo-Bergen Corpus，LOB），在 20 世纪 70 年代，是由英国兰卡斯特大学（Lancaster University）的著名语言学家 Geoffery Leech 发起，由挪威奥斯陆大学的 Stig Johnsson 教授主持完成的现代英语语料库。LOB 语料库是（Brown）布朗语料库的姊妹库，研究对象为当代英国英语，以期与美国英语进行对比。该语料库在设计上仿照（Brown）布朗语料库，也是由 500 个文本组成，每个文本 2000 词左右，共收 100 万词。该库使用 CLAWS 系统进行词类标注，① 极大地提高了词类标注的准确性，准确率达到 96% 以上。

柯林斯伯明翰大学国际语言数据库（COBUILD 语料库），又被称为英语银行（The Bank of English）。该语料库是英国的伯明翰大学和 Harper Collins 出版社合作，由著名语料库语言学家 John Sinclair 主持创建的语料库。COBUILD 语料库最初的规模只有 2000 万词，之后扩充至上亿词次，成为世界上最有影响力的语料库之一，广泛用于英语词典的编纂和英语语言学的研究之中。《柯林斯 COBUILD 英语词典》就是依据该语料库编纂而成的，所有的词条和例句均取自 COBUILD 语料库。

英国国家语料库（The British National Corpus，BNC），是目前最有影响力的英语语料库之一，在英语研究界广为使用。该语料库由牛津大学出版社、朗文出版公司、牛津大学计算机服务中心、兰卡斯特大学英语计算机中心以及大英图书馆等共同创建，于 1994 年完成。该语料库词库容量超过 1 亿，其中书面语占 90%，口语占 10%，由 4124 篇代表 20 世纪后半期的英国英语文本构成。BNC 语料库标注的准确率很高，可以达到 97% 以上，且提供在线查询检索，为广大语言研究者所喜爱。

国际英语语料库（The International Corpus of English，ICE），由英国伦敦大学英语系 1990 年发起，目的是为研究全世界范围内英语语言

---

① CLAWS 标注标准见"附表"2。

的变体提供数据。目前，ICE 包括世界上 20 多个国家的语料库。为了保证 ICE 的统一性和可比性，各个子库的建设均遵守共同的操作原则，每个语料库都是由 500 个文本，每个文本都由 2000 个词构成。

美国当代英语语料库（The Corpus of Contemporary American English，COCA），由美国杨百翰大学的 Mark Davies 教授开发的美国当代语料库。该语料库提供免费查询，其库容已达 4.5 亿个词，是当今世界收录量最大的英语平衡语料库。该库收录的文本包括口语、小说、流行杂志、新闻报纸和学术期刊 5 类，而且注重文本的平衡分布，对研究美国当代英语极具价值。

赫尔辛基历时英语语料库（The Diachronic Part of the Helsinki Corpus，HC），在 1984 年由芬兰赫尔辛基大学的 Matti Rissanen 和 Ossi Ihalainen 教授共同发起，收录了公元 850—1710 年的英语历时文献和方言文本，包括古英语（Old English：850—1150）收 413330 词，中古英语（Middle Engish：1150—1500）收 608600 词，早期现代英语（Early Modern English：1500—1710）收 551000 词。[①] 此语料库虽未进行词类标注，但其收集了丰富的英语历时文献，为查询英语词语的历史来源提供了便利条件。

ARCHER（A Representative Corpus of Historical English Registers，英语历史语料库），收录了 1650—1990 年的 1037 个义本，约有 170 万个词，包括英国英语和美国英语，为研究早期现代英语提供了较为丰富的资料，具有较高的价值。

Early English Books Online（V3）（EEBO，早期英文书），是一个标注英语历史语料库，收录了从 1473—1700 年出版的早期英语文献，是迄今为止最完整、最准确的早期英语全文数据库，对历史英语的研究具有很高的价值。

---

① http：//clu. uni. no/icame/manuals/HC/INDEX. HTM#con11.

第二节 语料库语言学

一 语料库语言学的诞生

语料库语言学（Corpus Linguistics），这一术语较早是由荷兰学者 Jan Aarts 和 Theo van den Heuvel 在文章 *Grammars and Intuitions in Corpus Linguistics* 中使用。[①] 熊文新（2015：12）指出，"从广义上讲，凡是使用语料库的语言学研究，都可归为语料库语言学。然而更严格地来看，使用语料库作为语言素材，利用语料库研究处理技术和手段的语言学研究，才能算作语料库语言学"。

语料库语言学的研究至少可以追溯到 20 世纪五六十年代，甚至更早。德国语言学家 Kaeding，曾在 1898 年使用大规模的语言材料，统计德语单词在文本中的出现频率，目的是用来编写德语频率词典。尽管 Kaeding 当时使用的语言材料还不是严格意义上的语料库，但其使用大规模的语言资料来编写词典，颇具方法论方面的指导意义。在语料库的研究中，Kaeding 的工作无疑具有开先河的性质。此后，有更多的学者进行过类似的工作，如 Thorndike（1921、1963）等。特别值得注意的是，夸克（R. Quirk）等人在 1959 年进行的"英语用法调查"（Survey of English Usage）项目，通常被称为现代语料库语言学研究的鼻祖，并在此基础上完成了巨著《现代英语语法》（*A Grammar of Contemporary English* ）和《英语语法大全》（*A Comprehensive Grammar of the English Language*），对现代英语语法进行了系统全面的描写，在语言学界产生了广泛深远的影响。不过，这项浩大的工程仍不是由电子计算机完成

---

① Aarts, T. & T. van den Heuvel, Grammars and intuitions in corpus linguistics, S. Johansson (ed.), *Computer Corpora in English Language*, Norway：Norwegian Computing Centre for the Humanities, 1982, pp. 66 – 84.

的，而是通过手工完成的，研究者依靠人工制作了大量卡片，各种数据均使用人工计算和统计。

20 世纪 60 年代是现代意义的语料库正式诞生的年代，标志是布朗语料库的建立，其哲学基础是实证主义（empiricism）。而此时正是乔姆斯基转换生成语言学如日中天的时代，以理性主义（rationalism）为基础的生成语言学与语料库语言学的主张大相径庭，因此，新兴的语料库和语料库语言学从出现之初便受到了生成语言学界强烈的质疑和猛烈的批判，这就注定早期语料库语言学的发展必定艰难缓慢。

在之后的几十年里，持不同主张的语言学家逐渐认识到，生成语言学和语料库语言学的学术旨趣和研究方法其实并非完全对立、水火不容。生成语言学有其优势，语料库语言学也有其自身的价值。语言研究中若能将这两种方法结合起来，必将产生更加积极的意义，正如 Leech（1991：14）所指："20 世纪 50 年代的语料库语言学家拒绝使用语言直觉，而 60 年代的普通语言学家拒绝使用语料库数据，二者都不具有近年来许多成功语料库分析所达到的数据覆盖率与提出的真知灼见。"Sinclair（1991：1）认为："30 年前，是语料库语言学研究刚刚开始的阶段，人们认为处理几百万字的文本是不可能的；20 年前，人们认为这是有可能的，但想法有些难以想象；10 年前人们认为它是非常有可能的，但困难重重；当今，语料库语言学已经非常流行。"Fillmore（1992：35）对此也有过精辟的论述，"任何语料库，无论它有多大，也不可能包含我所希望探索的所有英语词汇和语法信息，因此只依靠观察数据是不够的；同样，我所见过的任何语料库，无论它的规模是何等的微不足道，我也曾从其中获取到通过其他途径都无法获取到的信息。因此，我的结论是，基于直觉的语言学家和语料库语言学家彼此需要，谁也离不开谁。或者，更准确地说，我们应该把这两类语言学家的品质融于一身。"McEnery 和 Wilson（2001）也认为基于语言直觉和基于实证数据的两种语言研究方法能够相互补充，取长补短。20 世纪 70 年代以后，语料库建设获得了较大发展，语料库语言学逐渐成为语言研究领域中不可或缺的一支力量，越来越多的学者加入这支队伍。在词典编纂、语言对比研究、翻译研究、语言教学以及其他方面，语料库得到了广泛的应用，语料库语言学获得了长足发展，并取得了喜人的成绩。

二 语料库语言学的性质

对于语料库语言学，学界有两种不同的观点。一种观点认为，语料库语言学是一门独立的学科，"具有理论层面的意义"，它有自己独立的理论体系和研究方法，如 Aarts（2001：5－13），Tognini-Bonelli（2001：99），Renouf（2005：2），Knowles（1996），Teubert（2007：134－159）等。作为学科，语料库语言学是一门崭新的交叉学科，试图摆脱传统语言学理论所设定的框架，力求发现新的语言事实和语言形式。面对大规模真实的（authentic）语言材料，计算机具有人工无法比拟的优势，因此在较短的时间内，语料库语言学涌现出一系列的重要研究成果。在具体的语言研究中，语料库语言学也暴露出了一些不足，特别是语料库语言学的引领者 John Sinclair（1933—2007）去世以后，其已有的理论和方法遭遇到多方面的挑战，作为学科门类的语料库语言学明显呈现出后劲不足的问题。

另一种观点认为，语料库语言学并不是语言学的一个分支学科，只是一种以语料库为基础的研究方法和范式，是不同于社会语言学、心理语言学或其他语言学分支的研究范式，如 McEnery 和 Wilson（2001）、Gries 和 Stefanowitsch（2010）、McEnery 和 Hardie（2012）等。持这一主张的多数学者将语料库语言学视为一种研究方法和手段。语料库语言学作为其他语言学研究方法的补充，是基于大规模的真实语言证据，用来解决使用其他语言学研究方法无法解答或难以回答的问题，从而极大地丰富和发展了现有的语言研究方法和研究手段，具有积极的方法论意义。

《语言学名词》（2011：165）则认为，"（语料库语言学是）语言学的一个分支。把大规模的真实的自然语言数据（书面文本或言语录音的转写）作为语言学描写、验证语言假说或建立语言学统计模型的依据。也是一种以语料库为基础的语言研究方法。包括：（1）对自然语料进行加工、标注；（2）应用已经标注好的语料或原始语料进行语言研究和应用开发"。

与上述问题紧密相关的是，语料库语言学的两种研究范式之争——语料库驱动（corpus-driven）和基于语料库（corpus-based）。从Tognini-Bonelli（2001：65-98）开始，这两种范式的争论持续不断。从现有的研究文献来看，语料库驱动和基于语料库二者之间确实存在着明显的差异。

语料库驱动的研究范式认为语料库语言学是一门独立的学科，拒绝现有的语言研究理论体系和研究框架。也就是说，主张一切从数据出发，通过人工观察、分析、归类的方法，考察统计语言事实，对语言现象进行概括，得到规律性的认识，以构建新的语言理论或假设。这种研究反对进行文本标注，主张使用"干净文本"（Clean Text），利用检索工具分析词项的索引行（Concordance Line），主要是"中心词居中"技术（KWIC：key words in correspondence），对词项及其左右跨距（span）的语言进行研究，如节点词（Node Words）、搭配（collocation）、类连接（colligation）、语义倾向（Semantic Preference）和语义韵（Semantic Prosody）等；而基于语料库的研究范式认为语料库语言学只是一种方法，主张使用标注文本（Tagged Text），不拒绝外部理论，采用"提出假设—分析数据—验证假设"的研究步骤，借助大型语料库的强大检索功能，利用语言统计学的研究方法，检验或修正已有的语言理论或假设。在这种研究中，词语不是研究的唯一切入点，研究中还涉及多种非语言因素对语言的影响，如性别（gender）、语体（genre）、年龄（age）、地域（region）等。

　　其实，语料库驱动的研究和基于语料库的研究，从一开始它们的界限就并非泾渭分明，而是各有所长，可以取长补短、相互借鉴。语料库语言学作为一种新的研究方法和研究技术，已得到学界的广泛认同，拓展了语言研究空间，区别于以往单纯凭借直觉获得的语言数据，它的数据更具有真实性，通过对真实语言事实进行更加科学的定量和定量统计分析和概括，使研究更加科学和严谨。而且二者都需要使用语言文本，都关注语境对意义的制约作用，都需使用语言学研究中常用的统计方法，且它们有不少共同的研究课题，如语言的搭配（collocation）、分布（distribution）、语义（meaning）等。因此，本书的研究虽然取名为基于语料库的研究，但在实际的研究过程中却不准备在这两个术语的差异上纠缠，而是将基于语料库和语料库驱动这两种方法结合起来。具体做法是，利用现有大型标记语料库，使用标注文本，借助现代统计学工具和方法，考察汉语程度副词的历史面貌和历时演变，研究程度副词的搭配、语义演变等问题，结合语言类型学的方法，比较汉语与英语（主要是英语，另有少量的其他语言和少数民族语言）程度副词历史面貌、搭配差异、语义特征及相关问题。

第三节　语料库语言学的研究议题

　　语料库语言学发展迅速，各种用途和类型的语料库大量涌现，语料库的容量不断增加，检索技术日新月异，统计方法不断更新，研究内容和议题不断扩展。毫无疑问，这些工作和研究中有一个基本议题：词语搭配（collocation）研究。"搭配研究始终是语料库语言学研究中的重要内容，是研究意义最重要的方法。从 20 世纪 60 年代 Sinclair 团队的 OS-TI Report，到 COBUILD 英语词典，再到形式语法（Pattern Grammar）和短语学（Phraseology）的兴起，搭配始终是语料库语言学关注的重中之重。难怪 Wolfgang Teubert 把 Sinclair 团队的语言学称为基于搭配的语言学（collocation-based linguistics）。"①

英国语言学家 Firth 被公认为词语搭配研究之父，他认为词语搭配是指词与词结伴（accompany）使用的语言现象。在语料库的检索行中，以节点词为中心左右的词数之和为跨距，跨距之内的每个位置上出现的词都是节点词的搭配词（collocates）。语言的词汇并不是孤立使用，而是和其他的一些词构成习惯性和典型性的结伴关系，"由词之结伴可知其词"（You shall know a word by the company it keeps）（Firth，1957：12）；习惯性词语搭配的各个伙伴之间相互预见（Mutual Prediction）和相互期待（Mutual Expectancy）；类连接（colligation）是指词类、句类以及别的语法范畴间的相互关系，位于同一类连接内的语法范畴同样相互期待，是高于词语搭配的抽象。Firth 对搭配的论述对语料库语言学的研究具有重要影响。此后，Halliday（1966），McIntosh（1966），Greenbaum（1970，1974），Sinclair（1991）等学者对搭配问题又有进一步的补充和发展。概括来看，词语搭配是反复使用（recurrent）的词语序列（String of Words），共现（co-occurence）是词语搭配的基本条件。类连接是搭配的更高层次，与语法层次的互选。语义韵（Semantic Prosody）和语义偏好（Semantic Preference）与词语搭配关系密切。② 近年来，构式语法兴起，研究词项与构式搭配关联强度（Collostructional Strength）的关系逐渐对传统的搭配研究有了新的拓展（详见第二章介绍）。

---

① 卫乃兴、李文中、濮建忠、梁茂成、何安平（2014）。

② 在不同的研究体系里，各家对 collocation 的理解也不尽相同。Firth 所谓的 collocation 指词项的结伴使用（Firth，1957：196），涵盖了丰富的内容；在新 Firth 学派的体系里，collocation 是词项趋于共现（co-occurrence）的概率（Halliday McIntosh & Strevens，1964：33）；结构主义者会将句法形式等同于搭配（Benson，et al.，1986）；语言习得研究者将搭配视为语言的预制件（pre-fabrications，pre-fabricated chunks）、定型表达（stereotyping）（Bolingeretal，1981：55）；另一些研究者将搭配视为惯例化的形式/功能复合体（conventionalized form/function composites）（Nattinger and Decarrico，1992：1），或者词语化句干（lexicalized sentence stems）（Pawleyand Syder，1983：210）。可谓术语林立，概念繁杂（卫乃兴，2002：1）。

第四节　语料库语言学与语言类型学的结合

语言类型学（Language Typology），[①] 是当今语言学领域的一门重要分支学科，学者们给予了很多关注，取得了诸多重要成绩。语言类型学具有鲜明的跨语言特征，是通过不同语言之间的对比研究，寻求人类语言的一般共性或某些语言的个性，并对此作出功能性的解释。自 20 世纪 90 年代开始，国内的语言对比研究开始引进语言类型学的方法来描写和解释不同语言的差异。许余龙（2010）指出："语言共性研究是语言对比研究的理论源泉和基本目的之一，而语言类型学研究则为语言对比研究提供了基本的对比分析框架。"沈家煊（2012）认为，语言对比研究"要有类型学的视野，要把对比的语言放到人类语言的大背景上来考察。个别语言的特点和人类语言的共性是'一个铜板的两面'，共性寓于个性之中，个性是共性的具体表现。把汉语置于世界语言变异的范围内来考察，在普遍适用的语言变异模式上找出体现汉语特点的变异参项，这应该是我们的一个研究方向。把汉语研究好，这是我们中国语言学家义不容辞的责任，然而我们也要在语言共性的研究上有所作为，有所创建。没有语言类型的眼光，我们对汉语的认识也不可能十分深刻"。

语料库语言学目前已经成为语言研究的主流之一。语料库语言学给语言研究带来了深刻的变化，在语言研究中起着越来越重要的作用，"语料库分析在语言学的几乎所有分支领域或语言学习中都有启发作用。"Leech（1997）认为语料库不仅仅是一种研究数据和资源，它更

---

① "类型学"概念最初见于 1928 年布拉格学派的讨论中。19 世纪的类型学是分类（Classification）的学科，而当今语言类型学（Typologie）的名称来自 Georg von der Gabelentz 的 Hypologie。Jesperson 指出，Greenberg（1963）经典论文问世之前，类型学没有引起语言学家关注的原因在于"voreilige Generalisierung"。

是一种研究方法和途径。McEnery et al.（2006）指出，语料库方法论是语言研究中一种全新的范式，目前已经广泛地运用于语言研究的方方面面，如词典编纂、词汇、语法、语体语域、语言变化与变异、语言对比与翻译等，而且越来越多的领域也在逐步使用基于语料库的研究途径，如语义学、语用学、文体学、社会语言学、语篇分析、法律语言学等。

　　基于语料库的研究早已不是精通计算机学者的独有天地，它对语言研究的各个方面都产生了巨大的影响。"现代语料的巨大包容性及开发语料的种种手段的出现构成了深化我们对语言的认识和理解的强大力量。"（Halliday，1991：41–42）伴随着双语及多语语料库的迅速发展，语言的对比研究和跨语言的类型学研究也获得了长足发展。Tymoczko（1998）指出："关于语料库的研究方法对语言对比与翻译研究来说十分重要，要把它作为一门学科来发展。"

　　目前，语料库视角下的语言对比研究，主要集中在同一语系，如印欧语系内部的比较，特别是英语与其他欧洲语言的对比（Sardinha，2000；Tognini-Bonelli，2001），对于语言类型差别较大，语系渊源不同的英语与汉语之间的语义韵对比分析鲜有尝试（Xiao & McEnery，2006；卫乃兴，2011；李晓红、卫乃兴，2012）。有鉴于此，本研究立足于汉语本体，基于现有大型的汉语和英语语料库，利用语料库的标记文本，通过对程度副词的检索查询，进行数据的统计和分析，考察程度副词的历史演变及相关问题，揭示汉语和其他人类语言（尤指英语）程度副词的共性和差异，因此本研究具有鲜明的语言类型学特征。

第五节　使用的语料库

　　目前所见，汉语语料库已有不少，常见的如北京大学的 CCL 语料库，国家语委的现代汉语平衡语料库，台湾"中央研究院"的上古、中古、近代和现代汉语语料库，以及数量众多的单位和个人创建的汉语语料库。不过，汉语语料库一般存在比较明显的不足和缺憾，如大多数语料库只是将收集到的电子文本汇集起来，语料来源杂芜，建库的标准不够规范，没有统一的收录原则，没有考虑到语料的平衡性问题，而且没有对语料进行深入的加工，没有进行词类标注和句法标注等。目前，语料库大都不对外开放，尚处于单位或个人的"自用"阶段，其他研究者无法检索和共享这些数据资源。

本研究主要使用的台湾"中央研究院"古汉语语料库（Academia Sinica Ancient Chinese Corpus），包括上古汉语、中古汉语和近代汉语三个子库，已陆续对学界开放使用，免费提供在线检索功能。① 该语料库进行了词语切分、词类和句法标注，为历史汉语的研究提供了诸多便利条件。研究者可以在自行设定检索的语料范围之后，输入"检索项目"进行检索。"检索结果"是依据它们在语料库中语料的次序进行排列，显示例句在历史文献中的出处，方便了历史语法研究者的使用，还可以通过"显示标记"观察"检索词语"及与之共现词语的"词类"。通过"进阶处理"可以显示"检索项目"的使用频率，通过"collocation 统计"，可以计算"检索项目"与其相邻词语共现的概率，可称为"互见讯息"或"互信息"（Mutual Information，MI）。

上古汉语标记语料库（Academia Sinica Tagged Corpus of Old Chinese），是古汉语语料库的子库。语料包括先秦至西汉的48种文献，它们分别是：《春秋繁露》《春秋公羊传》《春秋穀梁传》《大戴》《邓析子》《关尹子》《管子》《国语》《韩非子》《韩诗外传》《鹖冠子》《淮南》《孔丛子》《孔子家语》《老子》《礼记》《灵枢》《六韬》《论语》《吕氏春秋》《马王堆汉墓帛书（壹）》《孟子》《墨子》《商君书》《尚书》《慎子》《诗经》《史记》《睡虎地秦墓竹简》《说苑》《司马法》《素问》《孙子》《通玄真经（文子）》《尉缭子》《吴子》《孝经》《新

---

① 本书使用了该语料库中的部分语料，具体文献目录见第四章。

书》《新序》《新语》《荀子》《晏子》《仪礼》《战国策》《周礼》《周易》《庄子》《左传》。①

　　中古汉语标记语料库（Academia Sinica Tagged Corpus of Middle Chinese），是古汉语语料库的子库。语料共有东汉魏晋南北朝的 37 种文献，包括中土文献 6 种和汉译佛经 31 种。它们分别是：《抱朴子内篇》《洛阳伽蓝记》《齐民要术》《世说新语》《搜神记》《颜氏家训》（中土文献）；《阿含口解十二因缘经》《阿閦佛国经》《阿育王传》《百喻经》《般舟三昧经》《悲华经》《出曜经》《大楼炭经》《大明度经》《大庄严论经》《道行般若经》《法镜经》《梵摩渝经》《佛本行集经》《佛说阿阇世王经》《佛说般舟三昧经》《佛说兜沙经》《佛说伅真陀罗所问如来三昧经》《佛说菩萨本业经》《佛说普曜经》《佛说四愿经》《佛说遗日摩尼宝经》《佛说义足经》《光赞经》《了本生死经》《六度集经》《妙法莲华经》《生经》《文殊师利问菩萨署经》《修行本起经》《中本起经》（汉译佛经）。

　　近代汉语标记语料库（Academia Sinica Tagged Corpus of Early Mandarin Chinese），也是古汉语语料库的子库。该库收集了唐五代至清末的 19 种文献，它们分别是：《大唐三藏取经诗话》《敦煌变文集新书》《关汉卿戏曲集》《红楼梦》《金瓶梅词话》《老乞大谚解》《平妖传》《朴通事谚解》《歧路灯》《全相平话五种》《儒林外史》《水浒传》《五代史平话》《西游记》《新刊大宋宣和遗事》《醒世姻缘传》《永乐大典戏文三种》《元刊杂剧三十种》《祖堂集》。②

　　相较而言，英语语料库比汉语语料库要丰富得多，但可以用于历史语言研究的却不多。本研究选择标记的 Early English Books Online（早

---

　　① 我们主要依据高小方、蒋来娣（2005）对使用的文献进行断代。对于一些时代尚有争议的文献，本书依据学界的惯常做法，将它们归入某一个时间段之内。在分析过程中，需对有争议的文献进行具体甄别。

　　② 《朱子语类》的标注版于 2020 年发布，本书调查之时尚未公布，故而未能使用，甚憾。《金瓶梅》使用的为词话本，因此后文称为《金瓶梅词话》。

期英文在线语料库，EEBO）。该语料库发起于 1998 年，是由密歇根大学、牛津大学和 ProQuest Information and Learning 公司合作开发并推出的在线全文数据库。EEBO 收录了所有现存的 1473—1700 年之间英语世界出版物的资料。该语料库进行了词类标注，且提供在线查询。目前，该项目尚未全部完成，EEBO 数据库收录约 101220 种出版物，计划全部完成时收录 135000 种著作，包括超过 2250 万页纸的信息，包括早期现代英语时期的许多著名作家的文本，包括不少珍贵的早期英语资料。

此外，本书还将利用《牛津英语词典》［Oxford English Dictionary（OED）］和《牛津英语词源词典》［Oxford Dictionary of English Etymology（ODEE）］，用来查询英语词语（尤指英语强化词）的历史来源和发展脉络。

第六节　研究目的和统计方法

本研究将立足汉语实际，依据大型标记语料库的数据，目的在于从历史面貌、搭配特征、历史来源等方面，考察汉语程度副词的历史演变，并通过跨语言（尤指英语，包括少量汉语方言和其他印欧系语言）的比较，探讨汉语程度副词和其他语言的异同。

语料库语言学的研究中常常需要使用一些定量和定性相结合的方法，并有一套系统完整的统计分析方法。本书在研究程度副词的搭配问题及相关问题时，涉及的统计分析方法主要有频率（Frequency，Freq 或 Faw Frequency）、标准化频率（Normalized Frequency）、互信息（Mutual Information，MI）、对数似然率（Log-Likelihood Ratio，LLR）、构式关联搭配强度（Collostructional Strength）和费舍尔精确检验（Fisher's Exact Test）。

频率，又称频数或频次，是在语言学研究中经常使用的术语，指在一个语料样本中，某个（些）语言单位出现的总次数。在语言研究中，由于语料样本的大小未必相同，频率往往不能真实反映语言单位的使用情况，因此需要对其进行标准化的处理，即基于一个统一基准得出的频率，就是标准化频率，又称归一化频率或标准频率。在频数的标准化操作中，通常是以某个（些）语言单位在语料中的频率除以语料的总词数，再乘以 1 千（1 万或者 1 百万），得到该词在每千（每万或每百万）词中的平均频率，即标准化频率。本研究计算标准化频率时，是以每 1 百万词作为基准，下文不再一一指出。

互信息值（Mutual Information Value），原本是信息科学经常使用的一种测量手段，现在也常用于语料库的词语搭配研究中，测量语言单位之间的搭配强度（Collocation Strength）。互信息值表示一个语料库中两个语言单位同时出现的概率，MI 值越高，表示不同语言单位共现的可能性越高；MI 值越低，表示不同语言单位共现的可能性越低。Clear（1993：278，参见卫乃兴，2002b）解释 MI 值时举例说：在一个 1000 万词的语料库中，词形 kin 出现 10 次。这意味着 kin 在该语料库中出现的概率是 0.000001。若还在这个语料库中，如果词形 kith 出现 5 次，而且在 5 个实例中，kin 总是出现在 kith 之后，即 Kith and Kin 使用了 5 次。这样，当我们看到 kith 时，我们就有 50% 的可能性见到 kin。

一般认为，MI 值的计算公式如下：

$$I\ (a,\ b)\ =\log_2\frac{P\ (a,\ b)}{P\ (a)\ \cdot P\ (b)}=\log_2\frac{W\cdot F\ (a,\ b)}{F\ (a)\ \cdot F\ (b)}$$

其中：

P（a）：词形 a 的语料库中出现的概率

P（b）：词形 b 的语料库中出现的概率

P（a，b）：a、b 共现的概率

F（a）：词形 a 的语料库中出现的频数

F（b）：词形 b 的语料库中出现的频数

F（a，b）：a、b 共现的频数

W：语料库中词语的总数

I（a，b）：a、b 的互信息

MI 值可能为正数，也可能为负数。当 MI 值大于零的时候，表明 a 和 b 在设定的跨度范围内倾向于在一起出现，数值越大，它们的"共现率"越高；当 MI 小于零，表明 a 和 b 在设定的跨度范围内不倾向于在一起出现，负值越大，它们的"互斥率"越高。Hunston（2002：71）提出以 MI 值 3 为临界值，MI 值大于 3 的搭配词可看作强搭配词。

统计学中，常常要对参与比较的数据之间的差异是否具有显著性进行检验，最常见的检验方法有卡方检验 Chi-square（χ^2）或对数似然率（LLR）检验。以下研究主要利用对数似然率，以考察不同语料（如《红楼梦》前 80 回与后 40 回）在程度副词使用上的差异性。本书对数似然率的计算，是借助北京外国语大学语料库语言学中心免费提供的软件进行的。

本研究使用构式关联搭配强度（Collostructional Strength）的计算方法，具体将在下文进行介绍。

第二章　理论基础与研究方法

词语不是孤立的存在，它们总处在相互联系的网络之中。一批意义相同相近的程度副词，组成一个语义场。本研究将程度副词置于语义场的框架内，研究它们的历史面貌、发展流变和搭配特征。

第一节　理论基础

一　语义场理论

组合关系（Syntagmatic Relations）和聚合关系（Paradigmatic Relations）是语言单位之间的两种基本关系。贾彦德（1999：149）认为，语义场（Semantic Field）是指义位形成的系统，说得详细些，如果若干个义位含有相同的表彼此共性的义素和相应的表彼此差异的义素，因而连接在一起，互相规定、互相制约、互相作用，那么这些义位就构成一个语义场。蒋绍愚（1989：278）指出，在语言的历史发展中，词在语义场中的分布会产生种种变化。有的词从这一语义场跑到了另一语义场，有的词留在原来的语义场中，但和其他词的关系发生了变化。[①] 语

---

① 蒋绍愚（2015）提出，以概念场（Conceptual Field）为背景研究汉语词汇系统及其历史变化，说的也是这个问题。甚是。

义场有不同的类型，而同义语义场相当于一般所言的同义词。汉语程度副词数量众多，各个下属小类之中也有数量不等的成员，它们构成了一个个语义场。同一语义场的成员，往往是基本意义大致相同，而在附加义或搭配意义上存在着一些差别。如"过""过于"同为表达程度超过常规的副词，基本意义相同，但它们在句法搭配上却存在显著的差异，如表 2 - 1 所示。

表 2 - 1　　　　　　　近代汉语"过""过于"与单、复音节词搭配对比

副词 \ 用法	朱子语类		金瓶梅词话		醒世姻缘传		聊斋俚曲集		红楼梦（前80回）		儿女英雄传		老残游记		官场现形记	
	单	复	单	复	单	复	单	复	单	复	单	复	单	复	单	复
过	39	0	1	0	1	0	2	0	3	0	27	0	6	0	7	0
过于	24	6	2	0	0	1	0	0	3	12	0	21	0	7	0	21

从表 2 - 1 可看出，"过"仅可修饰单音词，未见修饰复音词之例；而"过于"的情况就复杂一些。"过于"既可用于单音词前又可用在复音词前，如《朱子语类》、《红楼梦》（前80回）。不过，"过于"修饰单、复音节词的比例是不断变化的，即时代越晚，"过于"越倾向于修饰复音词。如"过于"在《朱子语类》修饰单音词24例，修饰复音词6例，修饰单音词明显多于复音词。而《红楼梦》（前80回）中修饰单音词仅3例，远低于修饰复音词12例的数量。《红楼梦》之后的文献中已无"过于 + 单音词"用例，说明用于复音词前已成为"过于"的基本用法。至此，"过"和"过于"在句法组合功能上呈明显互补分布，即"过"用于单音词之前，而"过于"修饰复音词。[①]

二　搭配理论

语料库语言学在国外蓬勃兴起，给词语搭配（collocation）带来了

---

① 张家合（2010、2017：185 - 186）。

新的研究方法，在词语搭配研究上取得了大批成果，对语言教学和语言学理论研究都产生了重要影响。Firth（1957）提出搭配（collocation）这一术语以来，诸多学者对其进行过界定和讨论，搭配有诸多不同的理解和界定。Firth 关于搭配的观点概括起来大致有四点：（1）词语搭配指的是词与词的结伴使用这种语言现象，语言的词汇并不是单独和孤立使用的，而是和别的一些词构成习惯性和典型性的结伴关系一起使用。（2）词语搭配是一种意义方式，词项意义可在几个不同的层面上研究，如在正字层面（Orthographic Level）、语音层面（Phonological Level）、语法层面（Grammatical Level）和搭配层面（Collocational Level）进行研究。（3）习惯性词语搭配的各个成员之间相互期待和相互预见。词语搭配不仅仅是词与词的并置（juxtaposition），它体现的是一种相互期待的顺序（an order of mutual expectancy）。也就是说，组成词语搭配的成分之间是相互限定的。（4）类连接（colligation）是高于词语搭配的抽象。所谓类连接，是指词类、句类以及别的语法范畴间的相互关系，位于同一类连接内的语法范畴也具有相互期待的关系。Firth 的观点对后来的词语搭配研究具有重要的启示和影响。

新 Firth 学派（neo-Firthians）对 Firth 的搭配理论进行了系统深入的解释和发挥，大大发展了词语搭配理论。如 Halliday（1966：75）对词语搭配作了如下界定："词语学似乎只要求承认词项在某种显著的邻近范围内的线性共现，或者是在一定区域内，或者是在某个截断点内。正是这种组合关系，才是所说的搭配。"（Lexis seems to require the recognition merely of linear co-occurrence together with some measure of significant proximity, either a scale or at least a cut-off point. It is this syntagmatic relation which is referred to as collocation.）实际上，新 Firth 学派认为，词语搭配的基本属性之一是其概率属性。在语法理论中，语言形式的选择基于对比同一系列的不同范畴进行，而词语学则是研究词项的个体搭配行为趋势，这种趋势只能是概率性的。事实上，任何搭配都是可能的，只是一些比另一些更为可能（Sinclair，1966：411）。因此，要用统计的方法测量词语搭配的概率。新 Firth 学派坚持，搭配词项间相互预见和相互吸引（Mutual Predication，Mutual Attraction），搭配是词语间的共现，别的因素都可略而不虑。而卫乃兴（2002a：100 - 101）根据词项的搭配力、组合序列的结构可变性和语义明晰性等定性标准，将词语组合分为自由组合、有限组合和成语三类。该界定体系只将有限组合视为一般意义上所说的搭配。卫乃兴（2002a：100）认为："词语搭配是在文本中实现一定的非成语意义并以一定的语法形式因循组合使用的一个词语序列，构成该序列的词语相互预期，以大于偶然的几率共现。"（A collocation is a conventional syntagmatic association of a string of lexical items which co-occur in a grammatical construct with mutual expectancy greater than chance as realization of non-idiomatic meaning in texts.）

本研究并不否认语法关系在词语搭配中的作用，基于语料库的程度副词搭配研究就是为了探讨共现语言单位之间的关系，包括搭配特征、语义韵律和语法关系。因此，我们坚持新 Firth 学派的主张，认为词语搭配研究方法是基于语料证据的研究，词语搭配是词语个体之间的关系，是语言中词语之间直接的共现关系（co-occurrence），是语言中线性相邻出现在一起使用的两个或两个以上的词语的组合。①

研究表明，一个节点词的周围习惯性地吸引一定的词项与之搭配，如 dark 之后常出现 night。这些搭配经常出现、反复使用，节点词逐渐被传染（contaminate）上某些语义特征，整个组合就弥漫着一种特殊的语义氛围，即语义韵。简单地说，词语搭配形成的语义韵可分为积极语义韵（Positive Prosody）、消极语义韵（Negative Prosody）和中性语义韵（Neutral Prosody）三类（Stubbs，1996：176）。如果节点词吸引的搭配词

---

① 部分词语与程度副词共现，它们之间并没有直接的语法关系，如"很不喜欢""更没精神"中的"很不""更没"，但这种搭配往往表达了特定的语义特征（多数为消极的语义韵）。我们的搭配研究包括上述情况，并在此基础上，讨论其搭配特征和语义特征。

具有积极意义，是积极语义韵；节点词吸引的搭配词具有消极意义，是消极语义韵；节点词吸引的搭配词既不具备积极意义也不具备消极意义，或者既有积极意义又有消极意义，呈现出错综复杂的特征，则是中性语义韵。由于语义韵的判定具有一定的主观性，因此本研究依据邹韶华《语用频率效应研究》（2001：110－113）的标准来判定汉语程度副词的语义韵：依据是否直接体现褒贬色彩、搭配体现褒贬色彩、隐含取舍评价态度和具有对立计量意义四个方面。若该词项为褒义词或者为当事人所羡慕、肯定和愿意接受的即判定为积极倾向，即"如意"；否则为消极倾向，即"不如意"；无明显主观趋向或评判意见的就属于中性。

Firth（1957）认为，类连接（colligation）与语义韵紧密相关，是指文本中语法范畴间的结合。类连接不是与词语搭配平行的抽象，而是高一级的抽象。Mitchell（1975：120－122）直接指出，类连接是关于词语组合类别的抽象表述，搭配则是类连接的具体实现。也就是说，类连接是词语搭配发生于语法结构和框架之中，如"N＋N""N＋V""V＋N"等都是类连接，分别表示"名词＋名词""名词＋动词""动词＋名词"不同类型的搭配，"语法书"、"证据表明"和"有信心"则分别是这几个类连接的具体实例。"I watched him"表示第一人称单数代词、及物动词的过去式形式和单数第三人称代词的宾格形式这些抽象范畴间的关系。

三　构式语法理论

Goldberg（1995：68）将构式的内涵定义为"形式和意义的配对"。构式包括从词素、词、词组、短语、分句、句子乃至篇章的语言的各个层面，构式之间通过各种承继关系构成网络。构式是语言研究的基本单位，占据语言学的中心位置。在构式语法研究框架中，研究者探寻各种构式的中心语义以及词位与构式之间的语义关联和互动关系。我们的研究将程度副词与其后饰成分构成的"程度副词＋X"看作程度构式，重点考察"X"与程度构式之间的语义关联和互动关系。

在实际研究中,坚持 Firth(1957:11)所提出的著名论断"识词于其所伴"(a word is characterized by the company it keeps)。这一论断与结构主义语言学家 Harris"分布假设"(Distributional Hypothesis)理论一脉相承,即经常出现在类似的上下文环境中的两个词具有语义上的相似性。该假设认为,分布特征相似的词,具有相似的语义(参看 Ježek,2016:74)。汉语中的不少程度副词意义接近,但它们的搭配能力千差万别,如近代汉语时期的"太"类词主要有"太"、"过"和"忒"三个,它们的语义接近,但各词都有其不同的搭配词,除少量共有搭配词(可与两个或两个以上的"太"类词搭配的词,如"早"与"太""过""忒"三词均可搭配)之外,绝大多数的搭配词只能与某一个"太"类词进行搭配(如"急""少""远"等),具体如表2-2所示。

表2-2　　　　　　　近代汉语"过""太""忒"的搭配对比

词项	过	太	忒	词项	过	太	忒	词项	过	太	忒
过	0	17	1	奖	10	0	0	没	0	1	8
早	1	23	2	蒙	5	0	0	多虑	0	0	3
甚	0	15	2	为	5	2	0	偏向	0	0	3
急	0	8	0	爱	3	0	0	认	0	0	3
少	0	6	0	强	3	0	0	容易	0	0	3
速	0	6	0	谦	4	2	0	好	0	1	3
多	3	28	7	执	3	1	0	恶	0	0	2
猛	0	5	0	哀	2	0	0	卖法	0	0	2
奇	0	5	0	悲	2	0	0	恶	0	0	2

第二节　研究方法

一　构式搭配分析法

Stefanowitsch 和 Gries(2003:209-243)将构式语法与语料库语

言学有机结合起来，对传统的语料库语言学中的搭配分析法进行了革新，提出构式搭配分析法（Collostructional Analysis）。构式搭配强度计算，不仅能够计算构式槽位中词项与构式的关联强度，探寻构式意义，而且还能够对进入同一构式的不同词项进行聚合比较，考察词项之间的异同。本书将主要依据构式搭配分析，计算程度副词的典型成员的搭配能力和搭配差异，考察这些成员在语义和句法方面的历史发展变化。

二　共时描写和历时考察相结合

历时平面的研究是历史语言学研究的重要内容之一。语言是不断变化发展的，语言的变化是绝对的，静止是相对的，因此只有将共时描写和历时考察结合起来才能把握语言现象的本质。汉语程度副词数量众多，它们不断地发展变化。程度副词的历史考察既要弄清楚不同时期程度副词的基本面貌，又要在此基础上进行上下系联，探讨程度副词的产生和消亡情况。程度副词的句法功能也很有特点。通过共时和历时的考察，我们才能发现它们在历史过程中发生的变化。

三　定量研究与定性研究相结合

对考察对象进行定量研究，在此基础上再作定性分析。研究中对程度副词的判定标准主要依据其使用频率，绝大多数结论是在数据的统计和分析上进行的，以增强结论的可信度。如程度副词主导词的历时替换，程度副词的产生和消亡，都必须在定量统计的基础上才能得出较为公允的结论。此外，我们的研究在确定词项与构式的关联程度上，也需要借助统计学上的显著性特征标准进行取舍。

第三节　构式搭配分析法

搭配研究是语料库语言学最重要的内容之一。构式搭配分析法能够计算搭配词与构式之间的关联强度、差异程度，并可将其进行图示化的呈现。这种计算方法较为科学，不仅关注搭配词和构式共现的频率，还关注语料库词数的多少，具有其他搭配分析方法无法比拟的优势。

一　从词语搭配到构式搭配

自从 Firth（1957：12）提出 collocation 以来，学者从不同的角度来界定和研究词语搭配，词语搭配也一直是语料库语言学研究的中心议题，以往的研究多使用 MI 值、T 值或者 Chi-square（χ^2）值，测定词语搭配的互信息（Mutual Information），并在此基础上，分析词语搭配的语义韵（Semantic Prodosy）和类连接（colligation）等问题。

这些研究比单纯统计词语搭配（collocation）的频数有了很大的进步，但仍有比较明显的不足，如低频使用的共现词项在使用 MI 值进行计算时，容易得到一个较大的数值（显著度较高）。使用 T 值时，没有考虑到整个语料库大小对计算结果的影响。而使用 Chi-square（χ^2）时，数据的正态分布要求有时并不一定能够得到满足。因此，以上对词语搭配的计算方法，虽有其可取之处，但也都有自身的缺点。

Stefanowitsch 和 Gries（2003）首先提出 collostruction 这一术语，它是由 collocation（搭配）和 construction（构式）两个词语拼合而成。Collostruction 一般被译为"构式搭配"，也有学者将其译作"搭配构式"（杨晶、王勇，2010）、"构式连接"（詹宏伟、周颖洁，2012）、"构式组配"（邱莹、施春宏，2016）等。构式搭配分析法（Collostructional Analysis），是对语料库语言学以往词语搭配强度研究方法的革新和拓展，用于计算特定构式与出现在该构式空位（slot）中的语言单位之间的关联强度。这种量化标准被称为"构式搭配强度"（Collostructional Strength）。Stefanowitsch 和 Gries（2003）发表 Collostructions：Investigating the interaction of words and constructions，第一次系统介绍构式搭配分析法。此后，他们又针对不同的研究目的，对构式搭配分析法作了进一步的发展，逐渐使之运用到更加抽象、复杂的构式研究当中。

针对不同的研究目的，Gries 的构式搭配分析法提供了三种不同的分析方法，每种方法的研究重点各有不同（Stefanowitsch & Gries，2003；Gries & Stefanowitsch，2004、2010）。第一种方法是共现词位分析法（Collexeme Analysis），研究构式中某一槽位（slot）中的词项与该构式之间的关系；第二种方法是（multiple）distinctive collexeme analysis[（多项）特异共现词位分析法]，研究构式中某一个槽位中出现的不同词位，考察两个或多个近义构式的意义差别；第三种方法是 covarying collexeme analysis（共变构式分析法），研究同一构式中两个不同槽位中的词项之间的关系。构式搭配分析法以特定构式以及构式某一空位出现的各种词位为考察对象，计算构式中的特定空位（slot）对进入其中的词位（lexeme）的吸引和排斥程度。受构式吸引的词位被称为这个构式的共现词位（collexemes），构式则被称为该词位的共现构式（collostruct），二者的综合即为构式共现。因此，构式搭配分析方法又称共现词位分析法（Collexeme Analysis）。"构式搭配分析法"最大的优势就是对不同层次的语言单位都具有敏感性，因此，可以用于不同层次的语言单位的研究。以构式为基础的研究方法（Construction-based Approach），可拓展到各种抽象程度的语言表达式，如词语、半固定短语、论元结构、体、时态等各种问题（Stefanowitsch & Gries 2003：214 – 215；Gries & Stefanowitsch，2004）。

二　构式搭配分析示例

（一）分析步骤

本节参看 Stefanowitsch 和 Gries（2003）对构式 [N waiting to happen〕的分析研究，具体呈现共现词位分析法的分析步骤。

数据收集是构式搭配分析的重要步骤。要计算特定构式 C 与特定词位之间的搭配强度，就必须得到四个数据：词位 L 在构式 C 中的频率 a，词位 L 在所有其他构式中的频率 b，构式 C 与 L 之外的所有构式的共现频率 c，不包含词位 L 的所有其他构式的频率 d。以特定构式〔N waiting to happen〕中 N 槽位（slot）上的共现词素 accident 为例，通过交叉列联计算，得到 accident 与该构式〔N waiting to happen〕的搭配强度（Collostruction Strength），即显著性 p 值。

表 2 - 3　共现词位 accident 与〔N waiting to happen〕构式的列联表

	accident	¬ accident	Row totals
〔N waiting to happen〕	$a = 14$	c = 21	$a + c = 35$
¬〔N waiting to happen〕	b = 8，606	d = 10，197，659	b + d = 10，206，265
Column totals	$a + b = 8，620$	c + d = 10，197，680	a + b + c + d = 10，206，300

表 2 - 3 中斜体都是直接在语料库的统计数据，其他数据则需要根据相关数据进行加减运算得到。使用 Fisher（费舍尔）精确检验 a、b、c 和 d 这些数据之后，即可得出表征 accident 与〔N waiting to happen〕构式关联度的数据，即 2.12E - 34，显示 accident 与〔N waiting to happen〕构式有高强度关联。然后，使用同样的方法，可以计算出 N 槽位中其他名词与〔N waiting to happen〕构式的关联度。如表 2 - 4 所示。

表 2 - 4　　　与〔N waiting to happen〕构式关联度最高的词位

Collexeme（n）	Pfisher exact（collostruction strength）
accident（14）	2.12E - 34
disaster（12）	1.36E - 33
welkom（1）	4.46E - 05
earthquake（1）	2.46E - 03
invasion（1）	7.10E - 03
recovery（1）	1.32E - 02
revolution（1）	1.68E - 02

续表

Collexeme（n）	Pfisher exact（collostruction strength）
crisis（1）	2.21E－02
dream（1）	2.45E－02
it（sex）（1）	2.83E－02
event（1）	6.92E－02

（二）构式搭配分析工具 Coll. analysis 3.2a

本书使用的构式搭配分析工具是 Coll. analysis3.2a 版，一款专门分析构式搭配的工具，由 S. Gries 等人开发。该工具既克服了已有搭配研究中的不足，又能对词语和构式之间的共现关系和搭配强度进行量化分析，运用该工具能够准确地计算出词语与构式之间的关联强度（Association Strength）。Coll. analysis3.2a 是基于 R 平台的统计程序，功能十分强大，而且提供免费下载，可见于 Gries 的个人主页：http：//www. linguistics. ucsb. edu/faculty/stgries/teaching/groningen/.

我们在研究中多次使用 Coll. analysis 3.2a 的第一和第二种分析法，对汉语程度副词的搭配情况进行分析。执行 Coll. analysis 3.2a 运算，是一个人机互动的多回合过程。虽然在 Gries 的主页有该软件的使用说明，但这种分析方法仍不容易被掌握。下文将以第二种分析方法分析上古汉语"最"类词的使用为例，[①] 具体介绍其操作流程。

第一步，下载 R 软件。R 是一个公开免费、源代码开放的软件（R：A Programming Environment for Data Analysis and Graphics），它是一个用于计算和制图的工具。R 软件平台搭载不同的应用软件包，可以针对不同的研究目的进行各种数据分析和画图操作。本研究使用的 R 的版本为 3.4.4，下载网址为 https：//cran. r -project. org/mirrors. html。安装并打开 R 软件，R 软件界面如图 2－1 所示。

---

① 第一种分析法，可见詹宏伟（2012：65－73）。

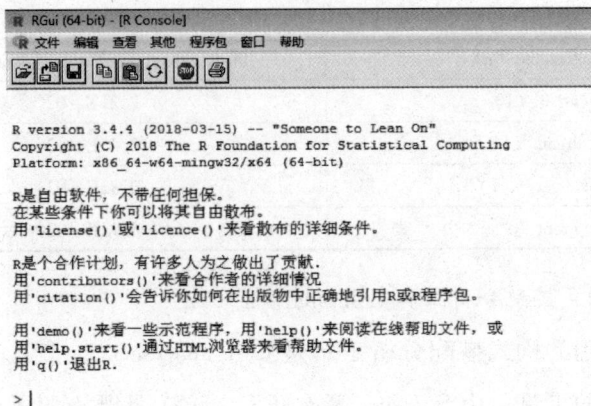

```
RGui (64-bit) - [R Console]
R 文件 编辑 查看 其他 程序包 窗口 帮助

R version 3.4.4 (2018-03-15) -- "Someone to Lean On"
Copyright (C) 2018 The R Foundation for Statistical Computing
Platform: x86_64-w64-mingw32/x64 (64-bit)

R是自由软件，不带任何担保。
在某些条件下你可以将其自由散布。
用'license()'或'licence()'来看散布的详细条件。

R是个合作计划，有许多人为之做出了贡献。
用'contributors()'来看合作者的详细情况
用'citation()'会告诉你如何在出版物中正确地引用R或R程序包。

用'demo()'来看一些示范程序，用'help()'来阅读在线帮助文件，或
用'help.start()'通过HTML浏览器来看帮助文件。
用'q()'退出R。

> |
```

图 2 – 1   构式搭配分析工具 Coll. analysis 3. 2a 的启动界面

第二步，在 R 界面中带入 source（"http：//www. linguistics. ucsb. edu/ faculty/ stgries/teaching/groningen/coll. analysis. r"），如图 2 – 2 所示。

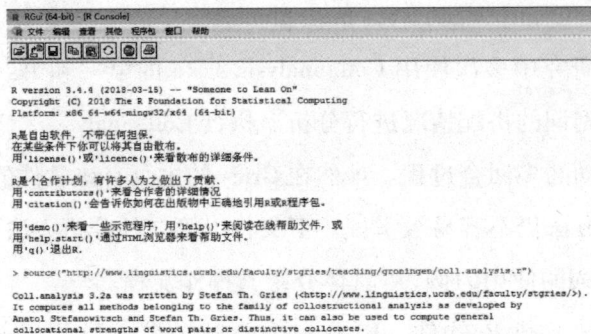

```
RGui (64-bit) - [R Console]
R 文件 编辑 查看 其他 程序包 窗口 帮助

R version 3.4.4 (2018-03-15) -- "Someone to Lean On"
Copyright (C) 2018 The R Foundation for Statistical Computing
Platform: x86_64-w64-mingw32/x64 (64-bit)

R是自由软件，不带任何担保。
在某些条件下你可以将其自由散布。
用'license()'或'licence()'来看散布的详细条件。

R是个合作计划，有许多人为之做出了贡献。
用'contributors()'来看合作者的详细情况
用'citation()'会告诉你如何在出版物中正确地引用R或R程序包。

用'demo()'来看一些示范程序，用'help()'来阅读在线帮助文件，或
用'help.start()'通过HTML浏览器来看帮助文件。
用'q()'退出R。

> source("http://www.linguistics.ucsb.edu/faculty/stgries/teaching/groningen/coll.analysis.r")

Coll.analysis 3.2a was written by Stefan Th. Gries (<http://www.linguistics.ucsb.edu/faculty/stgries/>).
It computes all methods belonging to the family of collostructional analysis as developed by
Anatol Stefanowitsch and Stefan Th. Gries. Thus, it can also be used to compute general
collocational strengths of word pairs or distinctive collocates.
```

图 2 – 2   Coll. analysis 3. 2a 的工作界面

第三步，设定 Coll. analysis 3. 2a 计算所需的相关参数。首先选择 2 [（multiple）distinctive collocates or collexeme analysis]，即要区分上古时期相同槽位的不同构式之间词语的差异性；其次选择 2（3 + alternatives），上古时期"最"类构式主要有"最 + X"、"至 + X"和"极 + X"3 个，因此这里选择 2，即要比较是 3 个或 3 个以上的构式。若比较两个构式，则选择 1（2 alternatives）；最后选择 6（the number of decimals），表示设定结果的小数点为 6 位数。当然，这里也可以设定小数点为其他位数。如图 2 - 3 所示。

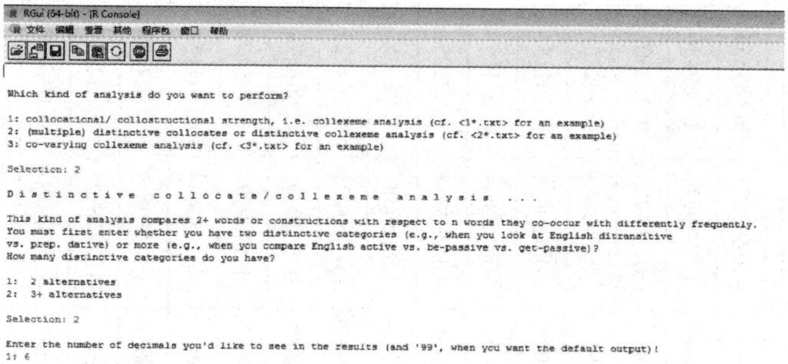

图 2 - 3　Coll. analysis 3. 2a 的参数界面（一）

第四步，导入数据，设定结果参数。第一个是"如何对结果排序"，我们选择"1"（alphabetically 按字母顺序排序），第二个是"如何存放结果数据"，我们选择 2（terminal 将运算结果附在 R 程序文件之后）。如图 2 - 4 所示。

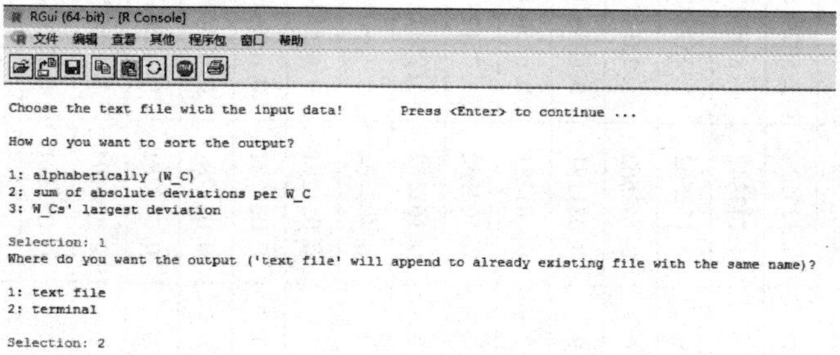

图 2 - 4　Coll. analysis 3. 2a 的参数界面（二）

第五步，计算结果及其解读。由于 Coll. analysis 3. 2a 计算出来的结果是 txt 文件，为了让数据格式便于阅读，现将其转化为 word 表格形式。上古汉语"最"类词的搭配差异性，现截取其前 20 位，如表 2 - 5 所示。

表 2 - 5　Coll analysis 3.2a 运算结果分析

	a Coll_Word	b 极	c 至	d 最	e exp_极	f exp_至	g exp_最	h pbin_极	i pbin_至	j pbin_最	k SumAbs Dev	l Largest Dev
1	哀	4	0	0	0.325123	2.502463	1.172414	4.360048	-1.70673	-0.602577	6.669355	极
2	爱	0	0	3	0.243842	1.876847	0.87931	-0.110452	-1.280047	1.598937	2.989436	最
3	安	0	2	0	0.162562	1.251232	0.586207	-0.073634	0.407385	-0.301288	0.782307	至
4	暗	0	2	0	0.162562	1.251232	0.586207	-0.073634	0.407385	-0.301288	0.782307	至
5	罢	0	1	0	0.081281	0.625616	0.293103	-0.036817	0.203692	-0.150644	0.391153	至
6	暴抗	0	1	0	0.081281	0.625616	0.293103	-0.036817	0.203692	-0.150644	0.391153	至
7	卑	1	1	0	0.162562	1.251232	0.586207	0.807001	-0.215665	-0.301288	1.323954	极
8	悲	0	0	2	0.162562	1.251232	0.586207	-0.073634	-0.853365	1.065958	1.992957	最
9	备	2	3	0	0.406404	3.128079	1.465517	1.252072	-0.209432	-0.753221	2.214725	极
10	本	0	0	1	0.081281	0.625616	0.293103	-0.036817	-0.426682	0.532979	0.996478	最
11	比	0	0	1	0.081281	0.625616	0.293103	-0.036817	-0.426682	0.532979	0.996478	最
12	辨	0	1	0	0.081281	0.625616	0.293103	-0.036817	0.203692	-0.150644	0.391153	至
13	博	1	0	0	0.081281	0.625616	0.293103	1.090012	-0.426682	-0.150644	1.667338	极
14	不	1	4	0	0.406404	3.128079	1.465517	0.46156	0.417257	-0.753221	1.632038	最
15	不肖	0	0	1	0.081281	0.625616	0.293103	-0.036817	-0.426682	0.532979	0.996478	最
16	察	0	2	0	0.162562	1.251232	0.586207	-0.073634	0.407385	-0.301288	0.782307	至
17	诚	0	1	0	0.081281	0.625616	0.293103	-0.036817	0.203692	-0.150644	0.391153	至
18	宠	0	0	1	0.081281	0.625616	0.293103	-0.036817	-0.426682	0.532979	0.996478	最

续表

	a	b	c	d	e	f	g	h	i	j	k	l
19	丑	1	0	0	0.081281	0.625616	0.293103	1.090012	−0.426682	−0.150644	1.667338	极
20	纯厚	0	1	0	0.081281	0.625616	0.293103	−0.036817	0.203692	−0.150644	0.391153	至

表 2-5 中各列标题的意义分别是：

a：出现在构式"极 + X""最 + X""至 + X"中"X"的词项；

b-d：出现在构式"极 + X""最 + X""至 + X"中的各个词项的频次；

e-g：各个词项分别在构式"极 + X""最 + X""至 + X"中的期望频度；

h-j：各个词项分别与"极 + X""最 + X""至 + X"构式中的关联强度；

k：h-j 三项关联强度绝对值的总和。数值越大，表示对期望频率的偏离程度越高；

l：各个词项与"最"类词项的最大偏离构式。

从表 2 – 5 观察"极""最""至"的特异搭配，可以发现它们之间的差异性。如"哀"在上古时期与"极"的关联程度很高，与"最""至"关联度较低。"爱"与"最"的关联程度较高，与"极""至"关联度不高。

关联强度 Pbin 值与 p 值的对应关系如下：

Pbin > 3，即 p < 0.001；

Pbin > 2，即 p < 0.01；

Pbin > 1.30103，即 p < 0.05。

一般而言，许多学科的研究中对 p 值的结果为 0.05 被认为是统计学意义的边界线，即当 p < 0.05 时，具有统计学差异，提示样本中变量关联有小于 5% 的可能是由于偶然性而造成的。当 p < 0.01 时，具有显著统计学差异。当 p < 0.001 时，具有极其显著的统计学差异。如表 2 – 5 所示，"哀"与"极 + X"构式，"爱"与"最 + X"构式之间都具有强关联性。

本书除了使用以上方法研究构式搭配之间的差异性之外，还常使用 coll. analysis 3.2a 来计算词项与构式之间的吸引和排斥强度，其操作方法和步骤与上述步骤略有不同，具体见第六章，这里不作详细释例。

第三章　汉英程度副词的界定和分类

程度副词（强化词）是汉英语言研究的热点问题之一，众多学者对此进行过讨论。本章将对程度副词（英语文献中常称之为"强化词"）进行界定和分类，为后文的研究提供基础。

第一节　程度副词的界定

一　汉语的界定

汉语副词是一个非常有特色的词类。马建忠在《马氏文通》（1898/1983：227）中设"状字"一类，"状字所以貌动静之容者。状字之与动字，亦犹静字之与名字，皆所以肖貌之者也。凡状者，必先其所状，常例也。"马氏的"状字"基本同于现在的副词。金兆梓《国文法之研究》（1903/1983）首次将"状字"改为"副词"，术语"副词"初见并一直沿用至今。杨树达《高等国文法》（1984）在"副词"章中列有"表动作之态或静止之度者"的表态副词"最、颇、至、极、绝、殊、孔"等。这里的表态副词亦即现代所说的程度副词。黎锦熙《新著国语文法》（2000：138）中较早地使用"程度副词"一词，由于程度与数量关系密切，因此该书是将程度副词作为数量副词中的一个下位小类。此后"程度副词"这一称呼一直被使用。程度副词作为副词的一个下属类别，既具有副词的诸多共性，又有其显著个性。汉语程度副词的数量较多，使用频繁，历时差异很大，因此，程度副词研究一直受到汉语学者的普遍关注，历来都是汉语语法研究中的重要内容和热点议题之一。近些年来，汉语学界对现代汉语程度副词进行了深入而持久的研究，既有宏观性的考察，如程度副词的界定和分类，程度副词的系统和面貌，也有微观性的探究，如以个案研究和对比研究的方式，对程度副词的来源、语义指向、句法特征、语用特征等问题进行大量的探索。既有汉语的本体研究，也有一些跨语言、跨方言的考察。这些研究大都逻辑严密、论证合理、方法科学、视角多样，得出的结论大都具有一定的说服力。与现代汉语相比，尽管历史汉语中程度副词的研究尚存在不足，但也取得了不少成绩。

目前，汉语学界通常结合程度副词的句法功能对程度副词进行界定，如王力（1954/1985：131）认为："程度修饰，当描写人物状态时，并未同时标写词中状态的程度，若要描写它的程度，还得加一个末品在此描写词（或俚语）的前面，而此种末品又往往是由副词构成的。"王力（1985：139）指出："凡副词，用来表示程度者，叫做程度副词。"赵元任（1979/2005：349）指出："程度副词修饰形容词，但一般不修饰动词，除某些动宾复合词和动补复合词。"朱德熙（1982：129）认为："程度副词的语法功能是修饰形容词以及少数动词和述宾结构。"杨伯峻、何乐士（2001：270）认为："程度副词常用于动词或形容词谓语前，表示动作行为或状态所达到的各种程度。"太田辰夫（2003：249）认为："程度副词主要是修饰形容词和一部分表心理活动的动词的。可以把它分为表示强度和表示弱度的两类。"唐贤清（2004b：15）指出："程度副词是表示性质状态或某些动作行为所达到的各种程度的副词"。杨荣祥（2005：55）也指出："程度副词最明显的特点是大都可以比较自由地修饰单个形容词，修饰动词要受到很多限制，一般只能修饰助动词、表心理活动的动词和某些特定的动词结构。""程度副词的语义特征就是表示性质状态的程度或某些动作行为的程度。"高育花（2007：28）指出："程度副词是表示性质状态或某些动作行为所达到的各种程度的副词。"季薇（2011：2）认为程度副词，"主要是指现代汉语副词内部以语义内涵为标准聚合而成的次类，即对谓语中心所表示的动作、行为或性状的程度进行限定和描述的一类副词"。我们认为，前贤时彦的论述抓住了程度副词的主要语义特征和句法功能，为我们对程度副词的判定提供了基本的依据和操作的标准，为我们的研究奠定了基础。

二　英语的界定

汉语文献中的程度副词（degree adverbs，adverbs of degree），在英语中一般被称为强化词或强调词（intensifiers）。[①] 英语强化词的研究历史悠久，较早大约可以上溯到 Stöffel（1901），强化词一直是英语语言研究中的热点问题之一。由于视角不同，强化词在英语文献中用诸多不同的术语来指称，如 intensive adverbs（Stöffel，1901），adverbs of degree（Spitzbardt，1965，Bäcklund，1973，Klein，1988），degree words（Bolinger，1972），intensifiers（Quirk et al.，1985，Crystal，2008），degree modifiers（Paradis，1997/2000，Kennedy，2003），degree adverbs as modifiers（Biber et al.，1999），intensifying adverbs（Anderson，2006）等。这些术语的所指大体相同，但也存在着一些差异。为了称说方便，本书将上述术语统一为强化词（intensifiers），与汉语中的程度副词相对

---

① 英语强调词大多指强调副词。从句法上讲，主要分为两大类：1. 作小句成分，主要修饰形容词（如 very good）、副词（如 perfectly well），偶尔修饰限定词（如 completely no idea）、代词（absolutely nothing）或介词短语（如 completely in love）；2. 作状语，强调谓语或谓语成分（如 partly agree）（Alternberg，1991）。（吴勇、周国强，2009）。

应。只有当英语文献中将这类词称为 degree adverbs，或 adverbs of degree 时，才称它们为程度副词。

不少英语文献也对强化词的定义进行过界定。英语强化词一般是指某类特定的副词（如 really，very）或副词词组（如 kind of，sort of），而且这类词或词组都"具有强化或弱化某个句子成分的作用"（Quirk et al.，1972：438）。强化词是对句子中另一成分的语义起增强或减弱作用的副词（Crystal，2008：248）。狭义而言，英语强化词是指 very，terribly，extremely 这类词，修饰形容词是英语程度词的最典型功能（Lorenz，2002：144），例如 very funny，terribly hot，extremely interesting。Bolinger（1972）认为，强化词表达性强，是最活跃词类的一种，并且指出，"强化词体现了罕见的创新性与竞争性，这种特质很难解释"。也有一些学者认为强化词（intensifier）专指加强程度的副词，如 Méndez-Naya（2003）的文章就从严认定这一术语，认为强化词是"刻画向上的、超过假定标准的，形容词或副词的修饰语"，如 extremely，very 等，而 greatly 则被称为程度修饰语（Degree Modifiers）。

强化词在日常口语、正式书面语的表达中起到非常重要的作用，语言学家对此多有关注。"（强化词）表达语言命题之社会倾向的情感语言：即本人对命题的肯定程度"，并认为强化词是语言中最常见的"情感表达方式"（Labov，1985：43）。"强化词在交际过程中极其重要，它是加深印象、表扬、劝说、咒骂的载体，并且在总体上影响听者对信息的接受程度"（Partington，1993：178）。"强化词表达了'人际意义'，而非纯粹的'概念功能'表达方式。它不仅表达了对真值和价值的判断，而且表达了个人态度，正是这一功能将强化词这一句法类型与其认知情态功能联系起来"（Lorenz，1999：24）。"通过使用强化词，我们能够表达从谨慎和疑虑（如 fairly certain）到肯定和强调（如 absolutely vital）等不同肯定程度（commitment）。除了表达说话者的社会立场和情感立场外，这些词语还具有人际功能，营造出一种归属感和集体感"（de Klerk，2005）。

第二节　程度副词的分类

一　汉语的分类

汉语词类的划分一般有意义标准、形式标准以及形式和意义相结合的标准三种。在确定程度副词的下属类别时，古代汉语方面往往坚持以意义为标准，即以程度量级（scale）的高低为基本的分类标准。如黎锦熙（1924/1992：138－140）将程度副词分为表估量、表比较、表极点、表过甚四个类别；吕雅贤（1992）将程度副词分为"最""甚""微""更""信""渐"六类；徐朝华（1993）将程度副词分为表程度高低深浅和表程度变化两类；高育花（2007：28）将中古汉语程度副词分为表极度、甚度，表比较度和表微度三类；杨伯峻、何乐士（2001：270）将程度副词分为表示程度高，表示程度在变化之中，表示程度轻微，表示程度正恰合适，表示程度差不多五类；陈兰芬（2004）将程度副词分为"最""极""甚""过""微""更""渐"七类；葛佳才（2005：137）将程度副词分为表示程度过分、至极、高、轻微和变化五类；陈群（2006：2－3）将程度副词分成"太""更加""最""很""稍"五类；赵长才（2006）将程度副词分为最高、过甚、一般的程度很高和在比较基础上的程度增高四类。栗学英（2017：61）将程度副词分为极度、甚度、微度、比较度、几近度五个类别；柳士镇（2019：31）分程度副词为表示极至、转甚、轻微的三类。

由于程度与比较紧密相关，程度通过比较才会显示出来。比较结果是否在句子中出现，会直接影响到程度副词的句法表达，因此，一些学者注意到了程度副词和比较句式的关系，着手从句法形式上对程度副词进行分类，如王力（1954/1985：131－132）依据有无明确的比较对象，将程度副词划分为绝对程度副词和相对程度副词两大类，即有明确比较对象的是相对程度副词，没有明确比较对象的是绝对程度副词。王力将程度词分为相对和绝对两类，对汉语程度副词的研究产生了深远的影响。此后，不少学者在此基础上作了进一步的完善和补充，如黄盛璋（1957）不赞成王力将程度副词分成"相对"和"绝对"两种，而建立了"定较"（两两对象之间的比较）和"泛较"（没有两两比较）的说法。他认为属于后者的"很""极""太"等类不是本身不具有比较义，只是它们的比较形式不同而已。陈克炯（1998）将先秦程度副词分为自在程度副词和倚比程度副词两类，二者在句法上差异明显：自在程度副词是独立地表示程度，不受别的条件约束，基本上与比较句无缘；倚比程度副词则需通过比较来显示程度，存在倚比关系，主要出现于比较句中。张家合（2017：5）结合语义量级和句法功能将汉语程度副词分为"最"类、"太"类、"甚"类、"更"类和"略"类 5 个类别。

比较而言，程度副词的句法特征在现代汉语中被更多地关注，因此在不少研究中都坚持了形式和意义相结合的标准。根据适用比较句式的不同，马真（1988）将程度副词分成三类：第一类是能出现于"比"字句的，还能用于其他比较句式（如"更""稍微"）；第二类是不能出现"比"字句，但可以出现一些比较句式的类（如"最""比较"）；第三类是不能出现在任何比较句式中的（如"很""有点"）。夏齐富（1996）从语法功能的角度，将程度副词分为既能修饰谓词及其短语，又能修饰体词和只能修饰谓词及其短语两类。韩容洙（2000）则根据语义特点的不同将现代汉语程度副词分为单纯程度副词和比较程度副词。张亚军（2003）根据对"比"字句及特指问句的适应能力把程度副词分为三类：主要用于程度比较的"更"类、程度确认的"很"类以及兼具二者特点的"最"类。张国宪（2000：140-141）从情态角度将程度词分为表客观量的程度词和表主观量的程度词。表客观量的程度词是可以用于比较句的，常见的表客观量的程度词有"最、更加、更为、顶、更、比较、较、较为、稍微、稍、略微"；表主观量的程度词不能用于以客观事物为参照的比较句中，常见的表主观量的程度词有"极、极为、极其、很、非常、挺、太、十分、有点儿"。

张谊生先生对现代汉语的副词进行了深入的研究，在不少论述中对程度副词发表了独到的见解。张谊生（2000c：23）认为："可以从两个方面、三个角度对程度副词进行分类。首先，根据是否有明确的比较对象，可以将程度副词分为相对程度副词和绝对程度副词；其次，可以根据两类程度副词在比较关系和量级系列中的语义等级差异，将相对词再分为最高级、较高级、比较级、较低级，将绝对词再分为过量级、极高级、次高级、略低级；再次，可以根据所表程度时是纯粹客观的，还是带有主观因素的，将程度副词分为客观程度副词和主观程度副词。"并列举了各类程度副词中具有代表性的成员，转引见表 3－1。[①]

表 3－1　　　　　　　　　现代汉语程度副词分类

相对程度副词				绝对程度副词			
最高级	较高级	比较级	较低级	过量级	极高级	次高级	略低级
最顶	更还	还较	稍微	太过	极透	很特	小些
最为	更加	比较	稍微	过于	极端	非常	有点儿
绝顶	格外	较为	略微	过分	极其	十分	有些
无比	愈益	较比	稍许	异常	透顶	相当	一点儿

张谊生（2004：4－5）又对（2000c：23）的分类作了一些调整和精简，将其"简化为两类6级"，相对程度副词可分为最高级、较高级和较低级三个量级，绝对程度副词可分为超量级、高量级和低量级三个量级。

二　英语的分类

英语文献对强化词的分类与汉语差别较大。依据不同的标准，学者

[①] 张谊生（2000c：25）。

将强化词可以分成不同的类。根据使用频率的不同，程度副词主要分为两大类：一类是简单强化词，即使用频率高的 very，much，so，too 等副词，由于形态简单、词义清晰、功能明确，这类词通常也被称作封闭性词类；另一类是派生强化词，也就是由形容词或分词衍生出来的副词（结尾是 - ly 的副词）。这部分词被称作最高程度强化词，主要功能是表达强调，属于开放性词类（Lorenz，1999）。

根据句法特点的不同，强化词可分为两类：用来强调谓语成分的（如 partly agree 中的 partly），作状语；用来修饰句中某形容词（如 very good 中的 very）或副词（如 perfectly well 中的 perfectly）的，作小句成分（Labov，1985；Paradis，1997）。[①] 从句法上讲，主要分为两大类：（1）作小句成分，主要修饰形容词（如 very good）、副词（如 perfectly well），偶尔也修饰限定词（如 completely no idea）、代词（如 absolutely nothing）或介词短语（如 completely in love）；（2）作状语，强调谓语或谓语成分（如 partly agree）。[②]

根据意义表达方向的不同，强化词也可分为两个类型。Stöffel（1901：129）将强化词分为强义副词（intensives/intensive adverbs）和弱势副词（downtoners/down-toning adverbs）两大类，前者"表示较高程度或极高程度"，后者"表示某一特性的适当程度，较少程度或微小程度"。Spitzbardt（1965）将程度副词（adverbs of degree），分为限定性副词（restrictive adverb）和强义副词（intensive adverb）两大类，并根据语义细分为 19 小类。Quirk 等（1985：589）指出，"（强化词）不仅仅指加强强调程度的表达方式。一个表示强调的次修饰语表示某强调级阶上的某一点；而被表示的该点可以是较低程度，也可以是较高程度"。Quirk 等（1985）也将英语强化词分成两大类别：强势词（amplifiers），表达比既定标准高的程度；弱势词（downtoners），表达比既定标准低的程

① 参见由建伟（2013）。
② 参见吴勇、周国强（2009）。

度。前者分为最高程度词（maximizers）和增强词（boosters），后者包括近似词（approximators）、折中词（compromisers）、减弱词（diminishers）和最低程度词（minimizers）。Quirk 等对强化词的分类很具有代表性，常为其他研究者所参引，对英语强化词的研究产生了较大的影响，其分类胪列如表 3 - 2 所示。

表 3 - 2　　　　　　　　　　　英语强化词分类

Amplifiers	Maximizers	*absolutely*, *altogether*, *completely*, *entirely*, *extremely*, *fully*, *perfectly*, *quite*, *thoroughly*, *totally*, *utterly*; *in all respects*, the intensifying use of *most*
	Boosters	*badly*, *bitterly*, *deeply*, *enormously*, *far*, *greatly*, *heartily*, *highly*, *intensely*, *much*, *severely*, *so*, *strongly*, *terribly*, *violently*, *well*; *a great deal*, *a good deal*, *a lot*, *by far*; exclamatory *how*; the intensifying use of *more*
Downtoners	Approximators	*almost*, *nearly*, *practically* (informal), *virtually*, *as good as* (informal), *all but*
	Compromisers	*kind of* (informal, esp AmE), *sort of* (informal), *quite*, *rather*, *enough*, *suficiently*, *more or less*
	Diminishers	*mildly*, *partially*, *partly*, *quite*, *slightly*, *somewhat*; *in part*, *in some respects*, *to some extent*; *a bit*, *a little*, *least* (*of all*); *only*, *merely*, *simply*; *just* (informal), *but* (formal and rather archaic)
	Minimizers	negatives: *barely*, *hardly*, *little*, *scarcely*; nonassertives: *in the least*, *in the slightest*, *at all*, *a bit*

Klein（1998：18）以英语和德语为例，将程度副词（adverbs of degree）的分类情况作了汇总，具体如表 3 - 3 所示。

表 3 - 3　　　　　　　　　　　英语、德语程度副词分类

English	completely absolutely	almost nearly	extremely awfully	very	rather pretty	somewhat a bit	little	hardly barely	not not a bit
German	Völlig absolut	beinahe fast	aüβerst schreckl ich	arg sehr	ziemlich recht	etwas ein wenig	wenig	kaum	nicht nicht ein biβchen
Stöffel	Intensive	–	intensive		downtoner				–
Borst	Intensive	downtoner	intensive		downtoner				–

续表

English	completely absolutely	almost nearly	extremely awfully	very	rather pretty	somewhat a bit	little	hardly barely	not / not a bit
Biedermann	Absolute	–	high		moderate	weak	minimal		negative
Bolinger	Booster	–	boost		compromiser	minimizer	diminisher		minimizer
Bäcklund	Highest	complete or partial absence	high		moderate	low	low (of pos. idea)	mini mal	–
Gary	Completive	approximate + booster			compromiser	diminisher	minimizer		–
Van Os	Absolute	approximative	extremely high	high	moderate	Diminishing	minimal		negative
Klein	Absolute	approximative	extremely high	high	moderate	Minimal	quasinegative		negative
Louw[1]	Maximizer	Approximator	Booster		Compromiser	Minimizer	Diminisher		
Class	I	II	III	IV	V	VI	VII	VIII	

还有一些学者在结合汉英程度副词（强化词）分类的基础上，提出不同于以往汉语程度副词的分类，其分类有些类似于 Quirk 等（1985），如黄瑞红（2008：23），具体如表 3 - 4 所示。

表 3 - 4　　　　　　　　　　　汉语程度副词分类

	程度	显性比较	一般比较
强势词	最高程度词	最、最为	完全、绝顶
	比较程度级	更、更加、更为	
	增强词	越发、越发、愈加、还$_1$	极、极其、极为、极度、极端、很、挺、十分、万分、非常、异常、太
弱势词	折中词	比较、较、较为、还$_2$	
	最低程度词	稍微、稍、稍稍、多少、略微、略略	有点儿、有些
	近似词		几乎、差不多、差点

英语强化词的分类看似界限清晰，但各家的观点却存在着众多差

---

① Louw，H. 的分类未见于 Klein（1998：19）的分类，此为笔者所补充。

异，这可能是与各个强化词语义之间的边界难以截然分开有关，也可能是与语言学家对程度范畴的主观认识有关。结合上述各家观点可知，与汉语的研究类似，英语学界对强化词（程度副词）的分类存在着较显著的差异，其中最明显的差异就是强化词到底可以分成多少小类，各个小类之间包含哪些成员，如 Van Os 和 Klein 将强化词分出的类别最多，共有 8 类，Stöffel 和 Borst 分得最少，仅有 2 类，当然也有分成 6 类或 7 类的，如 Biedermann、Bolinger、Bäcklund、Gary 和 Louw。因此，类别多少的差异必然会导致同一个强化词被划归到不同的类别之中，如 extremely 被 Stöffel 和 Borst 称为 intensive，Biedermann 和 Bäcklund 称之为 high，Bolinger、Gary 和 Louw 称之为 boost，Van Os 和 Klein 称之为 extremely high。

本书在研究中弱化学界对程度副词（强化词）边界的确定和分类上的差异，主要依据语料库来提取程度副词（强化词），尽量避免研究者的个人主观判定所带来的标准不统一的问题。

三 本书的分类

语言的形式和意义紧密相关。在一个语法结构中，形式与意义共处一体，密不可分。程度副词的分类，仅仅依靠单纯的意义标准方便操作，但缺乏形式上的验证，单纯的形式标准又会造成一定的意义混乱。因此，单纯的意义标准或形式标准，都存在着不足，必须将意义和形式标准有机结合起来。具体来说，从意义上看，程度副词既可表示程度高，又可表示程度低，还能表示程度的变化。而且，程度副词之间的句法组合和搭配能力往往又存在明显的差异。我们主张不能单独地依靠某种单一的标准，应该确立以语法标准为主，辅之以意义标准，即将句法功能和语义特征相结合的词类划分的原则。鉴于此，本书将坚持形式和意义相结合的标准对历史汉语中的程度副词进行分类。

综合以上各家对汉语和英语程度副词（强化词）的分类，并结合程度副词在汉语历史文献中的具体使用情况，我们将汉语程度副词分为5个类别，[①] 它们分别是：

最高级，"最"类词，如"最""至""极""顶"等，表示程度到达了顶点，在同类事物中程度达到最高。

过量级，"太"类词，如"太""过""忒"等，表示程度超过常规。

高量级，"甚"类词，如"甚""很""颇$_1$"等，表示动作或性状的程度很高。

比较级，"更"类词，如"愈""益""更""越""越发"等，表示程度进一步的增加或变化。

低量级，"略"类词，如"略""还$_2$""有点""有些"等，表示程度低。

"最""太""甚""更""略"五个词分别是上述五个类别中最典型的成员，它们均为该类别中某一时期使用频率最高的词语，它们的搭配功能最为丰富，语义特征也最具代表性，因此用它们来命名程度副词下属的各个次类。

本书对英语程度副词，坚持 Quirk 等（1985：589）的分类，即将英语程度副词分为强势词（amplifiers）和弱势词（downtoners）两个大类。强势词分为最高程度词（maximizers）和增强词（boosters），弱势词分为近似词（approximators）、折中词（compromisers）、减弱词（diminishers）和最低程度词（minimizers）。

---

① 需要指出的是，由于研究者的立足点和研究角度不同，人们的认识也存在差异，以上对汉语程度副词的分类只是一个基本的划分，很难做到完全一致。

第四章 汉语程度副词概说

汉语程度副词数量众多，历史变化显著。本章将利用语料库的统计数据，概说汉语程度副词的历史面貌、基本特征和搭配功能，下一章将对历史汉语中程度副词的使用特征分类进行论述。

第一节 历史概貌

从音节数量上看，汉语词可分为单音词和复音词；根据语素数量的不同，汉语词可分为单纯词和合成词。只有一个语素构成的词是单纯词，有两个或两个以上语素构成的词是合成词。合成词又有词根加词根构成的复合词和词根加词缀构成的派生词之分。汉语程度副词也可分为单纯词和合成词两个类别。单音节的汉语程度副词均为单纯词，复音节的汉语程度副词一般是合成词。

上古时期汉语程度副词有①：

---

① 上古汉语标记语料库将程度副词标记为 DF。本书调查和使用台湾"中央研究院"上古汉语标记语料库的部分语料，共 23 种，它们包括《尚书》《诗经》《周易》《仪礼》《论语》《国语》《左传》《春秋公羊传》《春秋穀梁传》《孟子》《礼记》《周礼》《荀子》《庄子》《战国策》《吕氏春秋》《睡虎地秦墓竹简》《马王堆汉墓帛书（壹）》《史记》《说苑》《新序》《新语》《淮南》。本书统计得到的程度副词数量及使用频率可能与其他研究者的统计存在一些差异，可能是由两方面的原因造成的：一是不同的研究调查统计的文献数量多少不同，二是不同研究者对程度副词的认定标准存在一些差异。本书的汉语程度副词系统及使用情况主要是依据台湾"中央研究院"的汉语标记语料库。如上古汉语时期还有一些"最"类词，如"穷""腊"等，它们的使用数量比较少，在本书统计的语料库中不见其用例，故不列于此。下同此，下文将不再说明。

"最"类词4个：至、最、极、綦

"太"类词3个：太、已、过

"更"类词8个：益、愈、弥、加、滋、尤、愈益、兹益

"甚"类词3个：孔、甚、殊

"略"类词1个①：颇₂

上古汉语程度副词中单纯词特别多，如"最"类、"太"类、"甚"类和"略"类程度副词都只有单音节形式。上古汉语程度副词中的合成词只有"更"类中的"愈益"和"兹益"2个，它们都是联合式的复合词。

中古时期程度副词有②：

"最"类词8个：最、极、至、绝、奇、极为、极甚、极自

"太"类词3个：太、过、已

"更"类词10个：更、加、较、弥、益、尤、愈、愈益、转更、滋

"甚"类词21个：甚、孔、颇₁、殊、特、偏、酷、雅、良、挺、尔、如是、甚为、何其、如此、甚自、一何、甚至、甚以、若兹、大为

"略"类词1个：差

复音化是汉语词汇发展的基本特征，汉语程度副词的历史发展也符合这一规律。中古以后，复音程度副词逐渐多见，除"太"类和"略"类未见复音形式外，"最"类、"更"类和"甚"类均有复音形式。从构成方式上看，既有复合词，如"极甚""愈益""转更""如是""如此""一何""甚至""甚以""若兹"，也有派生词，如"甚为""何其""甚自""大为"；从程度副词的下属类别来看，首先，"甚"类词中合成词有10个，占此类副词的47.6%。其次是"最"类，合成词有3个，占此

---

① 语料库对"略"类词的认定存在问题，后文将有专门讨论。

② 中古汉语标记语料库将程度副词标记为Dfa。本书调查和使用台湾"中央研究院"中古汉语标记语料库中所有的37种文献，除《佛说四愿经》无程度副词外，其余的36种文献均有程度副词。

类副词的 37.5%。"更"类词中合成词有 2 个，占此类副词的 20%。

近代时期程度副词有①：

"最"类词 9 个：最、极、至、绝、顶、极其、极甚、至当、最较

"太"类词 6 个：太、忒、过、忒煞、忒恁、已

"更"类词 14 个：更、越、还₁、越发、益发、愈、尤、较、益、尤其、弥、更自、愈发、更尔

"甚"类词 52 个：甚、好不、很（哏、狠）、这样、这般、这等、颇₁、恁、这么、好生、多、恁地（恁底、恁的）、怪、恁般、偌（若子、惹、惹子、暗）、何等、煞（嗏）、那样、许、那等、那般、能、那么、酷、如此、那、何其、这们、怎么、雅、恁么、特、恁样、可笑、好、大晒、甚实、不妨（不方）、这等样、丕、这么样、怎的、一何、勿量、实、深当、如是、那们、苦、底似、何为、惑

"略"类词 2 个：稍、还₂

近代以后，复合程度副词的数量持续增加。其中，合成词有 27 个，它们是"极甚""至当""最较""忒煞""忒恁""好不""这样""这般""这等""恁般""何等""那样""那等""那般""如此""恁样""可笑""大晒""甚实""不妨（不方）""这等样""这么样""一何""勿量""深当""如是""底似"，派生词有 18 个，它们是"更尔""越发""益发""极其""尤其""更自""愈发""何为""这么""好生""恁地（恁底、恁的）""那么""何其""这们""怎么""恁么""怎的""那们"。复音词所占的比例也越来越高，如"最"类词中合成词 4 个，占此类副词的 44.4%。"太"类词中合成词 2 个，占此类副词的 33.3%。"更"类词中合成词 6 个，占此类副词的 42.9%。"甚"类

---

① 近代汉语标记语料库将程度副词标记为 Dfa。本书调查和使用台湾"中央研究院"近代汉语标记语料库的部分语料，共 15 种，它们是：《敦煌变文集新书》《红楼梦》《金瓶梅词话》《老乞大谚解》《平妖传》《朴通事谚解》《歧路灯》《儒林外史》《水浒传》《五代史平话》《西游记》《新刊大宋宣和遗事》《永乐大典戏文三种》《元刊杂剧三十种》《祖堂集》。

词中合成词 32 个, 占此类副词的 61.5%。

表 4–1 　　　　　历史汉语程度副词的结构形式　　　　单位: 个, %

程度副词类别	上古汉语				中古汉语				近代汉语			
	单纯词		合成词		单纯词		合成词		单纯词		合成词	
	数量	比例	数量	比例	数量	比例	数量	比例	数量	比例	数量	比例
"最" 类	4	100	0	0	5	62.5	3	37.5	5	55.6	4	44.4
"太" 类	3	100	0	0	3	100	0	0	4	66.7	2	33.3
"更" 类	6	75.0	2	25.0	8	80.0	2	20.0	8	57.1	6	42.9
"甚" 类	3	100	0	0	11	52.4	10	47.6	20	38.5	32	61.5
"略" 类	1	100	0	0	1	100	0	0	2	100	0	0

第二节　基本特征

本节从两个方面考察历史汉语程度副词的基本特征: 一是从标准化频率的角度考察汉语程度副词的总体使用情况; 二是从单纯词和合成词的对比角度考察汉语程度副词的历史发展变化。

从上古汉语到近代汉语的历程中, 不仅程度副词的总数量和下属各个类别的数量都是在不断增加, 而且程度副词的使用频率也在不断增加。在调查的上古语料中, 程度副词共使用 2258 次, 中古副词使用 4963 次, 近代副词使用 9170 次。不过, 由于各个时期语料的样本大小不一致, 因此仅仅依据上述数据并不能准确反映程度副词的真实情况。相对而言, 标准化频率更具价值, 更能反映程度副词使用频率的发展变化。通过计算发现, 上古时期每百万词的文献中程度副词使用 1456.7 次, 中古时期每百万词的标准化频率为 3422.7, 比上古汉语有明显的增加。近代时期程度副词的标准化频率为 2865.7, 虽略低于中古时期, 但仍较上古时期有显著增加。

就程度副词下属的各个小类来看, 除 "略" 类外, 各个类别程度副词的标准化频率基本上是增加的。"甚" 类词的标准化频率一直很高，是使用最为频繁的程度副词小类之一。上古时期的"甚"类词的标准化频率为458.7，略低于"更"类词。中古以后"甚"类词的使用量仅次于"最"类词，标准化频率为1246.9。近代汉语"甚"类词的标准化频率为1096.6，明显高于其他任何类别；"最"类词在汉语中使用历史悠久，上古时期标准化频率为264.5，低于"更"类词和"甚"类词，中古以后使用增加，标准化频率为1315.2，跃居第一位。近代以后"最"类词的使用略有下降，标准化频率为528.1，低于"甚"类词和"更"类词；"更"类词在上古时期的标准化频率是最高的，值为596.1。中古以后"更"类词被"甚"类词和"最"类词超越，近代以后"更"类词标准化频率为1009.1，仅次于"甚"类词；"太"类词作为程度副词的一个类别，上古已经开始使用，但在历史进程中的表现一直"不温不火"，上古到近代时期的标准化频率分别为90.3、71.0和225.3，明显低于"甚"类词、"更"类词和"最"类词。

表4-2　　　　　　　　程度副词在汉语不同历史时期使用情况

程度副词类别	上古汉语			中古汉语			近代汉语		
	词数	使用量	标准化频率	词数	使用量	标准化频率	词数	使用量	标准化频率
"最"类	4	410	264.5	8	1907	1315.2	9	1690	528.1
"太"类	3	140	90.3	3	103	71.0	6	721	225.3
"更"类	8	924	596.1	10	1138	784.8	14	3229	1009.1
"甚"类	3	711	458.7	21	1808	1246.9	52	3509	1096.6
"略"类	1	73	47.1	1	7	4.8	2	21	6.6
小计	19	2258	1456.7	43	4963	3422.7	83	9170	2865.7

中古以后汉语程度副词复音化趋势明显，时代越晚复音词使用的比例越高。但就使用量而言，历史汉语中程度副词的使用仍以单纯词为主的，尤以上古、中古时期突出。

上古汉语里"最"类词、"太"类词、"甚"类词和"略"类词均只有单音词，"更"类词中单音词共使用904次，占此类副词总数的97.8%，复音词仅使用20次，占2.2%；中古时期程度副词的使用中单音词仍占据绝对的优势，使用频率远高于复音词。中古汉语复音词的数量有所增加，除了"更"类词外，"最"类词和"甚"类词也都出现复音词，但它们的使用量普遍不高。"最"类词中单音词共使用 1865 次，占此类副词的 97.8%，复音词使用 42 次，占 2.2%。"更"类词中单音词使用 1131 次，占此类副词的 99.4%，复音词仅使用 7 次，占 0.6%。"甚"类词中单音词使用 1727 次，占此类副词的 95.5%，复音词仅使用 81 次，占 4.5%。

近代汉语以后，复音程度副词的数量大幅增加，除了"最"类词、"更"类词和"甚"类词之外，"太"类词也出现了复音节形式。复音程度副词在此期的使用频率有所增加，尤以"更"类词和"甚"类词显著。近代汉语里复音节的"最"类词和"太"类词的使用量不多，分别为 41 例和 3 例，仅占所在类别的 2.4% 和 0.4%。"更"类词的使用却有 543 次，占"更"类词总数的 16.8%。"甚"类词的使用量多达 1419 次，占"甚"类词总数的 40.4%。显然，各个类别复音节程度副词使用的情况存在差异，"更"类词和"甚"类词被更多的使用，远远高于"最"类词、"太"类词和"略"类词，反映了汉语复音化进程在程度副词内部的不一致和差异性。

表 4-3　　　　　　　　单、复音节程度副词使用对比　　　　　单位：次，%

程度副词类别	上古汉语				中古汉语				近代汉语			
	单音词		复音词		单音词		复音词		单音词		复音词	
	使用量	比例	使用量	比例	使用量	比例	使用量	比例	使用量	比例	使用量	比例
"最"类	410	100	0	0	1865	97.8	42	2.2	1649	97.6	41	2.4
"太"类	140	100	0	0	103	100	0	0	718	99.6	3	0.4
"更"类	904	97.8	20	2.2	1131	99.4	7	0.6	2686	83.2	543	16.8
"甚"类	711	100	0	0	1727	95.5	81	4.5	2090	59.6	1419	40.4
"略"类	73	100	0	0	7	100	0	0	21	100	0	0

实际上，除了类别之间的差异，同一类别程度副词内部成员之间的使用也存在较大的差异。部分成员通行于某一历史时期或几个时期，具

有较高的使用频率，且广泛地分布于各种类型的文献中，成为该类词的主要成员，而其他的一些成员则被较少地使用，是该类词的边缘成员。如"甚"是汉语史中使用时间最长、使用频率最高的副词之一。据语料库可知，"甚"较早出现于西周时代，春秋以后被广泛使用，一直延续到近代汉语的晚期。上古时期"甚"已是该类词的最主要成员，除《尚书》《仪礼》之外，上古汉语的其他文献中均有不少"甚"的用例，共 621 次，其使用量远远超过其他成员；中古以后"甚"继续被大量使用，共使用 1392 次。"甚"广泛分布在中土文献和翻译佛经之中。本书调查的中古文献共 37 种，除《佛说四愿经》中无程度副词外，其余的 36 种文献均有程度副词"甚"。综观整个中古程度副词系统，再无任何其他程度副词有如此广泛的文献分布；"甚"在近代文献中共使用 1201 次，除《朴通事谚解》之外，近代汉语所有文献均有"甚"的用例。近代汉语虽然还有不少"甚"类词成员，如"好不""很""这样""这般""这等""颇₁""恁"等，但它们的分布范围不及"甚"广泛，使用频率也都无法与之抗衡，如"好不"是仅次于"甚"的成员，但其使用量却只有 272 次。"很"的使用量位列第 3，共使用 246 次。"这样""这般""这等""颇₁""恁"分别使用 230 次、210 次、200 次、180 次和 176 次。

又如"忒"，是一个具有近代汉语特色的副词，广泛地分布于元明时期的文献之中，如《永乐大典戏文三种》《元刊杂剧三十种》《新刊大宋宣和遗事》《朴通事谚解》《老乞大谚解》《金瓶梅词话》《水浒传》《西游记》等。在上述文献中，"忒"的使用超过了"太""过"等同类的"太"类副词。元明之后"忒"迅速衰落，考察清代文献，可以发现"太""忒""过"三词的"消长"情况，如《红楼梦》中分别使用 181 次、28 次和 19 次，《儒林外史》中分别使用 18 次、2 次和 6 次，《歧路灯》中分别使用 122 次、0 次和 33 次，说明清代晚期以后"忒"的使用量不仅明显少于"太"，而且少于"过"，是一个基本衰亡的程度词。

表4-4 "太""忒""过"在清代几部文献的使用情况

		太	忒	过
清代	红楼梦	181	28	19
	儒林外史	18	2	6
	歧路灯	122	0	33

第三节　搭配功能

一　词类选择

程度副词的不同成员在句法搭配功能上有同有异。调查发现，与形容词（尤指性质形容词）搭配是程度副词最基本的句法特征。各个类别、各个成员的程度副词均可与形容词搭配，如：

（1）君子以齐人之杀哀姜也为已甚矣，女子，从人者也。（《左传·僖公元年》）

（2）昔者六晋之时，智氏最强，灭破范、中行，帅韩、魏以围赵襄子于晋阳。（《战国策·秦策》）

（3）济从骑有一马绝难乘，少能骑者。济聊问叔："好骑乘不？"（《世说新语·赏誉》）

（4）然此事知之者甚希，宁可虚待不必之大事，而不修交益之小术乎？（《抱朴子内篇·微旨》）

（5）教保儿挑着盒担，绝早坐轿子先来，要拜月娘做干娘，他做干女儿。（《金瓶梅词话》第三十二回）

（6）次行至一古庙，无蕃篱之类，惟有石像数身，皆若胡中首长，镌刻甚巧。（《新刊大宋宣和遗事·贞集》）

绝大多数的程度副词可与心理动词进行搭配，如：

（7）及三晋分知氏，赵襄子<u>最</u>怨知伯，而将其头以为饮器。（《战国策·赵策》）

（8）齐因孤之国乱而袭破燕，孤<u>极</u>知燕小力少，不足以报。（《史记·燕召公世家》）

（9）广定往视，女故坐冢中，见其父母，犹识之<u>甚</u>喜。（《抱朴子内篇·对俗》）

（10）伟常从驾出而无时衣，<u>甚</u>忧。（《抱朴子内篇·黄白》）

（11）汝等在此，<u>粗</u>知远近。（《祖堂集·云居和尚》）

（12）见杨雄、石秀说的有理，心中<u>甚</u>喜。（《水浒传》第四十七回）

不少程度副词可与能愿动词进行搭配，如：

（13）一之而可再也，有之而可久也，广之而可通也，虑之而可安也，反鈆察之而<u>愈</u>可好也。（《荀子·荣辱篇》）

（14）唯仪之所<u>甚</u>愿为臣者，亦无大大王。（《战国策·秦策二》）

（15）钟会撰四本论，始毕，<u>甚</u>欲使嵇公一见。（《世说新语·文学》）

（16）王东亭为桓宣武主簿，既承藉，有美誉，公<u>甚</u>欲其人地为一府之望。（《世说新语·雅量》）

（17）王夫人也道："宝玉<u>很</u>会欺负你妹妹。"（《红楼梦》第二十八回）

（18）但只常闻得人说，人参果乃是草还丹，人吃了<u>极</u>能延寿。（《西游记》第二十四回）

一些程度副词可与关系动词"是""为"等进行搭配，如：

（19）水火有气而无生，草木有生而无知，禽兽有知而无义，人有气、有生、有知，亦且有义，故<u>最</u>为天下贵也。（《荀子·王制》）

（20）王以国赞嫪氏，太后之德王也，深于骨髓，王之交<u>最</u>为天下上矣。（《战国策·魏策》）

（21）白如珂雪，味又绝伦，过饭下酒，<u>极</u>是珍美也。（《齐民要术·脯腊》）

（22）令夏月饭瓮、井口边无虫法：清明节前二日夜，鸡鸣时，炊黍熟，取釜汤遍洗井口、瓮边地，则无马蚿，百虫不近井、瓮矣。<u>甚</u>是神验。（《齐民要术·飧饭》）

（23）邬梨看见全羽一表非俗，心下<u>颇</u>是喜欢。（《水浒传》第九十八回）

（24）却才众兄弟<u>甚</u>是冒渎，万乞恕罪。（《水浒传》第六十一回）

部分程度副词还可与少量的行为动词搭配，如：

（25）淮南、衡山谋反时，建<u>颇</u>闻其谋。（《史记·五宗世家》）

（26）汉王稍收士卒，与诸将及关中卒<u>益</u>出，是以兵大振荥阳，破楚京、索闲。（《史记·高祖本纪》）

（27）永安三年中，尔朱兆入洛阳，纵兵大掠，时有秀容胡骑数十人，入瑶光寺淫秽，自此后<u>颇</u>获讥讪。（《洛阳伽蓝记》卷一）

（28）王子敬兄弟见郗公，蹑履问讯，<u>甚</u>修外生礼。（《世说新语·简傲》）

（29）九月，解纵五坊鹰隼，内外无得<u>更</u>进。（《五代史平话》卷下）

（30）今儿<u>越发</u>拉上我了！（《红楼梦》第三十四回）

需要注意的是，一些使用频率较高，使用范围广泛的程度副词可与上述的各类词语进行搭配，如"甚""最"等，但大多数程度副词的搭配往往具有一定的选择性和倾向性，即常常与某一类或几类词搭配，而少与其他类别词语搭配，如"更""孔""顶"等。

二　句式选择

依据有无明确的比较对象，王力（1954/1985：131－132）将程度副词划分为绝对程度副词和相对程度副词两类，"更"类词即属于相对程度副词。语料库显示，程度副词用于比较句式见于近代汉语时期，构成"A＋比＋B＋程度副词＋X"的形式，将比较对象放在程度副词之前。其中，"还""更""尤"几个词常用于此形式中，"越""越发""较""益发"等也可用，但用例不多见。举例如下：

（31）今年不上三十岁，比唱的<u>还</u>乔！（《金瓶梅词话》第八十回）

（32）你也不想想，焦大太爷跷跷脚，比你的头<u>还</u>高呢。（《红楼梦》第七回）

（33）但听见说这饭送与师父吃了，他与我夫妻情上，比寻常<u>更</u>是不同。（《西游记》第二十七回）

（34）宝玉本来心实，可巧林姑娘又是从小儿来的，他姊妹两个一处长了这么大，比别的姊妹<u>更</u>不同。（《红楼梦》第五十七回）

（35）宝玉是从来没有经过这大风浪的，心下只知安乐、不知忧患的人，如今碰来碰去都是哭泣的事，所以他竟比傻子<u>尤甚</u>，见人哭他就哭。（《红楼梦》第一百零七回）

（36）二人在房内，颠鸾倒凤，似水如鱼，取乐欢娱，那妇人枕边风月，比娼妓<u>尤</u>甚，百般奉承，西门庆亦施逞枪法打动，两个女貌郎才俱在妙龄之际。（《金瓶梅词话》第六回）

（37）两个小厮见西门庆坐地，加倍小心，比前<u>越</u>觉有些马前健。（《金瓶梅词话》第五十四回）

（38）周守备见了春梅生的模样儿，比旧时<u>越</u>好，又红又白，身段儿不短不长，一对小脚儿，满心欢喜。（《金瓶梅词话》第八十六回）

（39）这西门庆仔细端详那妇人，比初见时<u>越发</u>标致，吃了酒，粉面上透出红白来。（《金瓶梅词话》第四回）

（40）宝玉笑道："你倒比先<u>越发</u>出挑了，倒像我的儿子。"（《红楼梦》第二十四回）

（41）你比那时节吃的<u>较</u>丰肥，<u>更</u>长出些苦唇髭影力。（《元刊杂剧三十种·薛仁贵衣锦还乡记》第三折）

（42）因这事更比晴雯一人<u>较</u>甚，乃从袭人起以至于极小作粗活的小丫头们，个个亲自看了一遍。（《红楼梦》第七十七回）

（43）李瓶儿因过门日子近了，比常时<u>益</u>发喜欢得了不的。（《金瓶梅词话》第十六回）

程度副词用于比字句中，还可构成"A＋程度副词＋比＋B＋X"的形式，将比较对象放在程度副词之后，以"更"的使用为最常见，"越发""益发"也有少量用例，如：

（44）紫鹃答应了一声，这一声<u>更</u>比头里凄惨，竟是鼻中酸楚之音。（《红楼梦》第八十二回）

（45）进的庙院，<u>更</u>比瘟神庙演戏热闹，院落也宽敞，戏台也高耸。（《歧路灯》第四十九回）

（46）我看你近来的光景，<u>越发</u>比头几年散荡了，况且每每听见你推病不肯念书。（《红楼梦》第八十一回）

（47）宝妹妹急得红了脸，说道："你<u>越发</u>比先不尊重了。"（《红楼梦》第九十九回）

（48）贾妃见宝、林二人<u>益发</u>比别姊妹不同，真是姣花软玉一般。（《红楼梦》第十八回）

"甚"类词是绝对程度副词，一般不用于"比"字句之中，但近代汉语中"甚"也有少量用于比较句的用例，如：

（49）这杀比昨日又<u>甚</u>不同。（《西游记》第九十回）

（50）三藏道："<u>甚</u>比我东土不同。我那里交冬节方有之。"（《西游记》第四十八回）

例（49）中比较对象"比昨日"放在程度词"甚"之前，例（50）中比较对象"比我东土"放在程度副词之后。

三　语义选择

一些程度副词常习惯性地与某一类具有相同或相似语义特点的词语搭配，表现出积极、中性或消极的语义韵特征。下以"殊"和"忒"为例进行说明。

（一）殊

"殊"是上古汉语后期开始使用的程度副词，但使用很少。中古时期"殊"使用较多，近代以后基本衰微。从词类上看，"殊"的搭配词有形容词、动词和副词，其中形容词的数量较多，动词和副词的数量较少。与大多数程度副词不同的是，"殊"与其他词语搭配，多表现出消极的语义特征。① 中古时期"殊"使用 52 次，否定副词"不"与"殊"共现 16 次，是"殊"最常见的共现词，远高于其他词语（其他词语多为一两次）。除"不"之外，否定性的动词"无"和副词"未"也可与"殊"搭配。如：

（51）今以此语俗人，俗人殊不肯信。（《抱朴子内篇·论仙》）

（52）诞殊不信，试为视之，封题如故。（《搜神记》卷十七）

（53）刘曰："伯禽之贵，尚不免挞，而况于卿？"周殊无忤色。（《世说新语·排调》）

（54）中间夷甫、澄见语："卿知处明、茂弘。茂弘已有令名，真副卿清论；处明亲疏无知之者，吾常以卿言为意，殊未有得，恐已悔之？"（《世说新语·赏誉》）

上例中"殊"均与否定词共现，整个搭配体现出消极的语义特征。此外，"殊"与其他词语搭配时，也常表现出消极义，如：

（55）然其父至顽，其弟殊恶，恒以杀舜为事。（《抱朴子内篇·祛惑》）

（56）夫始殊疑之，伺察，终无他意。（《世说新语·任诞》）

（二）忒

程度副词"忒"在近代汉语里比较常见，共 195 例。"忒"的搭配词包括形容词、副词和动词等，"忒"与搭配词多表达消极的语义韵，具体表现有二：一是常与否定词共现，整个搭配弥漫着消极的语义韵特征。与"忒"共现频率高的是否定副词"不"，21 次，其次是否定动

---

① "殊"也可与积极义的词语搭配，如《世说新语·德行》："王祥事后母朱夫人甚谨，家有一李树，结子殊好，母恒使守之。"但这种用例较少。

词"没"，8次。如：

（57）忙改口道："你儿子<u>忒</u>不通理，做出恁般手脚，既是憨子，也罢了。只是吃去好多酒哩，怕里面师父问时，你老人家照样答应则个。"（《平妖传》第五回）

（58）贾母听了，急得站起来，眼泪直流，说道："这件玉如何是丢得的！你们<u>忒</u>不懂事了，难道老爷也是撂开手的不成！"（《红楼梦》第九十五回）

（59）行者笑道："你这个儿子，<u>忒</u>没眼色！你外公虽是小小的，你若肯照头打一叉柄，就长三尺。"（《西游记》第二十一回）

（60）沙僧笑道："二哥<u>忒</u>没修养。这气饱饫，如何睡觉？"（《西游记》第九十四回）

二是常与消极义的词语搭配，如"多虑""无知""毒""傻气""性噪""愚滥""惨毒""促急""奸猾""婆婆妈妈""恶""毒害""昏愦""孟浪""势利""狠毒""偏心""跷蹊""吵""胡涂""无礼""贪"等。如：

（61）【末】你也<u>忒</u>吵！（《永乐大典戏文三种·张协状元》）

（62）宋江道："你女儿<u>忒</u>无礼，被我杀了。"（《水浒传》第二十一回）

（63）王姑子道："我的奶奶，你<u>忒</u>多虑了！天可怜见你只怕好了。"（《金瓶梅词话》第六十二回）

（64）凤姐恍惚说道："我如今也后悔我的心<u>忒</u>窄了，妹妹不念旧恶，还来瞧我。"（《红楼梦》第一百十三回）

第五章 汉语程度副词的历时考察

程度副词下属的各个类别意义相近，句法功能大致相似，可以看作一个个不同的概念场。各个概念场内部包含的词语数量多少不一，历时变化差异很大。下文将结合语料库的调查情况，从使用频率、搭配特征和语体特征方面，对汉语程度副词的历时演变情况进行分析。

第一节 "最"类词

一 上古汉语

此期"最"类词已很常见，有"至""最""极""蒙"4个。其中，"至"和"最"二词的使用尤多，是此期"最"类词的最主要成员，"极"和"蒙"二词使用不多，是"最"类词的非主要成员。"极"在上古时期还不多见，呈积聚发展之势，而"蒙"的使用更少。上古汉语"最"类词的使用情况如表5-1所示。

表 5 – 1   上古汉语"最"类词使用情况   单位：例

		至	最	极	綦
西周春秋	尚书①	0	0	2	0
	诗经②	3	0	0	0
	周易	2	0	0	0
	仪礼	1	0	0	0
	春秋穀梁传	3	1	0	0
战国	孟子	8	0	0	0
	礼记	10	0	1	0
	荀子	57	2	1	4
	庄子	14	1	1	0
	战国策	9	8	0	0
	吕氏春秋	34	1	4	0
	睡虎地秦墓竹简	0	1	0	0
	马王堆汉墓帛书（壹）	9	0	0	0
西汉	史记	46	92	21	0
	说苑	18	9	2	0
	新序	5	2	1	0
	淮南	35	2	0	0
合计		254	119	33	4

　　总体上看，程度副词"至"是上古时期使用最多的"最"类词，具有使用频率高，分布范围广的特征。"至"在选定的语料库中共使用254例，③ 远超其他成员。同时，该词也是此期使用范围最广的"最"

――――――――――

　　① 《尚书》有今文本和古文本之别，今文本较为可信，而古文本或为伪本而不可信。

　　② 《诗经》为先秦诗歌总集，既有西周时代作品，如《周颂》以及《大雅》中的大部分，也有春秋中叶的作品，如《秦风·驷驖》《齐风·南山》等。《诗经》中的程度副词多见于《周颂》《大雅》《小雅》等篇章。表5－1将西周春秋合为一个时期，是一种简而化之的做法。下文亦同此。

　　③ 上古时期"至"又作"致"。《汉语大词典》："'致'通'至'。尽；极。"如《论语·子张》："丧致乎哀而止。"皇侃义疏："致，犹至也……使各至极哀而止也。"《荀子·荣辱》："志意致修，德行致厚，智虑致明，是天子之所以取天下也。"杨倞注："致，极也。"此期语料库中发现表程度的"致"4例，均见于《荀子》之中，而《汉语大词典》所收例证"丧致乎哀而止"中的"致"，语料库未将其标注为程度词。中古、近代以后未见"致"的用例。

（转下页）

类词成员，除《尚书》和《睡虎地秦墓竹简》未见用例外，其他文献均有其用例；程度副词"最"在上古时期有不少用例，共 119 例，无论是从使用范围还是使用频率来看，"最"的使用都不及"至"；程度副词"极"在上古汉语中的使用为 33 例，明显少于"至"和"最"；"綦"的使用很少，仅 4 例。

历时地看，西周春秋时期的《诗经》《周易》《仪礼》《春秋穀梁传》等文献，"至"均有使用，如：

（1）同我妇子，馌彼南亩，田畯至喜。（《诗经·豳风·七月》）

（2）文言曰：坤至柔而动也刚，至静而德方。（《周易·坤》）

"最"较早的用例出现在《春秋穀梁传》中，仅 1 例，如：

（3）叔孙得臣，最善射者也。（《春秋穀梁传·文公》）

西周春秋时代的文献中"极"使用很少，仅在《尚书·洪范》发现 2 例，而《诗经》《周易》等文献均不见用例。如：

（4）一，极备凶；一，极无凶。（《尚书·洪范》）

（接上页）

"至"还可作"致"，《汉语大词典》："致，大；盛。"《汉语大字典》："致，通'至'。"《集韵·质韵》："致，至也。"清朱骏声《说文解字·履部》："致，段借为至。"《史记·司马相如列传》："文王改制，爰周致隆。"裴骃集解引《汉书音义》曰："致，至也。"司马贞索隐："致，大也。"语料库中表程度的"致"不多，凡 1 例，与《汉语大词典》例同。中古以后用例少用，《汉语大词典》收录的 2 例为近代以后的例句，如宋代刘敞《王沂公祠堂记》："文武维周，天命致隆"，近人鲁迅《坟·论"费厄泼赖"应该缓行》："或者天下竟可以臻于致治"，此 2 例当为仿古用法。

表 5-1 将"致""致""至"一并统计为"至"。程度副词的不同形体，下文均被统计为一个程度副词。

由于《尚书·洪范》是否成书于西周时期，尚存争议，因此程度副词"极"的始见时代问题仍需作进一步的考察。

战国时期，"最"类词的使用仍以"至"为多，在调查的所有文献中"至"的使用量均多于"最"和"极"，且绝大多数文献"至"的使用优势显著。"最"虽在战国中晚期开始流行，在《荀子》《庄子》《战国策》等文献中已较为常见。"极"在战国时期使用不多，在《礼记》《荀子》《庄子》《吕氏春秋》等文献中只有少量用例；西汉时期是"最"类词成员关系发生重要变化的时期。虽然在一些文献，如《说苑》《新序》《淮南》中"至"仍多于"最""极"，但在部分文献中"最"已经超过了"至"，"极"开始被大量使用，如《史记》中"最"92例，"至"46例，"极"21例。

"綦"表程度数量不多，使用范围不广，只见于《荀子》之中，凡4例，① 如：

（5）知者易为之兴力，而功名**綦**大。（《王霸篇》）

（6）是故刑罚**綦**省而威行如流，世晓然皆知夫为奸则虽隐窜逃亡之由不足以免也，故莫不服罪而请。（《君子篇》）

（7）刑罚**綦**省，而威行如流，政令致明，而化易如神。（《君子篇》）

（8）有物于此，居则周静致下，动则**綦**高以钜。圆者中规，方者中矩。大参天地，德厚尧、禹。精微乎毫毛，而充盈乎大宇。（《赋篇》）

①《汉语大词典》："极；很。《荀子·王霸篇》：'夫人之情，目欲綦色，耳欲綦声，口欲綦味，鼻欲綦臭，心欲綦佚。此五綦者，人情之所必不免也。'杨倞注：'綦，极也。'"《汉语大词典》中《荀子》所举"綦"的例证，语料库并未将其标注为程度副词。《汉语大字典》认为"綦"通"极"。清朱骏声《说文通训定声·颐部》："綦，叚借为极。很，甚。《荀子·王霸》：'夫人之情，目欲綦色，耳欲綦声，口欲綦味，鼻欲綦臭，心欲綦佚。此五綦者，人情之所必不免也。'杨倞注：'綦，极也。'"虽《汉语大词典》《汉语大字典》均认为"綦"义为"很、甚"，但分析"二典"所引的《荀子》例，"綦"似不能看作程度副词，而应看作动词，当为"穷尽"义动词。

"綮"在调查的中古、近代语料库不见用例。①

二 中古汉语

此期"最"类词既有对上古汉语的继承，又有此期的发展，成员有"最""极""至""绝""奇""极为""极甚""极自"8个。中古时期"最"类词的使用情况如表5－2所示。

表5－2　　　　　　　　中古汉语"最"类词使用情况　　　　　　单位：例

		最	极	至	绝	奇	极为	极甚	极自
中土文献	抱朴子内篇	13	15	47	1	0	0	0	0
	搜神记	0	4	13	0	0	0	0	0
	世说新语	11	13	20	7	2	0	0	0
	洛阳伽蓝记	12	1	1	1	0	0	0	0
	齐民要术	22	110	11	10	0	0	1	0
	颜氏家训	1	1	4	0	0	0	0	0
翻译佛经	阿閦佛国经	2	2	0	0	0	0	0	0
	阿育王传	46	41	0	0	0	3	0	0
	百喻经	9	16	0	0	0	0	0	0
	般舟三昧经	6	15	0	1	0	0	0	0
	悲华经	16	2	0	0	0	0	0	0
	出曜经	109	71	14	1	0	4	0	3
	大楼炭经	18	7	0	2	0	0	0	0
	大明度经	14	16	0	1	0	0	0	0
	大庄严论经	71	154	4	0	0	22	0	1
	道行般若经	14	73	2	0	0	1	0	0
	梵摩渝经	1	1	4	0	0	0	0	0
	佛本行集经	440	57	13	0	0	1	4	0

---

① 其他文献中偶有用例，下二例参引《汉语大词典》："清叶廷管《吹网录·三河县辽碑》：'盖耶律氏立国，人才文翰，本逊完颜，而又书禁綮严。'况周颐《蕙风词话》卷一：'国朝彭羡门孙遹《延露词》，吐属香艳，多涉闺襜。与夫人伉俪綮笃，生平无姬侍。'"

续表

	最	极	至	绝	奇	极为	极甚	极自
佛说阿阇世王经	0	3	0	0	0	0	0	0
佛说般舟三昧经	1	0	0	1	0	0	0	0
佛说兜沙经	0	13	0	0	0	0	0	0
佛说伅真陀罗所问如来三昧经	1	7	0	1	0	0	0	0
佛说菩萨本业经	0	1	3	0	0	0	0	0
佛说普曜经	51	15	14	1	0	0	0	0
佛说遗日摩尼宝经	1	4	0	0	0	0	0	0
佛说义足经	3	3	2	0	0	0	0	1
光赞经	34	4	0	0	0	0	0	0
了本生死经	0	0	1	0	0	0	0	0
六度集经	7	3	20	2	0	0	0	0
妙法莲华经	38	1	0	0	0	0	0	0
生经	15	3	10	1	0	1	0	0
修行本起经	9	7	2	1	0	0	0	0
中本起经	3	3	12	1	0	0	0	0
合计	968	666	197	32	2	33	4	5

(表左侧跨行标注：翻译佛经)

观察表5-2，并与上古进行比较，中古汉语"最"类词的特点可总结如下。

（一）主要成员内部发生变化

"最""极""至"三词是中古时期"最"类词的主要成员。"最""极"在上古时期的使用量虽不及"至"，但中古以后使用渐多，日益强盛，使用量分别达到968例和666例。上古使用最多的"至"，中古以后由盛而衰，呈逐渐衰微之势，使用量为197例，显著低于"最"和"极"。与使用量相对应，"最""极"在文献中的分布也更为广泛，分别见于此期28种和31种文献，而"至"只见于19种文献之中，也远远少于"最""极"的分布范围。一般认为，中古佛经文献的口语性比较强，语言的发展变化一般会有所反映。"最""极"文献分布广泛，中土文献和翻译佛经中均有大量用例，而"至"在中土文献中较多使用，而翻译佛经的使用远不及中土文献频繁，这是"至"在中古时期使用上的一个重要特征。如中古 31 种佛经文献中，"至"仅见于其中的 13 种，而另外的 18 种均没有用例。也就是说，口语性很强的中古佛经文献已经较少使用"至"，而是较多选择使用"最"和"极"。这既与佛经自身口语性的语言特征有关，也反映了"至"在中古时期逐渐走向衰落的事实。

（二）新兴成员不断涌现

"綦"在此期已不见踪迹，新兴的"最"类词有"极为""极甚""极自""绝""奇"5 个，其中"极为"和"绝"2 词使用较多，而"极甚""极自""奇"3 词则较少使用。

"绝"表程度的用法，中古时期较为常见，共有 32 例，主要用于中土文献，翻译佛经使用较少。如：

（9）良久，低头视地，窈窈冥冥，上未有所至，而去地已<u>绝</u>远。（《抱朴子内篇·祛惑》）

（10）太子生日，国中八万四千长者，生子悉男。八万四千厩马生驹，其一特异，毛色<u>绝</u>白，髦鬣贯珠。以是之故，名为骞特。（《修行本起经》卷上）

"极为"是由程度副词"极"和词尾"为"构成，共 33 例，基本用于翻译佛经之中，其中《大庄严论经》使用尤多，有 22 例。如：

（11）时憍陈如闻说是已，<u>极为</u>欢喜，颜色怡悦，即白佛言："世尊！唯愿听我说所疑事。"（《大庄严论经》卷十）

（12）七宝挍饰，<u>极为</u>精妙。（《生经》卷五）

"奇"表程度高，此期使用不多，共 2 例，均见于《世说新语》，如：

（13）许允妇是阮卫尉女，德如妹，奇丑。（《贤媛》）

（14）谢太傅谓王孝伯："刘尹亦奇自知，然不言胜长史。"
（《品藻》）

"极甚"由"极"和"甚"两个程度副词并列连文而成，共4例，均见于《佛本行集经》。如：

（15）而彼夫人，生一太子，极甚端正。（卷二十五）

（16）现今身体，极甚羸瘦。（卷二十五）

"极自"是由"极"与词尾"自"构成，共5例，均见于佛经之中。如：

（17）尔时魔王，极自庄严在首罗前。（《大庄严论经》卷八）

（18）诸女天身，极自柔软状如天女。（《出曜经》卷第十四）

三　近代汉语

此期的"最"类词有"最""极""至""绝""顶""极其""极甚""至当""最教（校）"9个。主要成员是"最""极""至""绝""极其"5词，它们使用较多，"极甚"、"最教（校）"、"至当"和"顶"4词使用较少。近代汉语"最"类词的使用情况如表5-3所示。

表5-3　　　　　　　近代汉语"最"类词使用情况　　　　单位：例

		最	极	至	绝	极其	顶	极甚	至当	最教（较）
五代	敦煌变文集新书	73	50	39	7	0	0	6	1	1
	祖堂集	24	9	6	0	0	0	0	0	0

续表

		最	极	至	绝	极其	顶	极甚	至当	最教（较）
宋元	永乐大典戏文三种	28	2	0	2	0	0	0	0	0
	元刊杂剧三十种	14	2	5	0	0	0	0	0	0
	新刊大宋宣和遗事	13	7	0	0	0	0	0	0	0
	五代史平话	4	4	7	0	0	0	0	0	0
明代	平妖传	23	21	4	4	3	1	0	0	0
	朴通事谚解	6	0	1	1	0	0	0	0	0
	老乞大谚解	7	0	1	1	0	0	0	0	0
	金瓶梅词话	33	55	2	5	3	0	0	0	0
	水浒传	149	66	30	5	0	0	0	0	0
	西游记	34	38	22	8	1	0	0	0	0
清代	红楼梦	187	148	16	4	5	2	0	0	0
	儒林外史	75	102	16	3	11	0	0	0	0
	歧路灯	67	200	11	0	10	5	0	0	0
合计		737	704	160	40	33	8	6	1	1

与中古汉语相比，近代汉语"最"类词的特点可概括如下。

第一，"最"类词主要成员的格局基本保持不变，但内部成员的关系发生了一些微调。从使用频率上看，"最"仍是使用最多的"最"类词成员，共737例。"极"的使用频率进一步增加，共704例，与"最"的差距进一步缩小。"至"进一步衰落，共160例，已经远远落后于"最"和"极"；从分布上看，近代汉语里"最"的分布范围最广，在所有文献中都有广泛的使用。"极"和"至"的分布范围均不及"最"，在一些文献中看不到它们的用例，如"极"不见于《朴通事谚解》和《老乞大谚解》两种文献，"至"在《永乐大典戏文三种》和《新刊大宋宣和遗事》之中无用例。

与中古相比，"绝"的使用没有大的变化，共40例。"极其"由副词"极"与词尾"其"构成，近代汉语时期初见，主要用于明清时期，共33例。如：

（19）若要逐一细陈，也未免有赘，不过是<u>极其</u>华丽，<u>极其</u>热闹而已。（《歧路灯》第二十八回）

（20）那翟管家苦死留住，只得又吃了一夕酒，重叙姻亲，<u>极其</u>眷恋。（《金瓶梅词话》第五十五回）

第二，"顶""极甚""至当""最教（较）"4词使用不多，分布范围有限。程度副词"顶"近代时期新兴，共8例。"极甚"在中古时期已有使用，近代时期仍使用不多，共6例。"至当"表程度用法仅1例。"最教（较）"当是"最""教（较）"同义连文，1例。举例如下。

（21）若果旧的已坏，城内木匠铺内，也有<u>顶</u>好棺木，临时也不至有误，何必预备？（《歧路灯》第六十二回）

（22）太子作偈已了，即便归宫，迷闷忧烦，<u>极甚</u>不悦。（《敦煌变文集新书·八相变》）

（23）你父平王，<u>至当</u>无道，与子娶妇，自纳为妃。（又，《伍子胥变文》）

（24）我今知汝，<u>最教</u>聪明，无瑕珋似童子一般，有行解与维摩无异。①（又，《维摩诘经讲经文》）

小　结

"最"类词在汉语各个时期的历时演变具有如下特征。

---

① 《敦煌变文校注》第875页指出："教"当读作"校"或"较"，表示"极""甚"之意，"最教'较'"为同义并用。斯三八七二《维摩诘经讲经文》："净方道理只居心，心拙言义校深。""校"字义同。甚是。

（一）相对稳定的词类系统

"最"类词在历时发展过程中是一个相对稳定的程度副词类别。该类词的数量从上古到近代虽有所增加，但"至""最""极"三词一直贯穿于古代汉语时期，是整个汉语史中使用最频繁的"最"类词成员。尽管"至""最""极"的对比关系在历史进程中发生了一些变化，但新出现的成员使用频率均无法与之抗衡。

（二）各个成员的使用频率差异巨大，主要成员优势明显

"至""最""极"三词在汉语各个历史时期的使用频率都很高，是汉语"最"类词最主要的成员，对于其他成员具有绝对的优势。"最"类词的其他成员或仅在汉语史中的某一个或两个时期使用，而且它们的使用频率也都远远低于"至""最""极"。

（三）主要成员的历时变化显著

"至""最""极"三词在历史发展过程中，对比关系发生了显著的变化。"至"在上古时期的使用远远多于"最"和"极"，中古以后"至"的使用显著下降，近代以后继续下降，使用频率落后于"最""极"；"最"在上古时期就有不俗的表现，中古、近代以后成为最常见的"最"类词；"极"的历史发展最为显著，上古汉语里"极"的使用相对较少，中古以后发展迅速，近代以后使用频率已很接近"最"。

第二节 "太"类词

一 上古汉语

此期"太"类词成员不多，语料库统计得到"太""已""过"三词。"太"和"已"二词使用较多，"过"的使用较少。中古汉语"太"类词的使用情况见表 5 – 4 所示。

表 5 – 4　　　　　　　　上古汉语"太"类词使用情况　　　　　　单位：例

			已	太	过
西周春秋		诗经	1	7	0
		论语	2	0	0
		左传	23	0	0
		春秋穀梁传	2	0	0
战国		孟子	5	0	0
		礼记	18	0	0
		周礼	8	0	0
		荀子	0	2	9
		庄子	0	10	0
		战国策	0	3	0
		吕氏春秋	0	14	0
		睡虎地秦墓竹简	0	2	0
西汉		史记	4	13	0
		说苑	0	7	1
		新序	0	2	0
		新语	0	2	0
		淮南	0	5	0
合计			63	67	10

从表 5 – 4 可知，西周春秋以及战国中期以前"太"类词仅见
"已"。"已"在上古时期已很常见，共 63 例，[①] 如《诗经》《论语》
《左传》《春秋穀梁传》《孟子》《礼记》《周礼》均有用例，如：

（1）盖<u>已</u>崇，则难为门也，盖<u>已</u>卑，是蔽目也，是故盖崇十
尺。（《周礼·冬官》）

---

① 上古时期里"已"还可写作"以"，《汉语大字典》："'以'表示程度深，相当于'太'、
'甚'。"又，"'以'通'已'。太；甚。"如：
（1）曾子曰："不以轻丧而重祭乎？"（《礼记·曾子问》）
（2）王虽弗遂，宴乐以早，亦非礼也。（《左传·昭公十五年》）

（2）所知，吾哭诸野。于野则<u>已</u>疏，于寝则<u>已</u>重。（《礼记·檀弓》）

不过，"已"在汉语史中的使用时间不长，战国中期之后基本不再使用，如《荀子》《庄子》《战国策》《吕氏春秋》《睡虎地秦墓竹简》等文献均未见其踪迹，因此，"已"似可被视作具有上古汉语特色的程度副词，且主要用于西周至战国中期的文献之中，之后使用已不多。语料库显示，西汉文献《史记》有 4 例"已"，其中 3 例见于《乐书》，1 例见于《仲尼弟子列传》。如：

（3）宾牟贾侍坐于孔子，孔子与之言，及乐，曰："夫武之备戒之<u>已</u>久，何也？"答曰："病不得其众也。""永叹之，淫液之，何也？"答曰："恐不逮事也。""发扬蹈厉之<u>已</u>蚤，何也？"答曰："及时事也。武坐致右宪左，何也？"答曰："非武坐也。""声淫及商，何也？"答曰："非武音也。"子曰："若非武音，则何音也？"答曰："有司失其传也。如非有司失其传，则武王之志荒矣。"子曰："唯丘之闻诸苌弘，亦若吾子之言是也。"宾牟贾起，免席而请曰："夫武之备戒之<u>已</u>久，则既闻命矣。敢问迟之迟而又久，何也？"（《乐书》）

（4）既受业，问："三年之丧不<u>已</u>久乎？君子三年不为礼，礼必坏；三年不为乐，乐必崩。旧谷既没，新谷既升，钻燧改火，期可<u>已</u>矣。"（《仲尼弟子列传》）

若将《史记》的上述用例与先秦文献进行比对，发现例（3）（4）均与前代文献相合，当是对前代文献的引用。如例（3）中含"已"字的 3 个例句，与《礼记·乐记》的文字完全相同，当是对《礼记》的直接引用。例（4）中含"已"字的 1 个例句，与《论语·阳货下》的文字相差不大，也应该是对《论语》的引用。现将《论语·阳货下》的对应文字列于此：

(5) 宰我问："三年之丧，期已久矣。君子三年不为礼，礼必坏；三年不为乐，乐必崩。旧谷既没，新谷既升，钻燧改火，期可已矣。"

中古以后"已"表程度的用法很少，语料库中仅得 1 例，如《颜氏家训·治家》："邺下有一领军，贪积已甚，家童八百，誓满一千。"近代汉语的标记语料库中不见"已"的用例。

"太"在上古时期已很常见，是此期使用最多的"太"类词，共 67 例。① "太"早期常作"大""泰"。《说文·水部》："泰，滑也。从廾，从水，大声。夳，古文泰。"《诗经·鄘风·蝃蝀》："乃如之人也，怀昏姻也，大无信也，不知命也。"陆德明释文："大音泰。"《广韵·泰韵》："泰，大也。"段玉裁《说文解字注·水部》："（泰）后世凡言大而以为形容未尽则作太。"又，"谓'太'即《说文》'夳'字，'夳'即'泰'，则又用'泰'为'太'"。《说文释例》："古只作'大'，不作'太'。"《论语·雍也》："居简而行简，无乃大简乎？"清江沅《说文释例》："古只作'大'，不作'太'，亦不作'泰'。《易》之'大极'，《春秋》之'大子'、'大上'，《尚书》之'大誓'、'大王王季'，《史》《汉》之'大上皇'、'大后'，后人皆读为'太'，或径改本书，作'太'及'泰'。"《广雅·释诂一》："太，大也。"王念孙《广雅疏证》："太者，《白虎通义》云：'十二月律谓之大吕何？大者，大也；正月律谓太簇何？太，亦大也。'"《广韵·泰韵》："太，甚也。"《汉语大词典》："（太）古作'大'，也作'泰'。凡言大而以为形容未

---

① 其中包括 27 例"大"，11 例"泰"。

尽，则作太。"叶玉英（2009）对程度副词"太"的早期字形及历史来源有论述，可参。叶文认为东汉中期以前，程度副词"太"在出土文献里多写作"大"或假借"泰"。程度副词"太"当是"大""太"字分化之后，其分化的时间不会早于魏晋。"泰"在文献中用作程度副词是文字假借现象，也就是"大""太"假借为"泰"字，且假借为"泰"字的用法主要是在两汉时期使用，魏晋以后逐渐消失。语料库调查显示，西周时期"太"表程度常作"大"，共 7 例，全部见于《诗经》，是目前所见"太"的较早例证。如：

（6）旱既大甚，蕴隆虫虫。（《诗经·大雅·云汉》）

（7）旱既大甚，散无友纪。（《诗经·大雅·云汉》）

春秋战国以后仍可作"大"，如：

（8）且女亦大早计，见卵而求时夜，见弹而求鸮炙。（《庄子·齐物论》）

（9）杀大蚤，朝大晚，非礼也。（《荀子·大略篇》）

还可作"泰"，如：

（10）夫必恃人主之自躬亲而后民听从，是则将令人主耕以为食，服战雁行也民乃肯耕战，则人主不泰危乎？而人臣不泰安乎？（《韩非子·外储说左上》）

（11）曰："嗟乎，此泰奢侈！朕以览听余闲，无事弃日，顺天道以杀伐，时休息于此，恐后世靡丽，遂往而不反，非所以为继嗣创业垂统也。"（《史记·司马相如列传》）

战国中期之后，程度副词"太"开始大量使用，并一直延续到后世，成为汉语中最常用的"太"类词成员。如：

（12）辛垣衍怏然不悦曰："嘻，亦太甚矣，先生之言也！先生又恶能使秦王烹醢梁王？"（《战国策·赵策》）

（13）臣愚，以为陛下法太明，赏太轻，罚太重。（《史记·张释之冯唐列传》）

对比"太""已"分布的时代看，"已"的使用比"太"略早。"已"在西周、春秋及战国中期之前的文献均有使用，而"太"的使用时代晚于"已"，除《诗经》外，春秋时代的文献仍不见其踪迹，战国以后才开始较多使用；从分布的文献看，除《诗经》和《史记》外，[①]"太""已"的分布呈互补分布的状态。"已"用于春秋时期的《论语》《左传》《春秋穀梁传》以及战国时代的《孟子》《礼记》《周礼》，而"太"用于战国时期的《荀子》《庄子》《战国策》《吕氏春秋》《睡虎地秦墓竹简》及西汉的《史记》《说苑》《新序》《新语》《淮南》，二词的互补分布极为整齐，反映了它们在使用时代和文献分布上的差异性。

现代汉语中"太"在语义上有两种用法：一种用法表程度很高，相当于"非常"，记作"太$_1$"，多修饰积极意义的形容词或动词；另一种用法表示超过适当的限度或标准，相当于"过于""过分"，记作"太$_2$"，多表示不如意的事情，所修饰多为消极或中性意义的词语。"太$_1$"有时也可修饰消极或中性意义的词语，"太$_2$"有时也修饰积极意义的形容词或动词，所以仅凭所修饰的词语的积极消极往往不能有效地区分"太$_1$"和"太$_2$"。[②] 不过，从调查情况来看，"太"多表"太$_2$"，表"太$_1$"用

---

① 实际上，《诗经》《史记》中的"太"和"已"也是有差别的。如上文所说，《诗经》中"太"均写作"大"，《史记》中的"已"均为引用。

② 肖奚强（2002）。

法的不多。因此,这里的统计不对二者作出严格区分。

上古语料库中表程度"过"使用不多,共 10 例,分布不广,主要见于《荀子》,共 9 例,另 1 例见于西汉的《说苑》。如:

(14)今君人者,急逐乐而缓治国,岂不过甚矣哉!(《荀子·王霸篇》)

(15)是人之所谓以狐亡补犬羊,身涂其炭,岂不过甚矣哉!(《说苑·贵德》)

二　中古汉语

中古时期"太"类词仍只有"太""过""已"3 个,它们的使用情况与上古汉语有很大的不同,具体见表 5-5 所示。

表 5-5　　　　　　　　中古汉语"太"类词使用情况　　　　　　单位:例

		太	过	已
中土文献	抱朴子内篇	3	3	0
	搜神记	7	3	0
	世说新语	14	3	0
	洛阳伽蓝记	0	1	0
	齐民要术	23	13	0
	颜氏家训	2	4	1
翻译佛经	百喻经	2	1	0
	出曜经	0	3	0
	大楼炭经	0	1	0
	大庄严论经	0	1	0
	佛本行集经	9	6	0
	生经	0	1	0
	大明度经	2	0	0
合计		62	40	1

观察表 5 – 5，发现中古时期"太"类词的基本特征如下。

（一）"太"类词承袭了上古汉语的基本格局，但成员之间的关系发生了较大变化。中古时期"太""过""已"均来自上古汉语，"太"是此期使用最多的成员，共 62 例。"过"增长迅速，成为仅次于"太"的成员，共 40 例。"已"在上古时期使用频繁，但中古以后使用不多，是一个基本衰亡的词语。在重点调查的文献中极少使用，仅在《颜氏家训》发现了 1 例。

（二）从使用范围来看，"太"类词在中土文献和翻译佛经中的使用情况差异巨大。调查显示，"太"类词主要用于中土文献之中。语料库的中土文献共 6 部，约 30 万词，而佛经文献数量更多，约 115 万词。尽管佛经文献的数量多于中土文献，但"太类词"在中土文献里的使用数量明显高于佛经文献。以"太"类词主要成员"太"和"过"的使用为例，发现二词更常见于中土文献之中，"太"在 6 部中土文献中共 49 例，占其总数（62 例）的 79%。"过"在 6 部中土文献中共 27 例，占其总数（40 例）的 67.5%。若以百万词为基准的标准化频率来看，"太""过"在中土文献和翻译佛经中的差异更为显著。"太"在中土文献的标准化频率为 163.3，而在翻译佛经中仅有 11.3，"过"在中土文献中的标准化频率为 90，在翻译佛经也仅为 11.3，由此可见，中土文献和佛经文献在"太"类词使用上的差异。

三 近代汉语

此期"太"类词与前期差别较大，有"太""忒""过""忒煞""忒恁""已" 6 个，[①] 从使用情况看，"太""忒""过" 3 词使用较多，是此期"太"类词的主要成员，而"忒煞""忒恁""已" 3 词使用较

---

① "太"含字形作"大"的 1 例。

少，是此期的非主要成员，"太"类词在近代汉语中的使用情况见表5－6
所示。

表5－6　　　　　　　近代汉语"太"类词使用情况　　　　单位：例

		太	忒	过	忒煞	忒恁	已
五代	敦煌变文集新书	6	0	1	0	0	1
	祖堂集	47	0	0	0	0	0
元代	永乐大典戏文三种	2	18	0	1	0	0
	元刊杂剧三十种	1	32	2	1	0	0
	新刊大宋宣和遗事	1	0	0	0	0	0
	五代史平话	7	2	2	0	0	0
明代	平妖传	9	7	5	0	0	0
	朴通事谚解	0	6	0	0	0	0
	老乞大谚解	0	2	0	0	0	0
	金瓶梅词话	23	27	4	0	0	0
	水浒传	10	18	2	0	0	0
	西游记	12	53	9	0	1	0
清代	红楼梦	181	28	19	0	0	0
	儒林外史	18	2	6	0	0	0
	歧路灯	122	0	33	0	0	0
合计		439	195	83	2	1	1

通过观察表5－6，并结合语料库调查，可发现近代汉语"太"类
词的基本特点，如下。

"太""过""已"3词是继承前期汉语而来，使用情况迥异。"太"
在近代汉语里仍是使用频率最高的词语，共439例，远高于其他成员。
"忒"在此期新兴，使用频繁，是仅次于"太"的成员，共195例。
"忒煞"和"忒恁"在近代汉语新兴，使用很少。"过"在此期的使用
有所下降，共83例，使用量尚不及"忒"的一半。"已"在此期极少
使用，仅1例。

总的来看，近代时期"太"类词的使用频率与其文献分布成正比，

即词语的使用频率越高，其分布的文献往往就越广泛。"太"在"太"类词中的使用频率最高，分布也最为广泛。从表5–6可知，除《朴通事谚解》和《老乞大谚解》外，其他的13部近代文献中"太"都有不少用例。"忒"的使用频率仅次于"太"，分布于近代的11种文献之中，不见于《敦煌变文集新书》《祖堂集》《新刊大宋宣和遗事》《歧路灯》4种文献。"过"在3词中的使用量最少，分布于近代的10种文献之中，不见于《祖堂集》《永乐大典戏文三种》《新刊大宋宣和遗事》《朴通事谚解》《老乞大谚解》5种文献。

"忒""忒煞""忒恁"3词是近代汉语时期新兴的程度副词，其中"忒"的使用尤其值得关注。程度副词"忒"在近代汉语中很常见，其使用量仅次于"太"，明显超过了"过"。"忒"与程度副词"煞""恁"组合，构成"忒煞""忒恁"，但它们使用频率都不高，仅见于少量文献之中。分别举例如下：

（16）忙改口道："你儿子忒不通理，做出恁般手脚，既是憨子，也罢了。只是吃去好多酒哩，怕里面师父问时，你老人家照样答应则个。"（《平妖传》第五回）

（17）王姑子道："我的奶奶，你忒多虑了！天可怜见你只怕好了。"（《金瓶梅词话》第六十二回）

（18）严子陵，莫不忒煞遑？我是个道人家动不如静。（《元刊杂剧三十种·严子陵垂钓七里滩》第三折）

（19）金星笑道："你这猴忒恁寡情。我昔日也曾有些恩义儿到你，我这些些事儿，就不依我？"（《西游记》第八十三回）

上古汉语以来，"太"一直是"太"类词中使用频率最高的词语。不过，在元明汉语时期，"太"的地位却受到了"忒"的挑战。从表5–6可知，"忒"在近代时期新兴，尤以元明两个时代的使用为常，具有鲜明的时代性特征。"忒"在元明时期的使用量,不仅远远超越了"太"类词中的"过",即便是与"太"相比,也毫不逊色。除部分文献外,即《歧路灯》《新刊大宋宣和遗事》《五代史平话》《平妖传》等几种文献中,"太"的使用量超过了"忒",而在元明时代的多数文献,如《永乐大典戏文三种》《元刊杂剧三十种》《朴通事谚解》《老乞大谚解》《金瓶梅词话》《水浒传》《西游记》等,"忒"的使用量都超过了"太",显示了"忒"在元明时期具有较高的使用频率和较广的使用范围。但到了清代以后,"忒"的使用量逐渐减少,"太"又重新取得绝对的优势地位。"太"和"忒"在《儒林外史》中分别使用 18 例和 2 例,在《红楼梦》中分别使用 181 例和 28 例,可见二者在使用频率上的巨大差异。①

小　结

相对而言,"太"类词是程度副词中并不太复杂的一个类别,但仍有很多有意义的问题。从构成成员来看,"太"类词主要成员历史变化并不显著,"太"基本上是使用频率最高,使用范围最广的成员。"已"的使用主要用于上古汉语前期,是一个具有上古色彩的程度词,秦汉以后基本退出历史舞台。"过"在上古时期已有使用,频率不高,中古以后使用量有所增加,近代以后继续使用。"忒"是近代汉语里兴起的程度副词,特别是在元明时期使用极为频繁,有追赶"太"的势头,但清代以后使用量下降明显。

---

① 从地域分布上看,"太类词"似无明显的差异,它们混同使用于南北方的文献之中,甚至在同一方言区的文献有的用"太",有的用"忒",如江淮官话的《儒林外史》多使用"太",而同为江淮官话的《西游记》却多用"忒"。

第三节　"更"类词

一　上古汉语

"更"类词在上古汉语里已很常见，成员有"益""愈""弥""加""滋""尤""愈益""兹益"8 个，① 其中，单音词有"益""愈""弥""加""滋""尤"6 个，双音词有"愈益""兹益"2 个。

表 5-7　　　　　　　　　上古汉语"更"类词使用情况　　　　　　　单位：例

		益	愈	弥	加	滋	尤	愈益	兹益
西周春秋	尚书	0	0	0	0	1	0	0	0
	诗经	0	1	0	0	0	0	0	0
	周易	0	0	1	0	0	0	0	0
	仪礼	0	0	3	0	0	0	0	0
	论语	0	0	2	0	0	0	0	0
	国语	8	6	3	1	9	0	0	0
	左传	4	3	1	3	12	0	0	1
	春秋公羊传	0	0	0	0	1	0	0	0
	春秋穀梁传	0	0	0	0	1	0	0	0
战国	孟子	2	2	0	2	2	0	0	0
	礼记	7	0	2	2	0	0	0	0
	荀子	1	25	9	4	1	0	0	0
	庄子	4	13	0	8	3	0	0	0
	战国策	28	15	1	3	0	0	0	0
	吕氏春秋	23	47	38	9	4	1	1	0
	马王堆汉墓帛书（壹）	2	8	5	0	4	0	0	0

---

① 上古时期程度副词可叠加使用，如"益""加"1 例，"尤""甚"1 例，"尤""益"1 例，"滋""益"1 例。表 5-7 中数据没有将程度副词叠加使用的情况统计在内。

续表

		益	愈	弥	加	滋	尤	愈益	兹益
西汉	史记	288	28	13	10	16	35	15	1
	说苑	35	15	7	9	5	1	1	0
	新序	5	5	6	5	0	0	0	0
	新语	4	6	0	0	0	0	0	0
	淮南	25	30	12	3	3	0	1	0
合计		436	204	103	60	61	37	18	2

观察表 5 - 7 可知，"益" 表程度的用法晚于 "愈""弥""滋" 等，直到春秋《国语》《左传》才出现，战国之后进一步发展，西汉以后使用尤多，如《史记》有 288 例，《说苑》35 例，《新序》5 例，《新语》4 例。从总量上看，"益" 是上古汉语里最常见的 "更" 类词，共 436 例，几乎占上古 "更" 类词总数的一半。如：

（1）若胜狄，则善用众矣，求必益广，乃可厚图也。（《国语·晋语一》）

（2）及壬子，驷带卒，国人益惧。（《左传·昭公七年》）

表程度的 "愈" 在上古时期使用较多，仅次于 "益"，共 204 例。①

---

① 上古汉语与 "愈" 形体相近的词语，如 "逾""俞""瘉""愉" 等几个词也都可以表示 "更加" 义。"逾"，亦作 "踰" 本为 "超过、经过" 义。《说文·辵部》："逾，越进也。从辵俞声。"《周书》曰："无敢昏逾。" 段玉裁注："越进，有所超越而进也。"《玉篇·辵部》："逾，越也。" 如《尚书·禹贡》："浮于江、沱、潜、汉，逾于洛，至于南河。" 孔传："逾，越也。" 由此引申为 "超过" 义，如《史记·汲郑列传》："使黯任职居官，无以逾人。" 进一步引申出 "更加" 义。如《墨子·所染》："不能为君者，伤形费神，愁心劳意，然国逾危身逾辱。" 孙诒让《墨子间诂》："逾，《治要》并作愈。" 语料库中共有 23 例 "逾" 表程度用法，如：

（1）皆患其身不贵于其国也，而不患其主之不贵于天下也，此所以欲荣而逾辱也，欲安而逾危也。（《吕氏春秋·务大论》）

（2）夫远而有光者，饰也；近而逾明者，学也。（《说苑》卷三）

"俞" 本为应答之词，犹是、对。如《尚书·尧典》："帝曰：'俞，予闻，如何？'"《汉书·扬雄传下》："扬子曰：'俞。若夫阂言崇议，幽微之涂，盖难与览者同也。'" 颜师古注：（转下页）

从时间上看，程度副词"愈"在西周、春秋时期已有使用，如《诗经》1 例，《国语》6 例，《左传》3 例。战国及西汉以后使用较为频繁，如《荀子》25 例，《庄子》13 例，《战国策》15 例，《吕氏春秋》47 例，《史记》28 例，《说苑》15 例。如：

（3）使者往而复来，辞愈卑，礼愈尊，王又欲许之。（《国语·越语下》）

（4）故乐愈侈，而民愈郁，国愈乱，主愈卑，则亦失乐之情矣。（《吕氏春秋·仲夏纪》）

从使用量上看，上古时期程度副词"弥"共 103 例，不及"益"和"愈"常见。但从出现时间上看，"弥"并不比"益""愈"晚，如在西周、春秋时期，"弥"已有一些用例，如《周易》1 例，《仪礼》3

（接上页）"俞，然也。""俞"表程度当是其假借"愈"的用法，如《国语·越语下》："使者往而复来，辞俞卑，礼俞尊。"韦昭注："俞，益也。"语料库中"俞"表程度共有 14 例，多见于《荀子》之中，如：

（1）是故得地而权弥重，兼人而兵俞强：是以德兼人者也。（《荀子·议兵篇》）

（2）鄙夫反是：比周而誉俞少，鄙争而名俞辱，烦劳而求安利，其身俞危。（《荀子·儒效篇》）

"瘉"，同"愈"，本义当为病愈。《说文·疒部》："瘉，病瘳也。"徐锴系转："今作愈字。"《玉篇·疒部》："瘉，小轻也。"《集韵·噳韵》："瘉，通作愈。"《汉书·高帝纪》："汉王疾瘉。"颜师古注："瘉与愈同。愈，差也。"如《汉书·高帝纪上》："汉王疾瘉，西入关，至栎阳。"颜师古注："瘉与愈同。愈，差也。""瘉"同"愈"，表"更加"义。如《荀子·尧问》："孙叔敖曰：'吾三相楚而心瘉卑，每益禄而施瘉博，位滋尊而礼瘉恭，是以不得罪于楚之士民也。'"段玉裁注："凡训胜、训贤之'愈'皆引申于'瘉'。'瘉'即'愈'字也。""瘉"表程度用例不多，语料库仅《荀子》1 例，见上。

"愉"，本义为快乐、喜悦。《尔雅·释诂上》："愉，乐也。"邢昺疏："愉者，安闲之乐也。"《说文·心部》："愉，薄也。《论语》曰：'私觌，愉愉如也。'"段玉裁注："此薄也当作薄乐也，转写夺乐字，谓浅薄之乐也。"《庄子·在宥》："桀之治天下也，使天下瘁瘁焉人苦其性，是不愉也。""愉"表程度，当为"愈"的借字，1 例，如：

（1）故利俞大而天下之欲之也愉甚。（《马王堆汉墓帛书（壹）·老子甲本卷后古佚书明君》）

上例中"俞""愉"互文，可知其意义用法一致。《淮南》中"渝"用来表程度，1 例。此"渝"当是借"愈"字之用，如：

（2）我渝乱谤乃愈起。（《淮南》卷十六）

例,《论语》2 例,《国语》3 例,《左传》1 例。战国、西汉以后,
"弥"继续使用,但使用频率被"益""愈"超过。如:

（5）其索之弥远者,其推之弥疏,其求之弥强者,失之弥远。
(《吕氏春秋·论人》)

（6）其知弥精,其取弥精;其知弥粗,其取弥粗。(《新序·
节士》)

程度副词"加"在西周、春秋时期使用尚不多,战国以后使用渐
多。上古时期"加"共使用 60 例。如:

（7）燕王知之,而事之加厚。(《史记·苏秦列传》)

（8）顺风而呼,声不加疾也;际高而望,目不加明也;所因
便也。(《吕氏春秋·顺说》)

程度副词"滋"在上古汉语中使用 61 次,① 如:

（9）若获诸侯,其虐滋甚,民弗堪也,将何以终?(《左传·
昭公元年》)

（10）自温舒等以恶为治,而郡守、都尉、诸侯二千石欲为治
者,其治大抵尽放温舒,而吏民益轻犯法,盗贼滋起。(《史记·
酷吏列传》)

---

① "兹",是"滋"的古字,孙诒让《墨子间诂》:"兹、滋古今字……古正作兹,今相承作
滋。""兹",又作"茲",本为"草木滋盛"义。《说文·艸部》:"艸木多益。"徐锴系传:"此草
木之兹盛也。"《素问·五藏生成论》:"五藏之气,故色见青如草兹者死。"注:"兹,滋也,言如
草初生之黄色也。"后引申为"更加"义的程度副词。如:

（1）祸之长也兹萃,其反也缘功,其果也待久。(《庄子·徐无鬼》)

（2）是以一人则一义,二人则二义,十人则十义,其人兹众,其所谓义者亦兹众。(《墨子·
尚同上》)

上古汉语程度副词"尤"的使用并不太多，共 37 例，实际上主要是西汉以后的用例，如《史记》的使用就有 35 例，其他文献使用不多。如：

　　（11）始大臣诛吕氏时，朱虚侯功<u>尤</u>大，许尽以赵地王朱虚侯，尽以梁地王东牟侯。（《史记·齐悼惠王世家》）

　　（12）孝武皇帝初即位，<u>尤</u>敬鬼神之祀。（《史记·孝武本纪》）

"犹"，表程度。《汉语大词典》："副词。太；过。《墨子·节葬下》：'若以此若三国者观之，则亦犹薄矣。若以中国之君子观之，则亦犹厚矣。'"语料库中"犹"表程度 1 例，见《吕氏春秋·不苟论》："夫人故不能自知，人主犹其。"现将其一并统计为"尤"。

"愈益"和"兹益"2 个词均是并列式的程度副词。"愈益"的使用稍多，共 18 例，主要见于《史记》15 例。"兹益"使用不多，共 2 例，分别见于《左传》（1 例）和《史记》（1 例）。如：

　　（13）魏王虽无以应，韩之为不义，<u>愈益</u>厚也。（《吕氏春秋·审应览》）

　　（14）张耳之国，陈馀<u>愈益</u>怒，曰："张耳与馀功等也，今张耳王，馀独侯，此项羽不平。"（《史记·张耳陈馀列传》）

　　（15）及正考父佐戴、武、宣，三命<u>兹益</u>共，故其鼎铭云："一命而偻，再命而伛，三命而俯，循墙而走，亦莫余敢侮。"（《左传·昭公七年》）

　　（16）及正考父佐戴、武、宣公，三命<u>兹益</u>恭，故鼎铭云："一命而偻，再命而伛，三命而俯，循墙而走，亦莫敢余侮。"（《史记·孔子世家》）

二 中古汉语

此期"更"类词与上古汉语的差别很大，既有词语之间的历时替换，又有"更"类词内部成员之间关系的调整。此期"更"类词有"更""加""较""弥""益""尤""愈""愈益""转更""滋"10个。① 中古时期"更"类词使用情况见表5-8所示。

表5-8 　　　　　　　　中古汉语"更"类词使用情况　　　　　　单位：例

		更	益	尤	弥	愈	加	滋	较	转更	愈益
中土文献	抱朴子内篇	13	5	19	11	9	0	0	0	0	0
	搜神记	2	6	4	2	7	1	0	0	0	1
	世说新语	9	3	5	6	5	0	0	0	0	0
	洛阳伽蓝记	2	0	0	1	1	0	1	0	0	0
	齐民要术	6	10	40	29	1	1	0	3	0	0
	颜氏家训	10	11	3	5	2	0	0	0	0	0
翻译佛经	阿含口解十二因缘经	1	0	0	0	0	0	0	0	0	0
	阿育王传	44	0	0	0	0	0	0	0	0	0
	百喻经	17	1	0	1	1	0	0	0	0	0
	般舟三昧经	3	0	0	0	0	0	0	0	0	0
	悲华经	18	0	0	0	0	0	0	0	0	0
	出曜经	178	1	0	0	0	0	1	0	3	0
	大楼炭经	19	0	0	0	0	0	0	0	0	0
	大明度经	14	3	0	1	0	0	0	0	0	0
	大庄严论经	75	3	0	0	1	1	0	0	1	0
	道行般若经	10	11	0	2	0	0	0	0	0	0

---

① 中古时期文献中有"更"类词连用的情况，如"更益"3例（《齐民要术》2例，《佛本行集经》1例），"益更"1例（见《大庄严论经》），"尤绝"1例（见《齐民要术》）。表5-8数据没有将程度副词连用的用例计入。此外，中古时期"更"类词的部分成员有不同形式，表5-8将它们合并为一个形式，如"较"含"校"1例，"尤"含"犹"1例，"愈"含"逾"3例，"蹰"1例，"滋"含"兹"1例。

续表

		更	益	尤	弥	愈	加	滋	较	转更	愈益
翻译佛经	法镜经	0	1	1	1	0	0	0	0	0	0
	梵摩渝经	1	0	1	0	0	0	0	0	0	0
	佛本行集经	380	5	0	1	0	0	0	0	1	0
	佛说阿阇世王经	1	0	0	0	0	0	0	0	0	0
	佛说般舟三昧经	1	0	0	0	0	0	0	0	0	0
	佛说伅真陀罗所问如来三昧经	0	1	0	0	0	0	0	0	0	0
	佛说菩萨本业经	1	0	0	0	0	0	0	0	0	0
	佛说普曜经	5	11	0	0	0	1	0	0	0	0
	佛说义足经	2	2	0	0	0	0	0	0	0	0
	光赞经	1	2	0	0	0	0	0	0	0	0
	了本生死经	2	0	0	1	0	0	0	0	0	0
	六度集经	4	4	11	1	2	0	1	0	0	0
	妙法莲华经	19	2	0	1	1	0	0	0	1	0
	生经	6	7	0	0	0	0	0	0	0	0
	文殊师利问菩萨署经	1	0	0	0	0	0	0	0	0	0
	修行本起经	3	4	0	0	0	0	0	0	0	0
	中本起经	2	1	0	0	0	0	0	0	0	0
合计		850	94	84	63	30	4	3	3	6	1

观察表5－8，并与上古汉语进行比较，中古时期"更"类词的特点可概括如下。

（一）程度副词的新兴与发展

"更"是最重要的汉语副词之一，表程度的用法在上古时期已经出现，但用例还不多。如：

（17）其修士不能以货赂事人，恃其精洁而<u>更</u>不能以枉法为治。（《韩非子·孤愤》）

（18）是以廉吏久，久<u>更</u>富，廉贾归富。（《史记·货殖列传》）

不过，上古汉语语料库中"更"未被标注为程度副词。中古时期"更"被广泛地使用，共850例，是使用最为频繁的"更"类词成员，在中土文献和翻译佛经中均有广泛的分布，优势地位十分显著。如：

（19）有一人教之食术，遂不能饥，数十年乃来还乡里，颜色更少，气力胜故。（《抱朴子内篇·仙药》）

（20）有人向张华说此事，张曰："王之学华，皆是形骸之外，去之所以更远。"（《世说新语·德行》）

语料库显示，中古时期还有一些新兴成员，如"较""转更"等。蒋绍愚（1990：349、1995），吴福祥（1996：131），杨荣祥（2005：107）等对"较"的产生和发展有不少论述，一般认为"较"表程度较早见于唐代，[①] 但中古汉语语料库认为《齐民要术》有3例"较"表程度，2例作"较"，1例作"校"，均见于《杂说》，如：

（21）只如十亩之地，灼然良沃者，选得五亩，二亩半种葱，二亩半种诸杂菜；似校平者种瓜、萝卜。

（22）第一遍锄，未可全深；第二遍，唯深是求；第三遍，较浅于第二遍；第四遍较浅。

柳士镇（1989）、汪维辉（2006）等认为《杂说》当是唐人所作，甚是。据此，可知"较"（"校"）表程度，应当是近代汉语以后出现的用法。"较"的数量不多，暂依语料库将其列于此，下文将其看作中古汉语时期产生的程度副词。

"转更"，当是"转""更"连文，共6例，均用于翻译佛经之中。如：

---

① （1）冰雪莺难至，春寒花较迟。（杜甫《人日》）

（2）能就江楼消暑否？比君茅舍较清凉。（白居易《江楼夕望招客》）

（23）于时穷子，自念无罪，而被囚执，此必定死；转更惶怖，闷绝躄地。（《妙法莲华经》）卷二）

（24）如是值彼复值此，次第值已转更胜，既得值遇如是者，云何今值恐怖轮？（《佛本行集经》卷五十）

（二）沿用成员的相对衰落

"益""愈""弥""加""滋""尤""愈益"等词，中古以后虽都沿用下来，但它们的使用频率明显下降，已处于相对衰落的态势。具体表现在两个方面：一是使用范围不广。除"益"在中土文献（35例）和翻译佛经（59例）都经常使用之外，其他继承上古而来的"更"类词，如"愈""弥""加""滋""尤""愈益"等词则主要用于中土文献之中，而在翻译佛经中则较少被使用。这种分布局面，可能是沿用上古而来程度副词在中古时期走向衰落的一种反映。

二是使用频率大幅减少。"益"的使用频率在中古时期仅次于"更"，共94例，但其使用量尚不及"更"的九分之一。"尤"在中古汉语的使用量虽较上古有所增加，但也只有84例。其余成员也都使用不多，如"弥"63例，"愈"30例，"加"4例，"滋"4例。与"更"相比，这些词语的使用相对较少。

三　近代汉语

此期"更"类词有"更""越""越发""益发""愈""尤""较""益""尤其""弥""还₁""更自""愈发""更尔"等14个。① 与前期相比，发生了显著的变化，不少成员退出历史舞台，新兴成员发展迅速。近代汉语"更"类词的使用情况见表5-9所示。

---

① 近代时期部分"更"类词可以连用，如"一发""更"连用6例（《歧路灯》5例，《红楼梦》1例），"一发""极"1例（见《歧路灯》）。表5-8的统计未将连用的"更"类词计入。

表 5−9 近代汉语"更"类词使用情况

		更	越	愈	还₁	尤	较	益	弥	越发	益发	尤其	更自	愈发	更尔
五代	敦煌变文集新书	442	1	0	0	5	9	2	2	0	0	0	0	0	0
	祖堂集	260	0	0	0	0	0	3	1	0	0	0	0	0	0
宋元	永乐大典戏文三种	53	2	1	0	8	0	0	0	0	0	0	0	0	0
	元刊杂剧三十种	96	26	0	0	1	3	0	0	0	0	0	0	0	0
	新刊大宋宣和遗事	27	1	7	0	6	1	3	0	0	0	0	0	0	0
	五代史平话	28	0	9	0	1	2	4	0	0	0	0	0	0	0
明代	平妖传	29	21	7	2	1	0	3	0	7	5	0	0	0	0
	朴通事谚解	10	5	0	0	0	2	0	0	0	2	0	0	0	0
	老乞大谚解	54	0	0	0	0	3	0	0	0	0	0	0	0	0
	金瓶梅词话	38	30	5	6	9	1	5	0	68	14	0	1	0	0
	水浒传	139	54	6	0	0	24	1	0	1	3	0	0	0	0
	西游记	248	25	21	4	4	0	0	0	20	24	0	0	0	0
清代	红楼梦	438	110	37	59	7	1	2	0	200	47	0	3	2	0
	儒林外史	53	19	0	0	5	1	2	0	28	5	7	0	0	0
	歧路灯	113	36	19	0	13	1	3	4	5	100	0	0	0	1
合计		2028	330	112	71	60	50	28	7	329	200	7	4	2	1

(一) 沿用成员的发展与变化

沿用上古、中古而来的"更"类词有"更""愈""尤""益""弥"5 个,它们在近代时期有两种不同的发展趋势。第一种是以"更"为代表,它在中古时期的使用就已经获得了"更"类词的主导地位,使用频率极高,分布于所有的文献之中。近代以后"更"延续了这种发展势头,使用频率远超其他同类成员,共 2028 例,且在近代所有文献中都有广泛的使用;第二种是以"愈""尤""益""弥"为代表,它们在汉语中的不同历史时期均有使用,且在使用频率上存在一些波动,但在近代时期仍有较多的使用。上古时期"愈"的使用较多,中古以后使用不多，落后于"更""益""尤""弥"等词，近代以后"愈"的使用明显增多，共112例，超过了"尤""益""弥"等成员。上古时期"尤"的使用不多，中古时期有所增加，近代以后继续使用，共60例。① "益"和"弥"在上古或中古时期使用较多，近代汉语时期的使用频率有明显下降，如"益"28例，"弥"7例。

（二）新兴成员的发展与壮大

近代时期新兴的"更"类词有"越""越发""还₁""较""益发""尤其""更自""愈发""更尔"9个，其中"越""越发""还₁""较""益发"5词的使用很频繁，"尤其""更自""愈发""更尔"4词使用较少。②

程度副词"越"近代汉语时期始见，共330例，使用频率仅次于"更"。如：

（25）西门庆听了，心中越怒，险些不曾把李老妈妈打起来。（《金瓶梅》第二十回）

（26）高太尉听了，心内越慌。（《水浒传》七十九回）

"越发"表示程度，应是程度副词"越"和后缀"发"构成的复合词，③ "越发"表示"更加"意义，在明代已有用例，近代时期使用较多，共有329例。如：

---

① "尤"在近代汉语里又写作"犹"，如《红楼梦》第四十四回："贾琏之俗，凤姐之威，他竟能周全妥帖，今儿还遭荼毒，想来此人薄命，比黛玉犹甚。"这里"尤""犹"一并统计为"尤"。

② 香坂顺一（1992：98）认为"愈"是一个脱离口语的副词，不能构成"愈发"。不过，近代文献中"愈发"使用不多，仅在《红楼梦》发现2例，即：

（1）他叔嫂二人愈发糊涂，不省人事，睡在床上，浑身火炭一般，口内无般不说。（第二十五回）

（2）妹妹近日愈发进了，看起天书来了。（第八十六回）

③ 香坂顺一（1992：97）、杨荣祥（2005：449）等均认为"越发"是复合词。

（27）行者道："呆子！越发不长进了！不是老孙海口，只这条棒子，撦在手里，就是塌下天来，也撑得住！"（《西游记》第六十七回）

（28）宝玉一想，竟是尤三姐的样子，越发纳闷："怎么她也在这里？"（《红楼梦》第一百十六回）

"益发"是副词"益"与后缀"发"构成的派生词，较早见于明代，用例罕见，清代用例较多。近代时期"益发"使用较多，共200例，如：

（29）袭人道："你这话益发糊涂了，怎么一个人不死就搁上一个空棺材当死了人呢。"（《红楼梦》第一百四回）

（30）李瓶儿因过门日子近了，比常时益发喜欢得了不的，脸上堆下笑来，对西门庆道："方才你在应家吃酒，奴已候得久了。又恐怕你醉了，叫玳安来请你早些归来，不知那边可有人觉道么。"（《金瓶梅词话》第十六回）

近代汉语"益发"又作"一发"，表"更加"的意义。"一发"多见于近代汉语里白话小说之中，如：

（31）王氏一发着急，又叫双庆儿去曲米街舅爷家寻去。（《歧路灯》第二十五回）

（32）老龙王一发害怕道："上仙，我宫中只有这根戟重，再没甚么兵器了。"（《西游记》第三回）

"一、益"中古均为入声字，"一"为质韵，收 – t 尾，"益"为锡韵，收 – k 尾。元明以后入声韵尾消失，二者读音完全相同，因此，"益发"写作"一发"是很自然的事情。

"益发"还可写作"亦发",多见于《金瓶梅词话》和《红楼梦》,如:

（33）衙内听了,<u>亦发</u>恼怒起来,又狠了几下。（《金瓶梅词话》第九十一回）

（34）宝玉<u>亦发</u>得了意,镇日家作这些外务。（《红楼梦》第二十三回）

"还"在现代汉语中既可表示程度高,记作"还$_1$",也可表示程度低,记作"还$_2$",不过,这两种用法在句法上有所不同。一般认为,"还$_1$"只用于"比"字句,"还$_2$"则正相反,一般不用于"比"字句。语料库中"还"表程度共 87 例,多见于明清时期,以"还$_1$"用于"比"字句为常,"还$_2$"较少。"还$_1$"有 71 例,如:

（35）他的眉角,比这眉角儿<u>还</u>湾些。（《金瓶梅词话》第六十三回）

（36）李嬷嬷听了,又是急,又是笑,说道:"真真这林姐儿,说出一句话来,比刀子<u>还</u>尖。你这算了什么。"（《红楼梦》第八回）

上文对"较"已有所讨论,该词当看作近代时期新兴并有较广泛运用的程度副词,共 50 例。如:

（37）从正南取清风山<u>较</u>近,可早到山北小路。（《水浒传》第三十四回）

（38）刘唐道:"此处黄泥冈<u>较</u>远,何处可以容身?"（《水浒传》第十六回）

小 结

"更"类词是比较复杂的程度副词小类，成员数量多，历时变化显著。上古时期"更"类词已经比较常见，主要成员是"益""愈""弥""加""滋""尤""愈益"等。这些词语在中古时期继续被使用，但它们的使用频率均有所下降，可能受到了新兴成员"更"的影响。"更"在中古以后的发展呈突飞猛进之势，成为"更"类词的最主要成员，"挤占"了其他成员的使用范围和空间。近代汉语以后"更"仍大量使用，新兴的"越""越发""益发"发展迅速，超过了"益""愈""弥""加""滋""尤""愈益"等。

第四节 "甚"类词

一 上古汉语

"甚"类词在上古时期已很常用，主要有"孔""甚""殊"3个，其中"孔"和"甚"2个词在此期使用较多，是其主要成员，"殊"的使用很少，是非主要成员。上古时期"甚"类词的使用情况见表5-10所示。

表5-10　　　　　上古汉语"甚"类词使用情况　　　　单位：例

		孔	甚	殊
西周春秋	尚书	3	0	0
	诗经	68	3	0
	周易	0	1	0
	仪礼	1	0	0
	国语	0	13	0

续表

		孔	甚	殊
西周春秋	左传	6	28	0
	春秋公羊传	0	5	0
战国	孟子	0	3	0
	礼记	5	4	0
	荀子	1	28	0
	庄子	1	20	0
	战国策	0	86	0
	吕氏春秋	0	73	0
	睡虎地秦墓竹简	0	2	0
	马王堆汉墓帛书（壹）	0	17	0
西汉	史记	2	253	0
	说苑	1	46	1
	新序	0	16	0
	新语	0	1	0
	淮南	1	22	0
合计		89	621	1

从表5-10可知，"孔"表程度在上古汉语早期文献中，如《尚书》《诗经》等已有不少用例，如：

（1）虽则如毁，父母孔迩。（《诗经·周南·汝坟》）《毛传》："孔，甚。"《尔雅·释言》："孔，甚也。"

（2）四海会同，六府孔修；庶土交正，底慎财赋，咸则三壤成赋。（《尚书·禹贡》）

"孔"应该可以看作一个具有鲜明上古汉语特色的程度词，它在《尚书》《诗经》里使用较多，《诗经》的用例尤多，有68例。春秋战国以后，"孔"的使用渐少，如《仪礼》1例，《左传》6例，《礼记》5例,《荀子》1例,《庄子》1例,西汉以后使用更少,如《史记》2例,《说苑》1例,《淮南》1例。不过,春秋之后的"孔"多为引用《诗经》,如:

（3）诗云:"诱民孔易。"此之谓也。(《礼记·乐纪》)

（4）子驷曰:"诗云:'谋夫孔多,是用不集。发言盈庭,谁敢执其咎?如匪行迈谋,是用不得于道。'"(《左传·襄公元年》)

（5）诗曰:"嗡嗡訾訾,亦孔之哀。谋之其臧,则具是违;谋之不臧,则具是依。"此之谓也。(《荀子·修身篇》)

（6）周颂曰:"丰年多黍多稌,亦有高廪,万亿及秭,为酒为醴,烝畀祖妣,以洽百礼,降福孔偕。"(《说苑·贵德》)

"甚"表程度在上古时期已很常见,共621例,是上古时期最常用的"甚"类词成员。从时间轴上看,"甚"在上古早期的文献,如《诗经》《尚书》中的使用远不及"孔"常见。春秋战国之后才大量使用,在"甚"类词中逐渐确立其优势地位。如:

（7）其室则迩,其人甚远。(《诗经·郑风·东门之墠》)

（8）遇司空马门,趣甚疾,出诚门也。(《战国策·秦策》)

上古汉语语料库"殊"表程度很少见,仅1例,即:

（9）越王句践用子胥之谋,乃率其众以助吴,而重宝以献遗太宰嚭,太宰嚭既数受越赂,其爱信越殊甚,日夜为言于吴王,王信用嚭之计。(《说苑·正谏》)

二　中古汉语

中古时期"甚"类词的数量很多，共21个，[①] 其中单音词有"甚""颇₁""殊""特""偏""酷""雅""良""挺""尔""孔"等11个，复音词有"如是""甚为""何其""如此""甚自""一何""甚至""甚以""若兹""大为"等10个。这些词的使用频率差异极大，文献分布迥异，体现了成员之间的显著差异性。中古时期"甚"类词的使用情况见表5-11。

表5-11　　　　中古时期"甚"类词使用情况　　　单位：例

		甚	颇₁	殊	特	偏	酷	雅	良	挺	尔	孔
中土文献	抱朴子内篇	37	14	5	1	4	2	0	1	1	0	0
	搜神记	61	11	2	0	1	1	2	1	0	0	1
	世说新语	138	9	32	3	4	6	9	0	0	0	0
	洛阳伽蓝记	41	3	1	3	4	0	0	0	0	0	0
	齐民要术	49	5	1	16	4	3	0	0	0	0	0
	颜氏家训	25	19	11	1	2	1	3	0	0	0	0
翻译佛经	阿含口解十二因缘经	1	0	0	0	0	0	0	0	0	0	0
	阿閦佛国经	11	0	0	0	0	0	0	0	0	0	0
	阿育王传	20	7	0	0	0	0	0	0	0	0	0
	百喻经	15	0	0	0	0	0	0	0	0	1	0
	般舟三昧经	10	0	0	0	0	0	0	0	0	0	0
	悲华经	30	0	0	0	0	0	0	0	0	0	0
	出曜经	66	0	0	0	0	1	0	0	0	0	0
	大楼炭经	102	0	0	0	0	0	0	0	0	0	0
	大明度经	50	0	0	0	0	0	0	0	0	0	0

[①] 中古汉语里程度副词可叠加使用，如"极为""甚"3例，"最""极"1例，"何其""太"1例，"一何""太"1例，"甚""极"1例，"甚为""极"1例，"甚""益"1例，"更""益"3例，"益""更"1例，"尤""绝"1例。表5-11中数据未将程度副词叠加使用的情况统计在内。

续表

		甚	颇₁	殊	特	偏	酷	雅	良	挺	尔	孔
翻译佛经	大庄严论经	103	1	0	0	0	0	0	0	0	0	0
	道行般若经	158	1	0	0	0	0	0	0	0	0	0
	法镜经	1	1	0	0	0	0	0	0	0	0	0
	梵摩渝经	1	0	0	0	0	0	0	0	0	0	0
	佛本行集经	161	0	0	0	0	1	0	0	0	0	0
	佛说阿阇世王经	22	0	0	0	0	0	0	0	0	0	0
	佛说般舟三昧经	5	0	0	0	0	0	0	0	0	0	0
	佛说兜沙经	4	0	0	0	0	0	0	0	0	0	0
	佛说伅真陀罗所问如来三昧经	46	0	0	0	0	0	0	0	0	0	0
	佛说菩萨本业经	1	0	0	0	0	0	0	0	0	0	0
	佛说普曜经	28	0	0	0	0	0	0	0	0	0	0
	佛说遗日摩尼宝经	1	0	0	0	0	0	0	0	0	0	0
	佛说义足经	20	0	0	0	0	0	0	0	0	0	0
	光赞经	11	0	0	0	0	0	0	0	0	0	0
	六度集经	57	0	0	0	0	0	0	0	0	0	0
	妙法莲华经	74	0	0	0	0	0	0	0	0	0	0
	生经	19	0	0	0	0	3	0	0	0	0	0
	文殊师利问菩萨署经	4	0	0	0	0	0	0	0	0	0	0
	修行本起经	7	0	0	0	0	0	0	0	0	0	0
	中本起经	13	1	0	0	0	0	0	0	0	0	0
合计		1392	72	52	24	19	18	14	2	1	1	1

		如是	甚为	何其	如此	甚自	一何	甚至	甚以	若兹	大为
中土文献	抱朴子内篇	0	0	1	1	0	0	0	0	0	0
	搜神记	0	0	0	0	0	0	0	0	0	1
	世说新语	0	0	3	0	0	0	0	0	0	0
	洛阳伽蓝记	0	1	0	0	0	0	0	0	0	0
	齐民要术	0	0	0	0	0	0	0	0	0	0
	颜氏家训	0	0	5	0	0	0	0	1	0	0
翻译佛经	阿含口解十二因缘经	0	0	0	0	0	0	0	0	0	0
	阿閦佛国经	2	0	0	0	0	0	0	0	0	0
	阿育王传	1	0	2	0	0	1	0	0	0	0

		如是	甚为	何其	如此	甚自	一何	甚至	甚以	若兹	大为
翻译佛经	百喻经	1	0	0	0	0	0	0	0	0	0
	般舟三昧经	0	0	0	0	0	0	0	0	0	0
	悲华经	0	0	0	0	0	0	0	0	0	0
	出曜经	0	14	2	0	0	1	0	0	0	0
	大楼炭经	0	0	0	0	0	1	0	0	0	0
	大明度经	0	0	1	0	0	0	0	0	0	0
	大庄严论经	0	13	0	1	1	0	0	0	0	0
	道行般若经	1	0	1	0	0	0	0	0	0	0
	法镜经	0	0	0	0	0	0	1	0	0	0
	梵摩渝经	0	0	0	0	0	0	0	0	0	0
	佛本行集经	126	4	0	7	1	0	0	0	0	0
	佛说阿阇世王经	0	0	0	0	0	0	0	0	0	0
	佛说般舟三昧经	0	0	0	0	0	0	0	0	0	0
	佛说兜沙经	0	0	0	0	0	0	0	0	0	0
	佛说伅真陀罗所问如来三昧经	0	0	0	0	0	0	0	0	0	0
	佛说菩萨本业经	0	0	0	0	0	0	0	0	0	0
	佛说普曜经	2	2	0	0	1	0	0	0	1	0
	佛说遗日摩尼宝经	0	0	0	0	0	0	0	0	0	0
	佛说义足经	0	0	0	0	0	0	0	0	0	0
	光赞经	0	0	0	0	0	0	0	0	0	0
	六度集经	0	2	1	0	0	0	0	0	0	0
	妙法莲华经	0	5	0	0	1	1	0	0	0	0
	生经	0	0	0	0	0	0	0	0	0	0
	文殊师利问菩萨署经	0	0	0	0	0	0	0	0	0	0
	修行本起经	0	1	0	0	0	0	0	0	0	0
	中本起经	0	1	0	0	0	0	0	0	0	0
	合计	132	43	16	9	5	4	1	1	1	1

从表 5-11 可见，中古时期的单、双音节"甚"类词在使用上有较为明显的差异。

（一）单音程度副词

此期单音节的"甚""殊""孔"3 词是继承上古汉语而来，"颇₁""特""偏""酷""雅""良""挺""尔"等 8 词在中古时期新兴，这些词的使用情况差异显著。

"甚"在中古时期被广泛使用，中土文献和翻译佛经中都有大量用例，共 1392 例，使用频率远远超过了其他的同类成员。如：

（10）须菩提言："甚多，甚多！天中天！"（《道行般若经》卷三）

（11）其国有水，昔日甚浅，后山崩截流，变为二池。（《洛阳伽蓝记》卷五）

中古以后程度副词"殊"发展较快，共 52 例，但只用于中土文献之中。如：

（12）然其父至顽，其弟殊恶，恒以杀舜为事。（《抱朴子内篇·祛惑》）

（13）王祥事后母朱夫人甚谨，家有一李树，结子殊好，母恒使守之。（《世说新语·德行》）

"孔"在中古汉语中使用频率急剧下降，仅在《搜神记》中见到 1 例，即：

（14）玉乃左顾，宛颈而歌曰："南山有鸟，北山张罗；鸟既高飞，罗将奈何！意欲从君，谗言孔多。悲结生疾，没命黄垆。命之不造，冤如之何！羽族之长，名为凤凰；一日失雄，三年感伤；虽有众鸟，不为匹双。故见鄙姿，逢君辉光。身远心近，何当暂

忘。"（《搜神记》卷十六）

上例是吴王夫差的女儿紫玉，见到韩重后诉说经历的唱词，其文字工整，节奏押韵，似可看作上古汉语的遗留用法。近代以后"孔"表程度更少见，标记语料库中无用例，此参引《汉语大词典》2例如下：

（15）像图<u>孔</u>肖，咸在斯堂；以瞻以仪，俾不或忘。（唐韩愈《处州孔子庙碑》）

（16）君才<u>孔</u>优，能仕能隐。（明李东阳《杨君墓志铭》）

关于程度副词"颇"的意义和来源，学界争议很大。"颇"有时表示程度偏高，记作"颇$_1$"，有时表示程度偏低，记作"颇$_2$"。通过对上古文献的考察，我们认为，"颇$_2$"始见于《史记》，"颇$_1$"在中古以后才出现，使用较多，仅次于"甚"，共72例。"颇$_1$"的使用是以中土文献为常，61例，汉译佛经较少，共11例。如：

（17）俄见一人，年三十许，颜色如画，侍卫烦多，相对欣然，敕行酒，笑云："仆有小女，<u>颇</u>聪明，欲以给君箕帚。"（《搜神记》卷四）

（18）数谮不已，王<u>颇</u>惑之。（《中本起经》卷二）

程度副词"特"在上古语料库未见，中古汉语亦不常见，共24例，且仅见于中土文献，如：

（19）而禁持军严整，得贼财物，无所私入，由是赏赐<u>特</u>重。（《三国志·魏书·于禁传》）

（20）王丞相云："顷下论以我比安期、千里。亦推此二人；

唯共推太尉，此君**特**秀。"（《世说新语·品藻》）

程度副词"偏"在上古语料库未见，中古汉语有 19 例，只见于中土文献，多与形容词搭配，如：

（21）五味入口，不欲**偏**多，故酸多伤脾，苦多伤肺，辛多伤肝，咸多则伤心，甘多则伤肾，此五行自然之理也。（《抱朴子内篇·极言》）

（22）零都县土壤肥沃，**偏**宜甘蔗，味及采色，余县所无，一节数寸长。（《齐民要术》卷十五）

"酷"表程度，中古汉语共 18 例，多用于中土文献，13 例，翻译佛经略少，5 例。如：

（23）陶公少有大志，家**酷**贫，与母湛氏同居。（《世说新语·贤媛》）

（24）国中有诸荡逸淫乱之众，专为凶恶，不随径路，一国患之，以为**酷**苦，伴党相追，共为恶逆，官家求取，驰走叵得。（《生经》卷四）

中古语料库中"雅"共 14 例，用于中土文献，如：

（25）孙子荆以有才，少所推服，唯**雅**敬王武子。（《世说新语·伤逝》）

（26）华见其总角风流，洁白如玉，举动容止，顾盼生姿，**雅**重之。（《搜神记》卷十八）

"良"表程度。《汉语大词典》："副词。甚，很。《汉书·冯唐传》：'上既闻廉颇、李牧为人，良悦，'王先谦补注引刘攽曰：'良悦者，甚喜也'。"西汉以后数量很多，《史记》中就有21例"良久"，如《留侯世家》："沛公默然良久，曰：'固不能也。今为奈何?'""良"在使用上的一个重要特点是，基本用于"久"之前，似已凝固成词，而极少与其他词语组合。可能正是由于这个原因，上古语料库没有将"良"单独标记为程度副词，中古"良久"使用较多，亦未被标明。中古语料库的"良"被标注为程度副词的仅2例，见于中土文献，如：

（27）石芝者，石象芝生于海隅名山，及岛屿之涯有积石者，其状如肉象有头尾四足者，良似生物也，附于大石，喜在高岫险峻之地，或却着仰缀也。（《抱朴子内篇·仙药》）

（28）灵帝熹平二年六月，雒阳民讹言："虎贲寺东壁中，有黄人，形容须眉良是。"（《搜神记》卷六）

"挺"表程度，中古语料库中仅《抱朴子内篇》1例，即：

（29）然此等复不谓挺无所知也，皆复粗开头角，或妄沽名，加之以伏邪饰伪，而好事之徒，不识其真伪者，徒多之进问，自取诳惑，而拘制之，不令得行，广寻奇士异人，而告之曰，道尽于此矣。（《抱朴子内篇·勤求》）

"尔"，本义是舒朗。《说文·焱部》："丽尔，犹靡丽也。从门从焱，其孔焱，尒声。此与爽同意。"徐锴系传："丽尔，历历然希疏点缀见明也。"段玉裁注："丽尔，古语；靡丽，汉人语。"严可均校议："'靡丽'当作'丽廔'，据下文'其孔焱'知之。"借用为指示代词，义为此，这个。《公羊传·僖公二十一年》："执未有言释之者，此其言释之何？公与为尔也。公与为尔奈何？公与议尔也。"王引之《经传释词》卷七："尔，犹此也……言公与为此，公与议此也。"《礼记·檀弓上》："孔子在卫，有送葬者，而夫子观之，曰：'善哉为丧乎！足以为法矣！，小子识之。子贡曰：'夫子何善尔也？'"南朝任昉《奏弹刘整》："范唤问何意打我儿？整母子尔时便同出中庭，隔箔与范相骂。"又可表示彼，那个。南朝宋刘义庆《世说新语·赏誉下》："许掾尝诣简文，尔夜风恬月朗。"进一步引申为"甚"义程度副词，中古时期仅翻译佛经使用 1 例，如：

（30）佛言："汝今问事，何以尔深？泥洹者是不生不死法。"（《百喻经》卷一）

（二）双音程度副词

此期的复音词有"如是""甚为""何其""如此""甚自""一何""甚至""甚以""若兹""大为"10 个，它们都在中古时期新兴，且主要用于翻译佛经之中，在使用频率上有较大的差异。其中"如是""甚为""何其""如此"4 词使用较多，其他成员使用较少，它们的具体使用情况见表 5-12 所示。

表 5-12　　　中古时期复音词在中土文献和佛经文献中使用对比　　　单位：例

	如是	甚为	何其	如此	甚自	一何	甚至	甚以	若兹	大为
中土	0	1	9	1	0	0	0	1	0	1
佛经	262	42	7	8	5	4	1	0	1	0
合计	262	43	16	9	5	4	1	1	1	1

"如是"，本义是像这样。《礼记·哀公问》："君子言不过辞，动不过则，百姓不命而敬恭，如是则能敬其身。"在此基础上发展为程度副词，中古时期共 262 例，是此期使用最多的双音程度副词，也是仅次于"甚"的程度副词，只见于佛经文献。如：

（31）我等今见护明菩萨，如是功德具足之体，生兜率天，此兜率宫，如是福聚，<u>如是</u>端正，如是微妙，如是庄严。（《佛本行集经》卷六）

（32）我见<u>如是</u>可畏相故，宁住于此旷野之中，共诸飞禽走兽盗贼恐怖之处，独起独行，远离欲乐。（《佛本行集经》卷十八）

"甚为"，程度副词"甚"与词尾"为"构成，此期共43例，绝大多数见于翻译佛经之中，共42例，中土文献仅《洛阳伽蓝记》1例。如：

（33）洞房周匝，对户交疏，朱柱素壁，<u>甚为</u>佳丽。（《洛阳伽蓝记》卷一）

（34）汝健陀罗善别胜处，汝能信此，<u>甚为</u>希有！（《大庄严论经》卷一）

"何其"，最初表示"怎么那样""为什么那样"，用于疑问句，如《诗经·邶风·旄丘》："何其久也？必有以也。"《左传·僖公二十四年》："虽有君命，何其速也？"随着使用频率的增加，它们逐渐凝固为一个词，表示程度高。《汉语大词典》："多么，何等。用于感叹句。《左传·僖公十五年》：'二三子何其戚也！'唐杜甫《义鹘行》：'功成失所往，用舍何其贤！'"上古汉语语料库中未收，中古时期"何其"共16例，中土文献9例，翻译佛经7例，如：

（35）元方曰："足下言<u>何其</u>谬也！故不相答。"（《世说新语·言语》）

（36）还至世尊所，头面礼足自说缘本，佛知其意指矍受缘报<u>何其</u>速哉？（《出曜经》卷十八）

"如此"，意为这样。《汉语大词典》："这样。《礼记·乐记》：'如此，则国之灭亡无日矣。'"后引申为程度副词，中古时期共9例，其中翻译佛经使用较多，共8例，中土文献仅1例，如：

（37）输头檀王见优陀夷相去不远在前立已，即生烦恼，出微细声，作如是言："呜呼苦哉！我子形容，如此枯悴，可厌恶也。汝等速驱此出家人，阿谁听入使来此也？"（《佛本行集经》卷五十二）

（38）我谓无仙，仙必无矣，自来如此其坚固也。（《抱朴子内篇·塞难》）

"甚自"是由"甚"与词尾"自"构成，此期为5例，只见于翻译佛经，如：

（39）此博掩子，非是长者，非仁贤人。尊者心念，以走远近，不可复得，甚自嗔恨。（《生经》卷一）

（40）我昔从佛闻如是法，见诸菩萨授记作佛，而我等不豫斯事，甚自感伤，失于如来无量知见。（《妙法莲华经》卷二）

"一何"，表程度，意为多么。《汉语大词典》："为何；多么。"《战国策·燕策一》："齐王按戈而却曰：'此一何庆吊相随之速也！'"《三国志·魏书·刘放传》："太祖大悦，谓放曰：'昔班彪依窦融而有河西之功，今一何相似也！'"学者对"一何"的结构有不同的看法，如杨伯峻在《古汉语虚词》中指出："一何连用，表示程度之甚的副词，犹言何其。"宋子然《古汉语词义丛考》认为"一何""一""何"是同一个词，缓读为"一何"，急读之则为"一"或为"何"，意思完全一样。上古汉语语料库未见，中古汉语4例，只见于翻译佛经之中，如：

（41）便言："其味一何美耶！"贪其味无已。（《大楼炭经》卷六）

（42）一何酷毒？杀鬼无道害我妇命，亦是诸人宗族五亲怀嫉[妒]心，各兴斯意欲夺我妇，恐事彰露窃共阴谋中陷我妇。（《出曜经》卷四）

"甚以"，来源不详，或为"甚"与程度词"以"连文，仅见《颜氏家训》1例，如：

（43）有王子侯，梁武帝弟，出为东郡，与武帝别，帝曰："我年已老，与汝分张，甚以恻怆。"（《颜氏家训·风操》）

"甚至"，初指至极，达到极点。《汉语大词典》引晋干宝《搜神记》卷二："谢尚所乘马忽死，忧恼甚至。"表达程度"甚至"或为"甚"与"至"并列而成，语料库仅见中古翻译佛经1例，如：

（44）未经旬日财宝竭尽，故藏悉空新藏无报，甚至懊恼。（《出曜经》卷二十五）

"若兹"，本义为如此。如《尚书·大禹谟》："俞，允若兹，嘉言罔攸伏，野无遗贤，万邦咸宁。"《史记·孟子荀卿列传》："称引天地剖判以来，五德转移，治各有宜，而符应若兹。"南朝齐谢朓《和伏武昌登孙权故城》："雄图怅若兹，茂宰深遐眕。"后引申为表程度的副词，见中古翻译佛经1例，如：

（45）十方世界所有德净，皆现高座，时菩萨众皆说此言：

111

"谁今致此若兹严净？"（《佛说普曜经》卷五）

"大为"，副词"大"与词尾"为"构成，中古时期用例不多，仅见于《搜神记》中1例，如：

（46）有一人，以小船载年少妇，以大刀插着船，挟暮来至逻所，将出语云："此间顷来甚多草秽，君载细小，作此轻行，大为不易。"（卷五）

三　近代汉语

近代汉语"甚"类词的数量众多，共有52个，[①] 它们是"甚""好不""很（哏、狠）""这样""这般""这等""颇₁""恁""这么""好生""多""恁地（恁底、恁的）""怪""恁般""偌（若子、惹、惹子、喏）""何等""煞（嘫）""那样""许""那等""那般""能""那么""酷""如此""那""何其""这们""怎么""雅""恁么""特""恁样""可笑""好""大晒""甚实""不妨（不方）""这等样""丕""这么样""怎的""一何""勿量""实""深当""如是""那们""苦""底似""何为""惑"。这些词语的使用频率差异极大，文献分布迥异，体现了成员之间的显著差异。

---

① 近代汉语里程度副词可叠加使用，如"还""更"4例，"好""忒"1例，"何其""太"1例，"恁""许"1例，"颇""甚"1例，"煞""甚"1例，"这等""酷"2例，"这么怪"2例。下表中数据未将程度副词叠加使用的情况统计在内。

表5-13 近代汉语"甚"类词使用情况

单位：例

	唐五代		宋元				明代						清代		
	敦煌变文集新书	祖堂集	永乐大典戏文三种	元刊杂剧三十种	新刊大宋宣和遗事	五代史平话	平妖传	朴通事谚解	老乞大谚解	金瓶梅词话	水浒传	西游记	红楼梦	儒林外史	歧路灯
甚	104	38	6	5	50	41	75	0	3	156	151	202	141	87	142
好不	1	0	5	1	0	1	16	1	1	109	4	8	11	12	102
很	0	0	0	1	0	0	0	0	5	0	0	0	187	0	53
这样	0	0	0	0	0	0	3	0	0	10	2	7	126	23	59
这般	0	0	1	8	3	0	8	6	8	40	34	74	13	12	3
这等	0	0	0	1	0	0	4	0	0	70	22	86	13	4	0
颇1	7	4	0	2	10	16	7	0	0	19	49	13	11	11	31
怎	0	0	29	5	2	0	10	0	0	114	8	0	0	6	3
这么	0	0	0	0	0	0	0	0	0	0	0	0	147	0	0
好生	0	0	0	0	0	0	11	0	0	9	65	0	1	0	0
多	0	0	3	0	0	0	0	0	0	10	1	33	22	4	0
怎地	0	0	13	1	2	4	6	0	0	11	21	1	0	0	1
怪	0	0	0	0	0	0	0	0	0	8	0	0	39	0	4
偌	3	2	1	6	0	0	1	3	1	9	8	1	2	2	8
怎般	0	0	0	1	0	0	13	0	0	4	15	1	0	1	2
何等	0	0	0	0	0	0	6	0	0	3	1	3	19	2	1

续表

	唐五代		宋元					明代					清代		
	敦煌变文集新书	祖堂集	永乐大典戏文三种	元刊杂剧三十种	新刊大宋宣和遗事	五代史平话	平妖传	朴通事谚解	老乞大谚解	金瓶梅词话	水浒传	西游记	红楼梦	儒林外史	歧路灯
煞	1	0	5	20	5	0	0	0	0	0	0	0	0	0	2
那样	0	0	0	0	0	0	0	0	0	5	0	1	15	0	0
许	1	0	0	2	0	0	1	0	0	4	2	10	0	0	0
那等	0	0	0	0	0	0	0	0	0	11	0	1	7	0	0
那般	0	0	0	0	1	0	0	4	0	0	0	12	2	0	0
能	16	0	0	0	0	0	0	0	0	0	0	0	0	0	0
那么	0	0	0	0	0	0	0	0	0	0	0	0	15	0	0
酷	1	0	0	1	0	1	0	0	0	0	3	2	5	0	1
如此	0	0	0	3	0	0	0	0	0	0	0	0	0	0	4
那	0	0	0	0	0	0	0	1	0	7	0	0	0	0	0
何其	0	1	0	1	3	1	0	0	0	0	0	0	1	0	0
好	0	0	5	0	0	0	0	1	0	0	0	0	1	0	0
这们	0	0	0	0	0	0	0	0	0	0	0	1	4	0	0
怎么	0	0	0	0	0	0	0	0	0	3	0	2	2	0	0
雅	5	0	0	0	0	0	0	0	0	0	0	1	0	0	1
怎么	0	0	0	0	0	0	0	0	0	0	6	0	0	0	0

续表

	唐五代		宋元							明代			清代		
	敦煌变文集新书	祖堂集	永乐大典戏文三种	元刊杂剧三十种	新刊大宋宣和遗事	五代史平话	平妖传	朴通事谚解	老乞大谚解	金瓶梅词话	水浒传	西游记	红楼梦	儒林外史	歧路灯
特	0	0	0	1	2	0	0	0	0	0	0	0	2	0	0
怎样	0	0	0	0	0	0	0	0	0	0	0	0	0	0	5
可笑	3	2	0	0	0	0	0	0	0	0	0	0	0	0	0
大晒	5	0	0	0	0	0	0	0	0	0	0	0	0	0	0
甚实	0	0	0	0	0	0	0	0	0	0	0	0	3	0	1
不妨	4	0	0	0	0	0	0	0	0	0	0	0	0	0	0
这等样	0	0	3	0	0	0	0	0	0	0	0	2	0	0	0
丕	0	0	0	0	0	0	0	0	0	1	0	0	0	0	0
这么样	0	0	0	0	0	0	0	0	0	0	0	0	1	0	0
怎的	0	0	0	0	0	0	0	0	0	0	0	1	0	0	0
一何	0	1	0	0	0	0	0	0	0	0	0	0	0	0	0
勿量	0	1	0	0	0	0	0	0	0	0	0	0	0	0	0
实	0	0	1	0	0	0	0	0	0	0	0	0	0	0	0
深当	1	0	0	0	0	0	0	0	0	0	0	0	0	0	0
如是	0	0	0	0	0	0	0	0	0	0	0	0	1	1	0
那们	0	0	0	0	0	0	0	0	0	0	0	1	0	0	0

续表

	唐五代		宋元					明代					清代		
	敦煌变文集新书	祖堂集	永乐大典戏文三种	元刊杂剧三十种	新刊大宋宣和遗事	五代史平话	平妖传	朴通事谚解	老乞大谚解	金瓶梅词话	水浒传	西游记	红楼梦	儒林外史	歧路灯
苦	0	0	1	0	0	0	0	0	0	0	0	0	0	0	0
底似	0	0	0	0	0	0	0	1	0	0	0	0	0	0	0
何为	1	0	0	0	0	0	0	0	0	0	0	0	0	0	0
感	0	0	1	0	0	0	0	0	0	0	0	0	0	0	0
小计	153	49	74	59	78	64	161	18	18	603	392	463	790	164	423

（一）沿用成员

中古汉语的"甚"类词中的部分成员在近代时期已不再使用，如"大为""尔""孔""酷""良""偏""若兹""甚为""甚以""甚至""甚自""殊""挺""雅"14 词；另有一部分沿用至近代汉语之中，如"何其""颇₁""如此""如是""甚""特""一何"7 词。沿用而来的成员具有不同的使用特征，其中"何其""如此""如是""特""一何"5 词使用较少，只有"甚""颇₁"2 词使用较多。

"甚"在上古汉语后期之后就已是汉语里最常用的"甚"类词，近代以后继续延续了这种趋势，共 1201 例，远多于同期其他"甚"类词成员。"甚"在近代汉语中的分布最为广泛，除《朴通事谚解》未见其用例之外，其他的文献中均有大量的使用。如：

（47）弟九，神开伏藏者，地中之伏藏，宝具之<u>甚</u>多，身内之真如，尘沙之功德。（《敦煌变文集新书·十吉祥讲经文》）

（48）宋江见柴进接得意重，心里<u>甚</u>喜。（《水浒传》第二十二回）

"颇₁"在近代汉语里有较多使用，共 180 例，较中古有一定的增加。如：

（49）智惠<u>颇</u>彰，神通大建，作法门之墙堑，为佛使之护持。（《敦煌变文集新书·维摩诘经讲经文（一）》）

（50）小人虽是粗卤的军汉，<u>颇</u>识些法度，如何敢擅入节堂。（《水浒传》第八回）

（二）新兴成员

近代汉语新兴的"甚"类词有 45 个，它们是"好不""很（哏/

117

狠）""这样""这般""这等""恁""这么""好生""多""恁地
（恁底、恁的）""怪""恁般""偌（若子、惹、惹子、睹）""何等"
"煞（嚜）""那样""许""那等""那般""能""那么""酷""那"
"这们""怎么""雅""恁么""恁样""可笑""好""大晒""甚实"
"不妨（不方）""这等样""丕""这么样""怎的""勿量""实""深
当""那们""苦""底似""何为""惑"。以上成员数量众多，下文将
结合表5－13，重点讨论此期使用频率较高的"甚"类词成员，如
"多""怪""好不""好生""很（哏/狠）""恁""恁地（恁底、恁
的）""这般""这等""这么""这样"等。①

"多"表程度，语料库使用较多，共73例，较早见于《永乐大典
戏文三种》，明清以后使用渐多，如《金瓶梅词话》10例，《西游记》
33例，《红楼梦》22例等。如：

（51）他能<u>多</u>大，定要他做才子不成！（《红楼梦》第七十
五回）

（52）八戒笑道："我的钯也没<u>多</u>重，只有一藏之数，连柄五
千零四十八斤。"（《西游记》第八十八回）

"怪"表程度，在明代尚不太常见，清代以后使用渐多。如：

（53）王氏道："我一发胡涂到这个地位。你就去取水罢。了
大儿毕竟不甚便宜<u>些</u>。晚上叫樊家女人做伴儿，人又蠢笨，半夜中

---

① 部分近代汉语时期新兴的程度副词，如"恁般""偌（若子、惹、惹子、睹）""何等"
"煞（嚜）""那样""许""那等""那般""能""那么""酷""那""这们""怎么""雅""恁
么""恁样""可笑""好""大晒""甚实""不妨（不方）""这等样""丕""这么样""怎的"
"勿量""实""深当""那们""苦""底似""何为""惑"等，它们数量众多，是此期程度副词
的重要组成部分。不过，这些词的使用频率不高，分布范围有限，且有不少成员未被学界广泛认
可，它们的来源问题也不清楚。

喉咙中如雷一般，怪聒的人慌。"（《歧路灯》第三十五回）

（54）宝玉笑道："这个话，你们两个都在那上头睡了，我这外边没个人，我怪怕的，一夜也睡不着。"（《红楼梦》第五十一回）

吕叔湘（1999：238）认为"'怪…'的后边一般要用'的'"。近代汉语时期程度副词"怪"共使用51例，多数的例句［如上例（53）—（54）］都遵守这一规律。从语义的色彩上看，"怪"的搭配词多数表示消极义的词语，这是程度副词"怪"在使用上的另一个特征，如上两例里"怪"分别与"聒""怕"搭配，整个句子弥漫着消极的语义韵。再如：

（55）宝玉笑道："我怪闷的，来瞧瞧你作什么呢。"（《红楼梦》第十九回）

（56）我这几日，通不好意思在前柜上。对门值户的，怪不中看。（《歧路灯》第十八回）

语料库中"好"表程度的用法并不多见，共7例，如：

（57）身靠着屏围，魂梦谁根底？酒病好难医，今朝醒觉迟。（《永乐大典戏文三种·小孙屠》）

（58）离了寇家，再没这好丰盛的东西了！（《西游记》第九十六回）

近代汉语中"好不"使用比较普遍，共272例，频率仅次于"甚"。如：

（59）所以胡员外欣然而去，到得门首，多少官身私身一出一

入，好不热闹。(《平妖传》第十八回)

(60) 你不知俺这小大官，好不伶俐，人只离开他就醒了。
(《金瓶梅词话》第四十四回)

语料库中"好生"表程度较早见于明代，清代之后有较广泛的使用，共86例。如：

(61) 未及三个月，他家大娘子好生利害，将奴赶打出来，不容完聚。(《水浒传》第三回)

(62) 蔡九知府见了戴宗如期回来，好生欢喜。(《水浒传》第四十回)

语料库显示，程度副词"很"始见于元代，但用例不多，语料库中仅见《元刊杂剧三十种》1例，如：

(63) 那几个首户闲官老秀才，他每都很利害，老夫监押的去游街。(《元刊杂剧三十种·散家财天赐老生儿》第一折)

"很"在元明时期常写作"哏"，如《老乞大谚解》就有5例，如：

(64) 那里就便投马市里去哏近。(《老乞大谚解》二)
(65) 这桥梁，桥柱比在前哏牢壮。(《老乞大谚解》四)

《元典章》中"很"多写作"哏"，如"事物哏多"(元典章，朝纲)。"煎盐的灶户哏生受有"①(元典章·户部)。明代程度副词"很"

---

① 此二例转引自太田辰夫 (2003：251)。

仍很少见，且多作"狠"字，如"一根棍打，狠似个活金刚"（《西游记》第八十一回）。"看先生狠主张用钱，一定也有蹊跷。"（《型世言》第二十七回）"很"的广泛使用应该是清代以后的事情了，如《歧路灯》中有"很"53 例，《红楼梦》中有"很"187 例。如：

（66）谁知道他待香菱<u>很</u>好，我倒喜欢。（《红楼梦》第一百三回）

（67）心里有些想你，我说他在京中<u>很</u>知用功，娘<u>很</u>喜欢。（《歧路灯》第一百二回）

"恁"表程度，在近代汉语时期已很常见，共 177 次，主要分布于宋元明时期（《永乐大典戏文三种》和《金瓶梅词话》使用尤多），清代以后日渐衰落。如：

（68）我公婆看时，精神<u>恁</u>磊落，一对好夫妻。（《永乐大典戏文三种·张协状元》）

（69）给谏道："<u>恁</u>大年纪，尚不曾娶，也是男子汉'摽梅之候'了。但这事也在我身上。"（《儒林外史》第二十回）

"恁地"，由"恁"与助词"地"组合而成，较早用作指示代词，《汉语大词典》释之为"如此，这样"义，如宋庄季裕《鸡肋编》卷下："前世谓'阿堵'，犹今谚云'兀底'；'宁馨'，犹'恁地'也，皆不指一物一事之词。"宋柳永《昼夜乐》词："早知恁地难拼，悔不当初留住。"金董解元《西厢记诸宫调》卷四："料想当日别离不恁的苦。"《水浒传》第一回："既然恁地，依着你说，明日绝早上山。"清俞正燮《癸巳类稿·等还音义》："所谓兀底、恁底、宁底、凭底、恶得、恶垛、阿堕、阿堵，皆言'此等'也。"近代时期"恁地"共使用

60 次，基本见于宋元明时期，多见于《永乐大典戏文三种》《金瓶梅词话》《水浒传》之中。如：

（70）我仔细想来，你**怎地**薄情，便去着，也索罢休。（《金瓶梅词话》第五十五回）

（71）仁宗道："河北只是一个军卒鼓噪，如何**怎地**利害？"（《平妖传》第三十五回）

"怎地"又可写作"怎的"，15 例，还可作"怎底"，4 例均见于《永乐大典戏文三种》，如：

（72）便埋冤众人道："我教你们礼请统领上山，如何**怎的**无礼！"（《水浒传》第五十五回）

（73）从来见说，见说君员梦，果不知似**怎底**奇。（《永乐大典戏文三种·张协状元》）

"这般"表程度，较早见于宋代，此后使用渐多，近代汉语共使用 210 例。如：

（74）那呆子就諕矮了三寸，道："爷爷呀！眼有**这般**大啊，不知口有多少大哩！"（《西游记》第六十七回）

（75）行者道："像他**这般**惧怕老孙，潜躲不出，如之奈何？"（《西游记》第十五回）

"这样"表程度的用法在近代时期使用较多，共使用 230 例。程度副词"这样"较早见于明代，如《平妖传》3 例，《金瓶梅词话》10 例等，清代使用较多，如《歧路灯》59 例，《儒林外史》23 例，《红楼梦》126 例等。如：

（76）仙童道："你怎这样粗鲁？且住下，让我们通报。"（《西游记》第五十二回）

（77）荆县尊道："你不曾亲交，如何件数这样清白？"（《歧路灯》第三十一回）

"这等"表程度的用法较早见于《平妖传》之中，明清时期渐多，近代汉语时期共 200 例。如：

（78）原来尤三姐这样标致，又这等刚烈，自悔不及。①（《红楼梦》第六十六回）

（79）福星道："夯货！我那里恼了你来，你这等恨我？"（《西游记》第二十六回）

"这么"表程度的用法当由其指示代词用法发展而来，《汉语大词典》所引《儿女英雄传》中的例证略晚，实际上《醒世姻缘》《红楼梦》中"这么"已有较多的用例。统计发现近代汉语语料库共有 147 例，主要见于清代文献之中。如：

（80）我只和你在老太太、太太跟前去讲了，把你奶了这么大，到如今吃不着奶了，把我丢在一旁，逞着丫头们要我的强。（《红楼梦》第二十回）

（81）贾蓉揣知其意，便笑道："叔叔既这么爱他，我给叔叔作媒，说了做二房，何如？"（《红楼梦》第六十四回）

---

① 此例"这等"与"这样"同时使用，表明二者的用法基本一致。

小 结

通过上文考察发现，"甚"类词的历时变化主要特征是：内部成员不断丰富，历时变化十分频繁，但核心成员相对稳定。上古时期仅有 3 个"甚"类词，中古时期快速发展，达到 21 个，近代以后进一步丰富，有 52 个。从数量上看，"甚"类词的内部成员经历了不断丰富的过程。在这个过程中，旧有成员逐渐消亡如"孔""雅"等，一批新兴成员不断涌现如"很""恁"等。与之相对，部分成员保持了强大的生命力，在汉语的各个时期都有较多的使用，如"甚"等。

第五节 "略"类词

"略"类词是指程度低或数量不多，相当于现代汉语的"略微""有些"等。这类词的数量不多，语料库中仅有"颇$_2$""差""稍""还$_1$"4 个。[①] 在历史文献中"略"类词有着显著的时代性差异，不同的历史时期使用不同的词语。

上古汉语语料库中"略"类词只有"颇$_2$"1 词。在设定的语料库里，"颇$_2$"仅见于《史记》之中，共 73 例，如：

（1）下吏验问，<u>颇</u>有之，遂竟案，尽没入邓通家，尚负责数巨万。（《史记·佞幸列传》）

（2）太史公曰：樗里子以骨肉重，固其理，而秦人称其智，故<u>颇</u>采焉。（《史记·樗里子甘茂列传》）

（3）神未至而百鬼集矣，然<u>颇</u>能使之。（《史记·封禅书》）

---

① 语料库"略"类词的数量很少，一些比较常见的成员未被标注，下文将专门论述。

（4）居顷之，复以鸣镝自射其爱妻，左右或<u>颇</u>恐，不敢射，冒顿又复斩之。（《史记·匈奴列传》）

中古时期语料库"略"类词只有"差"1个词，共7例，全部用于中土文献，其中《世说新语》4例，《抱朴子内篇》3例。如：

（5）答曰："不能胜人，<u>差</u>可献酬群心。"（《世说新语·品藻》）

（6）王曰："不知余人云何？子贡去卿<u>差</u>近。"（又，《汰侈》）

（7）又有沙虱，水陆皆有，其新雨后及晨暮前，跋涉必著人，唯烈日草燥时，<u>差</u>稀耳。（《抱朴子内篇·登涉》）

（8）问诸曾断谷积久者云，<u>差</u>少病痛，胜于食谷时。（又，《杂应》）

近代汉语语料库中"略"类词仅有"稍"和"还₂"2个，但都使用不多。"稍"共5例，全部见于《敦煌变文集新书》，均与形容词搭配。如：

（9）琼楼宝阁，宛似皇宫；歌伎池台，<u>稍</u>异庶人之宅。（《敦煌变文集新书·降魔变文》）

（10）未及诚心营饰毕，六师群众<u>稍</u>难当。（《敦煌变文集新书·降魔变文》）

"还₂"使用16例，用于非"比"字句之中，如：

（11）行者道："你若肯留我住得半年，<u>还</u>家怀哩。"（《西游记》第十八回）

（12）虽则寺中没有这家伙，时常把大门杠子舞上一回，若教他锄田种地，做一日工抵别人两日还多。(《平妖传》第八回)

（13）老祖宗只有伶俐聪明过我十倍的，怎么如今这样福寿双全的？只怕我明儿还胜老祖宗一倍呢！(《红楼梦》第五十二回)

（14）右耳眼内只塞着米粒大小的一个小玉塞子，左耳上单带着一个白果大小的硬红镶金大坠子，越显的面如满月犹白，眼如秋水还清。(《红楼梦》第五十二回)

语料库显示，历史汉语中"略"类词使用不多，无论是从成员数量来看，还是从它们的使用频率来看，"略"类词都远远低于其他类别的程度副词。

第六章　构式搭配分析

　　程度副词下属的各个类别组成不同的近义语义场。处于同一语义场的成员，在语义上接近，句法功能类似，但不同成员的组合搭配能力有同有异。下面分别以上古汉语的"最"类词、中古汉语的"甚"类词和近代汉语的"更"类词为例，进行"个案"式的研究，探讨属于同一类别的近义程度副词在搭配上的相同点和差异性。

　　构式语法包括了不同的研究模式，如论元结构构式语法、激进构式语法、框架构式语法等，虽然不同模式对构式内部的形与义的匹配关系有不同的认识，但仍遵循基本的语言观，即语言的基本单位是构式（constructions），它们是离散的、形式与意义的配对。几乎所有的语法单位都可以看成是构式，词素、词、短语、句子等都可被视为独立的形义配对。本书将程度副词及与之共现（co-occurrence）的词语看作是构式（construction）。不同的构式在意义上存在着差别，不同的构式对词语的选择也有很大的差异。

　　本书以"程度副词＋X"结构作为研究对象，采用构式搭配分析法（Collostructional Analysis），运用定量与定性研究相结合的方法，对搭配词语与程度副词构式之间的相关性和吸引度进行量化分析。通过考察不同构式搭配词的特征，诸如搭配词数量的多少、搭配词的词类类别、搭配词与构式的搭配强度来探讨构式之间的异同，进而展现程度副词的聚类特征。并在此基础上，运用统计分析软件对研究成果进行可视化呈现。借助"构式搭配分析法"对语义相近的汉语程度副词的搭配情况进行考察，发现这些意义相近的程度副词之间既有相同之处，又有不少的差异。构式搭配分析法，能够比较充分地反映这些特征，表明这种分析方法在语言研究中具有明显的优势：能够准确地计算不同近义词之间的相似性和差异性，量化了词项与构式之间的吸引或排斥程度，提高了语言描写的充分性和可视性，使语言研究更为精确和直观。

第一节　上古汉语的"最"类词

一　构式搭配强度

本节采用"构式搭配分析法"计算上古汉语"最类词"构式与其搭配词项之间的关联强度。"构式搭配分析法"是借助定量分析计算语言中的词语与其所在构式之间的关联强度，考察"词与其所在的语法构式是否具有显著关联"（Stefanowitsch & Gries，2003）。进行构式搭配分析时，需要在语料库中提取搭配词语的总使用频率、构式的使用频率以及搭配词与构式的搭配频率，将它们输入列联表之中，在 R 语言环境下（R：A Programming Environment for Data Analysis and Graphics），通过构式搭配分析软件 Coll. analysis 3.2a 进行计算，进而获得构式搭配强度（collostruction strength，coll. str. ）。词语与构式的搭配值越大，则表明词语与构式之间的搭配强度越高，它们的关联度就越大。搭配强度越低，表示词语与构式之间的关联度越低。Stephan Gries 教授开发的 coll. analysis 3.2a 统计软件计算的词语与构式搭配强度，与统计学中 P 值有对应关系，具体关系如下：Coll. strength > 3 => p < 0.001；coll. strength > 2 => p < 0.01；coll. strength > 1.30103 => p < 0.05。

通常情况下，许多的学科领域中产生 p 值的结果为 0.05 被认为是统计学意义的边界线，即结果 $0.01 < p \leqslant 0.05$ 被认为具有统计学意义，而 $0.001 \leqslant p \leqslant 0.01$ 被认为具有高度统计学意义。

本节所使用的教材来自台湾"中央研究院"的"上古汉语标记语料库"，选取其中的部分标记语料（文献与第四章相同），词语总数量约是 155 万。在选定的语料库中，上古汉语的"最类词"主要有"至""最""极" 3 个。"至""最""极"与它们的搭配词分别构成"至 + X"构式、"最 + X"构式和"极 + X"构式，这三个构式在上古语料库中分别使用 254 次、119 次和 33 次。

此外，计算构式搭配强度还需要统计进入"最类词"构式中的每个词语在语料库中的使用频率。统计发现，上古时期进入"至 + X"构式的搭配词有 114 个，进入"最 + X"构式的搭配词有 48 个，进入"极 + X"构式的搭配词有 25 个。为方便起见，表 6 - 1 仅展示进入各个构式的前 25 位搭配词在语料库中的总频率（word. freq）及它们与构式共现的观察频率（obs. freq）。

表 6 - 1　　　　　　　　上古汉语"最"类词的使用频率

排序	至			最			极		
	words	word. freq	obs. freq	words	word. freq	obs. freq	words	word. freq	obs. freq
1	大	1037	14	为	12345	15	哀	232	4
2	贵	311	11	大	1037	8	幽	12	2
3	公	68	10	贤	404	8	骣	20	2
4	明	580	10	多	1066	7	备	231	2
5	重	340	9	亲	540	7	远	502	2
6	尊	260	6	强	544	6	简易	5	1
7	贱	106	5	少	394	6	妙	6	1
8	众	268	5	长	399	5	切	6	1
9	治	363	5	后	1519	4	膏腴	15	1

续表

排序	至			最			极		
	words	word. freq	obs. freq	words	word. freq	obs. freq	words	word. freq	obs. freq
10	文	61	4	甚	475	4	丑	21	1
11	精	85	4	下	1581	3	富贵	32	1
12	愚	107	4	爱	773	3	博	71	1
13	厚	171	4	怨	392	3	贱	106	1
14	贫	178	4	贵	311	3	愚	107	1
15	深	184	4	幸	339	2	卑	115	1
16	忠	222	4	小	332	2	劳	167	1
17	富	242	4	弱	221	2	知	4728	2
18	贤	404	4	悲	155	2	忠	222	1
19	不	38676	4	有	14278	1	众	268	1
20	佚	29	3	其	24119	1	无	303	1
21	约	47	3	秦	4718	1	难	536	1
22	神	54	3	从	2389	1	亡	967	1
23	盛	125	3	居	1570	1	大	1037	1
24	备	231	3	善	1563	1	可	6107	1
25	高	239	3	好	1067	1	不	38676	1

　　表 6-1 中词语在语料库中的总频率（word. freq），反映的是该词在设定语料库中的使用频率。频率越高则表明该词在语料库中的使用次数越多，反之亦然。观察频率（obs. freq）反映的是词语与构式之间搭配的频次，观察频率越高表明该词与构式的搭配越常见，反之，则表示二者的搭配越少。如表 6-1 所示，形容词"大"在上古汉语语料库中共使用 1037 次，与"至"共现 14 次，是此期与程度副词"至"搭配最多的词语；关系动词"为"在上古时期共使用 12345 次，与"最"共现 15 次，是此期与"最"搭配最多的词语；心理动词"哀"在上古时期共使用 232 次，与"极"搭配 4 次，是与"哀"共现频率

最高的词语。相应的，上古时期的其他词语与各自构式的搭配频率均不及上述 3 词。

将数据代入 coll. analysis 3.2a，经过运算可以得到词语与"最"类词的不同构式之间的搭配强度。考察发现，与"至 + X"构式显著相关的词语有 99 个，与"最 + X"构式显著相关的词语有 38 个，与"极 + X"构式显著相关的词语有 23 个。为简洁起见，表 6 - 2 仅列举进入"至 + X""最 + X""极 + X"构式前 23 位的词语。

表 6 - 2　　　　　　　　上古汉语"最"类词的搭配强度

排序	至			最			极		
	word	obs. freq	coll. str.	word	obs. freq	coll. str.	word	obs. freq	coll. str.
1	公	10	26.473898	贤	8	16.81912	哀	4	10.70058
2	贵	11	22.014044	大	8	13.542902	幽	2	7.537699
3	大	14	21.978653	亲	7	13.489476	骥	2	7.078536
4	重	9	16.97583	为	15	13.208265	备	2	4.934201
5	明	10	16.928596	少	6	12.056362	远	2	4.260568
6	尊	6	11.147224	多	7	11.427983	简易	1	3.972959
7	贱	5	10.945238	强	6	11.215218	妙	1	3.893782
8	文	4	9.438312	长	5	9.707076	切	1	3.893782
9	众	5	8.915238	甚	4	7.172694	膏腴	1	3.495882
10	精	4	8.850827	贵	3	5.667232	丑	1	3.349781
11	愚	4	8.445737	怨	3	5.366757	富贵	1	3.1669
12	治	5	8.257613	后	4	5.176309	博	1	2.820966
13	佚	3	7.800521	爱	3	4.489702	贱	1	2.647075
14	厚	4	7.625592	悲	2	4.159939	愚	1	2.643002
15	浅鲜	2	7.572895	宜称	1	4.114878	卑	1	2.611724
16	贫	4	7.555681	弱	2	3.852417	劳	1	2.449938
17	深	4	7.497942	下坐	1	3.813864	知	2	2.336236
18	忠	4	7.171476	下	3	3.576199	忠	1	2.326548
19	约	3	7.154322	小	2	3.500688	众	1	2.244972
20	教顺	2	7.095821	幸	2	3.48269	无	1	2.191821
21	富	4	7.021766	强大	1	3.001133	难	1	1.945142

排序	至			最			极		
	word	obs. freq	coll. str.	word	obs. freq	coll. str.	word	obs. freq	coll. str.
22	神	3	6.970086	欢	1	2.884693	亡	1	1.690808
23	深微	2	6.250911	宠	1	2.792989	大	1	1.660768

基于构式搭配强度的共现词分析，体现了不同构式之间的相似性和差异性。通过对上古汉语标记语料库的数据分析，观察表6－2，并与表6－1进行比较，可以发现上古时期"至＋X""最＋X""极＋X"构式在搭配上的特征如下。

（一）基于构式搭配强度的排序与频数多少的排序并不完全相同

如表6－1中显示，"大"与"至"共现搭配14次，排在"至"的搭配词中的第1位，即"至"与"大"的搭配词频率最高，其余依次是"贵"（11次）、"公"（10次），分别位于第2、3位。而在表6－2中，"大"却只排在第3位，其搭配强度为21.978653，低于"公"（26.473898）和"贵"（22.014044）。这主要是因为 coll. analysis 3.2a 在计算搭配强度的时候，既关注了搭配词与构式的共现频率，又关注到了搭配词在语料库中的总频率，即共现频率与共频率二者的对比情况。也就是说，表6－1和6－2中搭配词顺序的不同是由"大""贵""公"在语料库中的总体频率和它们与"至""最""极"的共现频率的对比差异造成的，如"大"与"至"虽共现次数（14次）最多，"贵""公"与"至"的共现次数虽不及"大"，分别为11次和10次，但与"大"的差距不是很大。而"大"在语料库中出现的总次数很高，有1037次，远远超过"贵"（311次）、"公"（68次）。因此，通过构式搭配分析计算之后发现，"大"与"至"的搭配强度反而低于"公"和"贵"。与之类似，其他构式也存在这样的情况。如"为"在上古时期与"最"搭配的共现频次最高，共15次，与"贤""大""亲"的搭配频次分别为8次、8次和7次，但"为"与"最"的搭配强度却低于"贤"、"大"和"亲"。其主要原因就是"为"在语料库中使用极为频繁，共 12345 次，而"贤""大""亲"的使用分别只有 404 次、1037 次和 540 次，远低于"为"的使用频率。这就导致了"最""为"共现频率虽高，但搭配强度却不及共现频率更低的"贤""大""亲"。

（二）不同构式的强相关性搭配词的异同

从词类上看，形容词是最容易进入上述 3 个构式的词类。"至 + X"构式中的"X"多数是形容词，表 6 - 2 显示，排序前 23 位的词语均为形容词；进入"最 + X"构式的前 23 个词中，15 个是形容词；进入"极 + X"的前 23 个词中，18 个是形容词。由此可见，形容词是 3 个构式中最常见的搭配词类。

同时，搭配词的重复程度突出反映了不同构式之间的相似程度。"至 + X""最 + X""极 + X"3 个构式在搭配上有很多相似之处。观察表 6 - 2 可知，不少词语能够同时进入 2 个"最"类词的不同构式，且都具有显著关联的特征，如"大"、"贵"与"至 + X"、"最 + X"2 个构式都显著关联，"贱"、"愚"、"忠"、"众"与"至 + X"、"极 + X"2 个构式都显著关联。上述均表明"最"类词的 3 个构式之间确实存在不少相似特征。

从搭配强度上看，不同构式对搭配词的选择不同，这种选择集中反映在不同词语与构式之间的搭配强度上。搭配强度的不同体现了构式之间的差异，反映了不同构式的搭配能力。观察表 6 - 2，并结合语料库调查，可以归纳上古时期"最"类词不同构式的搭配特征。构式"至 + X"在上古汉语里共使用 254 次，能够进入该构式的词语共有 114 个，这些词语中的前 99 个词与构式显著相关（即搭配强度 coll. strength 大于 1. 30103）。从词类上看，"至"的共现词基本上是形容词；从音节上看，"至"的共现词绝大多数是单音词，如搭配强度前 23 位的词语中，单音词有 20 个，双音词仅有"浅鲜""教顺""深微"3 个，且双音节词的 3 个词与"至"的共现频率较低，搭配强度也都不高；从词义上看，表示人物才品类（如"公""尊""贱"）和物体性质状态类（如"大""重"

"明")的词语常与"至"共现搭配。在"至"的所有搭配词中，才品类形容词"公"与构式"至+X"搭配 10 次，如《吕氏春秋·慎大览》："尧论其德行达智而弗若，故北面而问焉，此之谓至公。""公"与"至+X"构式的搭配强度为（26.473898），明显高于其他词语，说明此期"至+X"的所有搭配中，形容词"公"与之具有最强的吸引性和可预见性。

构式"最+X"共使用 119 次，进入此构式的词语有 48 个，其中前 38 个词与该构式显著相关。与"最"共现的词类比较多样，其中以形容词为主（如"贤""大""亲""少""多""强""长""甚""贵"），还有一些心理动词（如"怨""爱""悲"）、关系动词（如"为"）和方位词（如"下""后"）等。如表 6-1 和 6-2 所示，形容词常出现在"最+X"构式之中，且具有较高的搭配强度。才品类形容词"贤"与"最+X"共现 8 次，如《庄子·天下》："然惠施之口谈，自以为最贤，曰天地其壮乎!""贤"与"最+X"构式的搭配强度（16.81912）为最高，超过了此期的其他词语。

上古时期构式"极+X"的使用远不及构式"至+X""最+X"常见，共 33 次，进入此构式的词语共有 25 个，其中前 23 个词与之显著相关。进入该构式且显著相关的词语主要是心理动词（如"哀""知"）和形容词（如"幽""备""远"），其中绝大多数是单音词，双音词只有"简易""富贵""膏腴"等少数词语。"极"的搭配词普遍使用不多，"哀"的出现频率最高，共 4 次，如《史记·刺客列传》："立起，如韩，之市，而死者果政也，伏尸哭极哀，曰：'是轵深井里所谓聂政者也。'""哀"与该构式的搭配强度（10.70058）也最高，其他词语的使用均只有 2 次或 1 次，搭配强度亦普遍不高。

二　多项特异搭配分析

与上文的搭配强度分析不同，多项特异搭配分析是通过比较某一个语法槽位（slot）中出现的不同词语，用于考察两个或多个近义构式之间在意义方面的差别（Gries & Stefanowitsch，2004）。该方法尤其适合用来区分不同的近义构式之间细小的语义差别和功能差异。下文将运用多项特异搭配分析方法来区分上古时期能够进入"至＋X"构式、"最＋X"构式和"极＋X"构式的词语差异，进而考察3个构式语义的异同。统计发现，上古汉语时期"最类词"3个构式的搭配词共有114个。其具体的做法是，通过 Coll. analysis 3.2a 进行计算，选择多项特异共现词位分析，最后得到标示各个词项与构式之间的特异值 pbin。具体的意义是：pbin > 3 => p < 0.001；pbin > 2 => p < 0.01；pbin > 1.30103 => p < 0.05。观察各个构式的统计值 pbin 发现，与"至""最""极"特异搭配，且具有显著关联强度的词项差别较大。上古时期与"至""最""极"显著特异搭配的词语如表 6-3 所示。

表 6-3　　　　　　　　上古汉语"最"类词的特异搭配

排序	至			最			极		
	Coll_Word	频次	pbin	Coll_Word	频次	pbin	Coll_Word	频次	pbin
1	公	10	2.036923	为	15	7.994686	哀	4	4.360048
2	明	10	2.036923	多	7	3.730854	幽	2	2.180024
3	重	9	1.833231	少	6	3.197874	远	2	2.180024
4				亲	7	2.431129	知	2	2.180024
5				后	5	2.131916	骤	2	1.450084
6				甚	4	2.131916			
7				贤	8	2.08938			
8				长	5	2.008368			
9				强	6	1.647445			
10				爱	3	1.598937			
11				怨	3	1.598937			

"至""最""极"3个词是上古时期"最"类词的主要成员，它们的意义相近，搭配上都是以形容词为主，间或与心理动词进行搭配。表6-3的最大特点就是与"至""最""极"3个程度副词的搭配词中没

有重复项，显示了构式之间的特异性和差别性。对比表 6 – 3 发现，3 词的特异词数量和词类上都存在差别，而且它们对词语也有明显不同的语义选择倾向。

"至"的特异词只有"公""明""重"3 个形容词，它们都只与"至"搭配，从不与"最""极"搭配。如表 6 – 4 所示，上古时期"公""明""重"3 词分别与"至"搭配 10 次、10 次和 9 次，特异值（pbin）分别为 2.036923、2.036923 和 1.833231，均超过显著性的标准值 1.30103，成为"至"在上古时期的特异搭配词。

表 6 – 4　　　　　　　　　　上古汉语"至"的特异搭配　　　　　　　单位：次

排序	Coll_Word	极	至	最	pbin_至
1	公	0	10	0	2.036923
2	明	0	10	0	2.036923
3	重	0	9	0	1.833231

"最"的特异搭配词有 11 个，它们多是形容词如"多""少""亲""甚""贤""长""强"，此外还有一些心理动词（如"爱""怨"）、关系动词（如"为"）和方位词（如"后"）等。如表 6 – 5 所示，"为"与"最"共现次数（15 次）最高，特异值（7.994686）明显高于其他词语。"最"的特异词或者只与之搭配，从不与"至""极"搭配，如"为""多""少""后""甚""爱""怨"7 个词只与"最"搭配；或者多与之搭配，而很少与"至"、"极"搭配，如"亲""贤""长""强"4 词多与"最"搭配，分别为 7 次、8 次、5 次和 6 次，与"至""极"搭配不多，分别是"至亲"2 次、"至贤"4 次、"至长"1 次和"至强"3 次。

表 6 – 5　　　　　　　　　　上古汉语"最"的特异搭配　　　　　　　单位：次

排序	Coll_Word	极	至	最	pbin_最
1	为	0	0	15	7.994686
2	多	0	0	7	3.730854

排序	Coll_Word	极	至	最	pbin_最
3	少	0	0	6	3.197874
4	亲	0	2	7	2.431129
5	后	0	0	4	2.131916
6	甚	0	0	4	2.131916
7	贤	0	4	8	2.08938
8	长	0	1	5	2.008368
9	强	0	3	6	1.647445
10	爱	0	0	3	1.598937
11	怨	0	0	3	1.598937

"极"的特异搭配词共有 5 个，分别是"哀"、"幽"、"远"、"知"和"骧"。如表 6 - 6 所示，除了"骧"之外，其余 4 词均只和"极"搭配，反映了它们与"最"类词搭配的选择倾向性。

心理动词"哀"与之搭配 4 次，特异值为 4.360048，高于其他搭配词。"哀"既是与"极 + X"构式搭配强度最高的词语，也是与其他"最"类词构式存在明显差异性的词语，表明"哀"与程度副词搭配时具有显著的个性，"哀"与程度副词的搭配表现出惯常性和排他性的特征。具体来说，从表 6 - 6 和语料库的数据可知，"哀"与"极"的搭配比较常见，语料库中共 4 次，比与其他程度副词的搭配更加多见。"哀"虽然常常与"极"搭配，却不见与"至""最"搭配的用例。"骧"与"极"、"至"的搭配均有 2 例，但只与"极"的搭配特异值为1.450084，具有显著性。

表 6 - 6 　　　　　　上古汉语"极"的特异搭配

排序	Coll_Word	极	至	最	pbin 极
1	哀	4	0	0	4.360048
2	幽	2	0	0	2.180024
3	远	2	0	0	2.180024
4	知	2	0	0	2.180024

续表

排序	Coll_Word	极	至	最	pbin 极
5	骦	2	2	0	1.450084

三 对应分析

对应分析是利用二维图的形式直观形象地将"至+X""最+X""极+X"构式之间的差异呈现出来。将上一节中"至+X""最+X""极+X"构式的搭配词项提取出来,共得到有效的搭配词159个。为了操作方便,并保证对应分析图的清晰性,我们在操作中使用搭配频率在3次以上(含)的词语,共得到了44个搭配词,然后以此为基础进行对应分析。与聚类分析不同的是,对应分析需要分别统计进入构式"至+X""最+X""极+X"中词语的原始频数,具体见表6-7。

表6-7　　　　　　　　上古汉语"最"类词搭配　　　　　单位:次

排序	词语	至	最	极	排序	词语	至	最	极	排序	词语	至	最	极
1	大	14	8	1	16	备	3	0	2	31	盛	3	1	0
2	为	0	15	0	17	不	4	0	1	32	文	4	0	0
3	贵	11	3	0	18	愚	4	0	1	33	无	2	1	1
4	贤	4	8	0	19	治	5	0	0	34	下	1	3	0
5	公	10	0	0	20	忠	4	0	1	35	爱	0	3	0
6	明	10	0	0	21	哀	0	0	4	36	敬	3	0	0
7	强	3	6	0	22	富	4	0	0	37	轻	2	1	0
8	亲	2	7	0	23	高	3	0	0	38	神	3	0	0
9	重	9	0	0	24	厚	4	0	0	39	喜	3	0	0
10	多	0	7	0	25	后	3	0	0	40	小	1	2	0
11	长	1	5	0	26	骦	2	0	2	41	佚	3	0	0
12	贱	5	0	1	27	精	4	0	0	42	怨	0	3	0
13	少	0	6	0	28	贫	4	0	0	43	约	3	0	0
14	众	5	0	1	29	深	4	0	0	44	足	3	0	0

续表

排序	词语	至	最	极	排序	词语	至	最	极	排序	词语	至	最	极
15	尊	6	0	0	30	甚	0	4	0					

将表 6 – 7 的数据通过 R 语言的 CA（Correspondence Analysis）数据包进行处理，"至"、"最" 和 "极" 之间的差异在这个二维图上得以展现，具体如图 6 – 1。

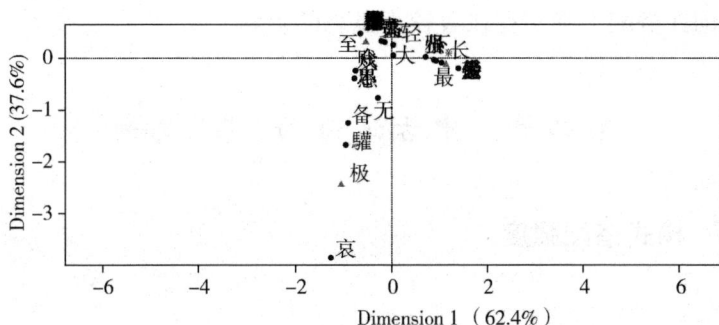

图 6 – 1 上古汉语 "最" 类词的对应分析

对应分析是一种常用的降维分析工具，能够将多维的变量降级为二维平面，以此来呈现各个变量之间的相关性。换句话说，就是它能够将数值型的变量信息转化为图表形式。表格中纵横行列的交叉与图表中几何空间中的每个点相对应。在对应分析图中，人们往往关注对应分析图的解释能力和可信度。一般认为，当 "累计惯量比例" 大于 80% 时，[①] 就说明对应分析图效果非常好，具有很强的可读性和解释力。图 6 – 1 的对应分析图呈现为两个坐标轴，每个坐标轴对应着一个维度，每一个维度都根据其特征值来确定。如图 6 – 1 所示的横坐标轴（即维度一）代表了 62.4% 的总惯量，纵坐标轴（即维度二）代表了 37.6% 的总惯量。两个维度之和为 100%，表明图 6 – 1 具有非常好的解释力。

---

① 惯性（inertia），就是常说的特征根，每一行/列到其重心的加权距离的平方。说明各个维度对连列表的解释力，2 维的惯量比例累计达到 80% 时，效果非常好。

从对应分析图的横轴来看，"极"和"最"分别位于横轴的正负两端，形成了鲜明对比，从纵轴来看，位于纵轴正端的"至"与位于负端的"极""最"形成显著对比。在"至""最""极"3词的周围分别聚集了一批词项，它们是各个程度副词经常搭配的词语，它们聚集在搭配词的周围形成比较明确的词云（cloud）。从空间来说，无论在横轴或纵轴上，"极""最""至"3词都不相邻，都存在着距离，表明3个程度副词在搭配上确实存在着较为显著的差异。

第二节　中古汉语的"甚"类词

一　构式搭配强度

本节依据台湾"中央研究院"的"中古汉语标记语料库"，选取其中的部分标记语料（文献与第四章相同），词语总数量约为145万个。在选定的语料库中，中古汉语的"甚"类词有"甚""颇₁""殊""特""偏""酷""雅""良""挺""尔""孔""如是""甚为""何其""如此""甚自""一何""甚至""甚以""若兹""大为"21个，其主要成员有"甚""如是""颇₁""殊""甚为""特"6个。这些程度副词与它们的搭配词一起构成构式"甚+X""如是+X""颇₁+X""殊+X""甚为+X""特+X"，中古汉语语料库中这些构式分别使用1392次、132次、72次、52次、43次和24次，进入这些构式的词语分别有375个、72个、39个、28个、19个和20个。

计算构式的搭配强度需要统计进入各个构式中的每个词语在语料库中的总频率及与构式共现搭配的频率。为了简洁，表6－8仅展示的是中古时期进入"甚类词"构式的前20位词语（"甚为"除外，其搭配词只有19个），以及它们在语料库中的总频率（word. freq）及与构式共现的观察频率（obs. freq）。

表 6－8　　　　　　　　　中古汉语"甚"类词的使用频率

排序	甚			如是			颇₁		
	words	word. freq	obs. freq	words	word. freq	obs. freq	words	word. freq	obs. freq
1	深	1101	177	无	11935	13	有	18601	24
2	多	1788	117	微妙	407	11	似	429	3
3	大	5968	92	清净	1226	9	类	47	2
4	难	1216	66	大	5968	6	识	401	2
5	可	4992	32	端正	355	6	预	25	2
6	清净	1226	29	可喜	66	4	行	3199	2
7	善	2945	23	可畏	127	4	纰缪	2	1
8	好	746	20	寂定	93	3	游	18	1
9	长久	27	19	精进	645	3	象	20	1
10	众多	107	19	无上	703	3	聪明	76	1
11	美	342	17	庄严	621	3	惑	89	1
12	尊	428	17	臭烂	10	2	因	104	1
13	姝好	73	15	柔软	189	2	忆	114	1
14	苦	767	13	刚鞭	1	1	晓	141	1
15	希	323	11	赫焰	1	1	读	160	1
16	痛	196	10	警严	1	1	愈	161	1
17	奇	91	9	猛炽	1	1	事	238	1
18	众	38	9	焰热	1	1	疑	285	1
19	久长	29	6	炽猛	2	1	好	287	1
20	可畏	14	5	聪叡	2	1	善	320	1

排序	殊			甚为			特		
	words	word. freq	obs. freq	words	word. freq	obs. freq	words	word. freq	obs. freq
1	不	29256	16	难	1216	15	宜	753	4
2	为	10272	4	希	323	5	妙	661	2
3	别	33	2	苦	767	4	须	12	2
4	恶	1386	2	奇特	37	4	醇好	1	1
5	胜	1082	2	佳丽	3	1	无	19	1
6	足	189	2	可怪	5	1	隆	26	1
7	明察	1	1	贪嫉	12	1	禀	27	1

续表

排序	殊			甚为			特		
	words	word. freq	obs. freq	words	word. freq	obs. freq	words	word. freq	obs. freq
8	俭吝	3	1	粗恶	21	1	达	27	1
9	忤	8	1	希奇	30	1	忌	35	1
10	工	23	1	欺诳	35	1	精	78	1
11	蒙	162	1	臭秽	41	1	奇	91	1
12	快	174	1	虚妄	50	1	加	131	1
13	疑	285	1	吉	113	1	美	342	1
14	尚	308	1	巍巍	137	1	似	429	1
15	赤	324	1	痴	140	1	滋	621	1
16	美	342	1	非	2074	1	好	746	1
17	近	552	1	当	5226	1	出	2819	1
18	好	746	1	大	5968	1	可	4992	1
19	少	746	1	不	29256	1	秀	11935	1
20	失	765	1				不	29256	1

词语与构式之间具有不同的互动关系。表6-8是依据词语与构式的观察频率进行的排序，频率越高排序越靠前，表明词语与构式的搭配越常见，如形容词"深"，动词"有"和副词"不"是中古时期"甚"、"颇₁"和"殊"最常见的搭配词，分别为177次、24次和16次，分别排在相应构式搭配词的第一位，它们的使用量远远超过其他的同类成员。

将表6-8中的数据代入coll. analysis 3.2a进行计算，可以得到中古时期词语与"最"类词不同构式之间的搭配强度。通过计算发现，与"甚+X"显著相关的词语有291个，与"如是+X"构式显著相关的词语有58个，与"颇₁+X"构式显著相关的词语有28个，与"殊+X"构式显著相关的词语有24个，与"甚为+X"构式显著相关的词语有15个，与"特+X"构式显著相关的词语有17个。表6-9仅列出中古时期进入"最"类词各个构式前20位的词语（"甚为+X"和"特+X"构式除外）。

表 6 – 9　　　　　　　　　　　　中古汉语"甚"类词搭配强度

排序	甚			如是			颇₁		
	words	obs. freq	coll. str.	words	obs. freq	coll. str.	words	obs. freq	coll. str. 1
1	深	177	Inf	微妙	11	23.591043	有	24	26.901968
2	多	117	170.303835	清净	9	14.295765	预	2	6.148804
3	难	66	90.582556	端正	6	11.874983	似	3	5.837945
4	大	92	76.755915	可喜	4	10.323734	类	2	5.592403
5	长久	19	51.156002	无	13	9.975881	纰缪	1	4.008748
6	众多	19	36.797949	可畏	4	9.169081	识	2	3.726934
7	姝好	15	30.24424	寂定	3	7.01922	游	1	3.054673
8	清净	29	29.799329	臭烂	2	6.430238	象	1	3.008936
9	美	17	23.214323	大	6	4.685482	聪明	1	2.42974
10	好	20	21.852034	庄严	3	4.548671	惑	1	2.3613
11	尊	17	21.555484	精进	3	4.499884	因	1	2.293814
12	众	9	19.020841	无上	3	4.38921	忆	1	2.254047
13	可	32	15.958367	刚鞕	1	4.039995	晓	1	2.162016
14	奇	9	15.358372	赫焰	1	4.039995	读	1	2.107315
15	痛	10	14.056287	警严	1	4.039995	愈	1	2.104619
16	希	11	13.466642	猛炽	1	4.039995	行	2	1.960599
17	善	23	13.411803	焰热	1	4.039995	事	1	1.935675
18	久长	6	12.47681	柔软	2	3.838514	疑	1	1.857899
19	苦	13	11.950807	炽猛	1	3.738984	好	1	1.854883
20	可畏	5	11.822034	聪叡	1	3.738984	善	1	1.80796

排序	殊			甚为			特		
	words	obs. freq	coll. str.	words	obs. freq	coll. str.	words	obs. freq	coll. str.
1	不	16	14.49568	难	15	35.098925	宜	4	9.066311
2	别	2	6.188297	奇特	4	13.377299	须	2	7.736549
3	足	2	4.662878	希	5	12.322522	醇好	1	4.76916
4	明察	1	4.451096	苦	4	8.048303	妙	2	4.220318
5	俭吝	1	3.97399	佳丽	1	4.056522	无	1	3.49047
6	忤	1	3.548059	可怪	1	3.834686	隆	1	3.354275
7	为	4	3.305721	贪嫉	1	3.454518	禀	1	3.337888

续表

排序	殊			甚为			特		
	words	obs. freq	coll. str.	words	obs. freq	coll. str.	words	obs. freq	coll. str.
8	胜	2	3.15423	麤恶	1	3.211536	达	1	3.337888
9	工	1	3.089534	希奇	1	3.05669	忌	1	3.225212
10	恶	2	2.942057	欺诳	1	2.989774	精	1	2.877338
11	蒙	1	2.242794	臭秽	1	2.921096	奇	1	2.810437
12	快	1	2.21185	虚妄	1	2.834965	加	1	2.652349
13	疑	1	1.99839	吉	1	2.481248	美	1	2.236343
14	尚	1	1.964858	巍巍	1	2.397754	似	1	2.13822
15	赤	1	1.942984	痴	1	2.388366	滋	1	1.978266
16	美	1	1.919638				好	1	1.899061
17	近	1	1.713304				出	1	1.329028
18	好	1	1.583962						
19	少	1	1.583962						
20	失	1	1.573182						

观察表6-9，并结合中古汉语语料库的调查情况，可以发现"甚"类词构式的主要特征。

（一）对比表6-8和表6-9可以发现，搭配词的数量排序与其搭配强度排序多数保持一致，如"甚"最常见的搭配词是"深"，二者的搭配强度也最高。不过，搭配词的数量排序与其搭配强度排序也有不一致的情况，如"大"与"甚"的搭配数量（92次）高于"难"（66次），但其搭配强度（76.755915）却不及"难"（90.582556）。这种情况在"如是+X""颇₁+X"等"甚"类词的构式中亦复存在，兹不列举。

（二）不同构式的搭配词有同有异，下面将从搭配词的词类、搭配词的多少和共现频率三个方面进行讨论。

中古时期"甚+X"构式的使用最多，共1392次，"甚"的搭配词有375个，与之显著相关的成员有291个。从音节数量上看，此期"甚"的搭配词是以单音词为主，复音词数量明显少于单音。在排序前20位的词语中，单音词有14个，双音词有6个；从词类上看，形容词占绝大多数，也有少量的心理动词等。排序前 20 位的词语中，形容词占据绝对优势，如"深""多""难""长久""众多""姝好""清净""美""好""众"等，少数动词与之搭配，如助动词"可"，心理动词"可畏"等。形容词"深"在中古时期共 1101 次，其中与"甚"搭配极为常见，多达 177 次，是和"甚"搭配次数最多、关联强度最高（Inf）的词。调查发现，"甚""深"搭配在中古时期极为常见，且基本用于翻译佛经之中，如《长阿含经》卷九："时，诸尊长即为开演甚深义理，是为二因缘。"《六度集经》卷七："深自思曰：'吾今得佛，甚深难知难了，微中之微、妙中之妙也。今佛道成得无不知。'"

此期"如是 + X"构式的使用仅次于"甚 + X"，但二者的差距却相当明显，"如是 + X"的使用量仅有 132 次。"如是"的搭配词有 72 个，与之显著相关的成员有 58 个。"如是"的搭配词中，基本上是形容词，如前 20 位中除了心理动词"可喜""可畏"和关系动词"无"之外，其余成员均为形容词；"如是"的搭配词基本上是双音词，如"微妙""清净""端正""可喜""可畏""寂定""臭烂"等，单音词仅有"无"和"大"2 个。"无"是与"如是"共现频率最高的词语，说明"如是"在此期常出现于否定句之中，如《佛本行集经》卷三十："尔时，菩萨如是定心，如是清净，如是无垢，如是无恼，如是柔软，可作静业，于彼夜半，欲得成就证知天耳，而发是心：'彼以天耳善清净故，过于人耳。'"构式搭配强度最高的词语是"微妙"，二者共现 11 次，搭配强度为 23.591043，与"如是 + X"构式的相关性最高，如《佛本行集经》卷三："时我即问彼一人言：'仁者！此城何故庄严如是微妙？'"

此期"颇₁ + X"构式共使用 72 次，进入构式的词语有 39 个，具有显著相关的词语有 28 个。"颇₁"的共现词以单音词为主，复音词较少，如前 20 位中双音词只有"纰缪"和"聪明"2 个。除了部分形容词如"纰缪""聪明""愈""善"之外，"颇₁"的搭配词更常见的是动词，这是"颇₁"不同于大多数"甚"类词的搭配特征。如表 6 – 9 所示，"颇₁"的搭配词多为关系动词（如"有""似""类""象"）、心理动词（如"识""惑""忆""晓""疑""好"）、行为动词（如"预""游""因""读""行""事"）等。从频率上看，"颇₁"的搭配词使用频率都不是很高，多数词语使用 1 次或 2 次，只有"有"使用较多。"颇₁""有"共现搭配 24 例，远高于其他词语，如《颜氏家训·风操》："而家门颇有不同，所见互称长短；然其阡陌，亦自可知。""有"与"颇₁"搭配强度最高，为 26.901968，明显超过其他词语。

中古时期"殊 + X"构式共使用 52 次，"殊"的搭配词有 28 个，具有显著相关的词语有 24 个。"殊"的搭配词以单音词为主，复音词不多，前 20 位中只有"明察""俭吝"2 个双音词。搭配词的词类比较多样，其中形容词占据多数，如"别""明察""足""俭吝""胜""快""赤""近""好""少"等，也有副词如"不""尚"，关系动词"为"，心理动词"疑"，行为动词"忤""工""蒙""失"等。在"殊 + X"构式的搭配词中，"不"与之搭配强度最高，为 14.49568。"不"与"殊"共搭配 16 次，几乎是"殊"用例的三分之一，表明"殊"常用于否定句之中的句法习惯，如《抱朴子内篇·论仙》："今以此语俗人，俗人殊不肯信。"

"甚为 + X"构式共使用 43 次，"甚为"的搭配词有 19 个，具有显著相关的词语是 15 个。"甚为"的搭配词以双音词为主，单音词较少，只有"难""希""苦""吉""痴"5 个单音词。"甚为"的搭配词以形容词为主，此外还有部分心理动词如"可怪""痴""贪嫉"，行为动词如"欺诳"等。"难"与"甚为 + X"构式的搭配强度最高，为 35.098925，远超其他词语。二者的共现次数是 15 次，占"甚为"总用例的三分之一，如《出曜经》卷二十五："是故说曰，施善布恩德，此事甚为难也。"

中古时期"特 + X"构式的使用不是很频繁，共 24 次，"特"的共现词有 20 个，具有显著相关的词语共 17 个。除"醇好"为双音节词外，其他的显著搭配词均为单音词。从使用情况看，各个词语使用的频率差异不是很大，使用最多的词语"宜"4 例，"须""妙"各 2 例，其余词语各使用 1 例；从数量上看，"特"的共现词中形容词较多，如"醇好""妙""隆""达""精""奇""美""好"，还有一些其他词类，如助动词"宜""须"，关系动词如"无""似"，行为动词如"禀""加""滋""出"，心理动词"忌"等。值得注意的是，助动词是最容易进入"特 + X"构式的词类，这可能是该构式不同于其他同类构式的地方。"宜"与"特 + X"构式的搭配强度为 9.066311，高于其他词语。二者共现 4 次，如《齐民要术》卷七："瓮津则造百物皆恶，悉不成，所以特宜留意。"

总体来看，中古时期"甚"类词在搭配上有相似之处，其中最显著的一点就是：此期所有的"甚 + X"构式都能与形容词进行搭配，而且一些词语能够进入不同的构式之中，如"好""美"均可与"甚""殊""特"3 词共现，"大"可与"甚""如是"2 词共现，"苦"可与"甚""甚为"2 词共现等。"甚"类词在搭配词上的共同特征体现了不同构式之间的相似性。当然，"甚"类词在搭配上也有很大的差异，如不同的构式对搭配词的选择上存在明显的不同（如上文所述）。此外，不同构式对搭配词的词类有不同的选择。"甚"类词多与形容词搭配，但"颇$_1$"却是个例外。如在"颇$_1$"搭配强度最高的 10 个词中，除"纰缪""聪明""惑"3 个词之外，其他的 7 个词均为动词，分别是"有""预""似""类""识""游""象"。下文将进一步讨论"甚"类词不同构式之间的差异性。

二　多项特异搭配分析

下文将使用特异共现词位分析法来考察中古时期"甚"类词之间

的特异性和差异性。统计发现，中古时期"甚类词"6 个构式的搭配词共有 477 个。在 R 语言环境下，运行 Coll. analysis 3.2a 程序，选择多项特异分析，通过计算可以得到不同词语与"甚"类词的 6 个构式之间关联强度的 pbin 值。

表 6-10　　　　　　　　　中古时期"甚"类词特异搭配　　　　　　单位：次

排序	甚			如是			颇₁		
	Word	频次	pbin	Word	频次	pbin	Word	频次	pbin
1	深	177	13.352839	无	13	11.153678	有	24	18.215154
2	多	117	9.297855	微妙	11	8.705039	似	3	3.160039
3	大	92	3.114774	端正	6	4.811781	行	2	2.754876
4	善	23	2.096014	可喜	4	4.430662	类	2	2.754876
5	长久	19	1.73149	精进	3	3.322996	预	2	2.754876
6	众多	19	1.73149	无上	3	3.322996	识	2	2.290068
7	尊	17	1.549228	寂定	3	2.747131	为(介)	2	2.290068
8	可	32	1.501648	庄严	3	2.747131	以	2	2.290068
9	姝好	15	1.366966	清净	9	2.662741	能	2	1.62777
10				可畏	4	2.46947	为(动)	2	1.380923
11				臭烂	2	2.215331	被	1	1.377438
12				无常	2	2.215331	聪明	1	1.377438
13				自在	2	2.215331	读	1	1.377438
14							敢	1	1.377438
15							见	1	1.377438
16							纰缪	1	1.377438
17							善	1	1.377438
18							事	1	1.377438
19							同	1	1.377438
20							闻	1	1.377438
21							象	1	1.377438
22							晓	1	1.377438
23							信	1	1.377438
24							已	1	1.377438

续表

排序	甚			如是			颇₁		
	Word	频次	pbin	Word	频次	pbin	Word	频次	pbin
25							忆	1	1.377438
26							因	1	1.377438
27							游	1	1.377438
28							愈	1	1.377438
29							至	1	1.377438
30							作	1	1.377438

排序	殊			甚为			特		
	Word	频次	pbin	Word	频次	pbin	Word	频次	pbin
1	不	16	14.687408	难	15	8.558459	宜	4	7.418236
2	为	4	4.27251	苦	4	6.405207	须	2	3.709118
3	别	2	3.037534	奇特	4	4.887485	妙	2	2.286284
4	足	2	3.037534	希	5	4.192257	禀	1	1.854559
5	胜	2	2.569271	痴	1	1.601302	出	1	1.854559
6	恶	2	1.896737	粗恶	1	1.601302	醇好	1	1.854559
7	赤	1	1.518767	当	1	1.601302	达	1	1.854559
8	工	1	1.518767	吉	1	1.601302	加	1	1.854559
9	俭吝	1	1.518767	佳丽	1	1.601302	隆	1	1.854559
10	空	1	1.518767	可怪	1	1.601302	秀	1	1.854559
11	蒙	1	1.518767	欺诳	1	1.601302	滋	1	1.854559
12	明察	1	1.518767	贪嫉	1	1.601302	忌	1	1.556575
13	未	1	1.518767	希奇	1	1.305744			
14	忤	1	1.518767	非	1	1.305744			

　　特异词反映的是不同程度副词在搭配上的特异性，表6－10中的词语没有重复项。观察表6－10，发现中古时期"甚"类词的不同成员的特异搭配词确实存在着较大的差异，显示了不同的"甚"类词成员对搭配对象选择的差异性。

　　特异词，是指程度副词特有的搭配词，也就是说，它们在搭配上具有明显的倾向性特征，只与某一特定程度副词进行搭配，而不与或很少与其他的程度副词搭配。从数量上看，"颇₁"的特异搭配词数量最多，共有 30 个，"甚"的特异词最少，只有 9 个。"殊""甚为"的特异词均有 14 个，"如是"的特异词有 13 个，"特"的特异词有 12 个；从词类上看，不同"甚"类词成员的特异词也有差别。有的特异词是以形容词居多，如"甚""如是""殊""甚为""特"，有的特异词是以动词居多，如"颇₁"。

中古时期"甚"的特异搭配词有 9 个，这 9 个词与"甚"类词的搭配情况如表 6-11 所示。

表 6-11　　　　　　　　　中古汉语"甚"的特异搭配　　　　　　　单位：次

	Coll_Word	颇₁	如是	甚	甚为	殊	特	pbin_甚
1	深	0	1	177	0	1	0	13.352839
2	多	0	1	117	0	0	0	9.297855
3	大	0	6	92	1	0	0	3.114774
4	善	0	0	23	0	0	0	2.096014
5	长久	0	0	19	0	0	0	1.73149
6	众多	0	0	19	0	0	0	1.73149
7	尊	0	0	17	0	0	0	1.549228
8	可	0	0	32	0	1	1	1.501648
9	姝好	0	0	15	0	0	0	1.366966

根据它们的搭配特征，上述的 9 个特异词可分为两类：第一类是只能与"甚"搭配而从不与其他"甚"类词成员搭配的词语，它们是"善""长久""众多""尊""可""姝好"6 个；第二类是多与"甚"搭配，偶尔也可与其他"甚"类词搭配的词语，有"深""多""大"3 个。如"甚深"共现 177 次，其他搭配很少见，只有"如是深"1 次，"殊深"1 次。"甚多"共现 117 次，其他搭配只有"如是多"1 次。"甚大"搭配 92 次，其他搭配只有"如是大"6 次，"甚为大"1 次。据此，可以看出这些特异词在搭配上与"甚"具有强烈的选择倾向性，而对其他的"甚"类词成员有明显的排斥性。

"甚"类词其他成员的情况也类似，再以"颇₁"为例进行说明，①
中古时期"颇₁"的特异词共有 30 个，它们的具体搭配情况见表 6－12
所示。

表 6－12　　　　　　　　中古汉语"颇₁"的特异搭配　　　　　　单位：次

	Coll_ Word	颇₁	如是	甚	甚为	殊	特	pbin_ 颇₁
1	有	24	1	28	0	2	0	18. 215154
2	似	3	0	1	0	0	1	3. 160039
3	行	2	0	0	0	0	0	2. 754876
4	类	2	0	0	0	0	0	2. 754876
5	预	2	0	0	0	0	0	2. 754876
6	识	2	0	1	0	0	0	2. 290068
7	为(介)	2	0	1	0	0	0	2. 290068
8	以	2	0	1	0	0	0	2. 290068
9	能	2	0	4	0	0	0	1. 62777
10	为(动)	2	0	2	0	4	0	1. 380923
11	被	1	0	0	0	0	0	1. 377438
12	聪明	1	0	0	0	0	0	1. 377438
13	读	1	0	0	0	0	0	1. 377438
14	敢	1	0	0	0	0	0	1. 377438
15	见	1	0	0	0	0	0	1. 377438
16	纰缪	1	0	0	0	0	0	1. 377438
17	善	1	0	0	0	0	0	1. 377438
18	事	1	0	0	0	0	0	1. 377438
19	同	1	0	0	0	0	0	1. 377438
20	闻	1	0	0	0	0	0	1. 377438
21	象	1	0	0	0	0	0	1. 377438
22	晓	1	0	0	0	0	0	1. 377438
23	信	1	0	0	0	0	0	1. 377438

---

① "殊""特""甚为""如是"的特异词的搭配情况与"甚""颇₁"类似，下文将不再一
一说明。

续表

	Coll_Word	颇₁	如是	甚	甚为	殊	特	pbin_颇₁
24	已	1	0	0	0	0	0	1.377438
25	忆	1	0	0	0	0	0	1.377438
26	因	1	0	0	0	0	0	1.377438
27	游	1	0	0	0	0	0	1.377438
28	愈	1	0	0	0	0	0	1.377438
29	至	1	0	0	0	0	0	1.377438
30	作	1	0	0	0	0	0	1.377438

表6-12的特异词可分为三类：第一类是只与"颇₁"搭配的特异词，如"行""类""预""被""聪明""读""敢""见""纰缪""善""事""同""闻""象""晓""信""已""忆""因""游""愈""至""作"等23个；第二类是多与"颇₁"搭配，偶尔也可与其他"甚"类词搭配的词语，有"似""识""为""以"4个。具体情况是："颇₁似"搭配3次，"甚似"1次，"特似"1次。"颇₁识"搭配2次，"甚识"仅1次。"颇₁为"搭配2次，"甚为"1次。"颇₁以"搭配2次，"甚以"1次；第三类是既可与"颇₁"搭配，也可与其他"甚"类词搭配，但与"颇₁"的搭配频率不及与其他的"甚"类词成员。从表6-12可见，如"有""能""为"3词与"甚"的搭配情况："颇₁有"搭配24次，而"甚有"搭配有28次。"颇₁能"搭配2次，而"甚能"搭配4次。"颇₁为"搭配2次，而"甚为"搭配2次。虽然"颇₁"与"有""能"的搭配次数不及"甚"，但由于"甚"在中古时期与其他词语的搭配更为频繁，因此，"有""能"成为"颇₁"的特异词，却不是"甚"的特异词。

三 对应分析

对应分析是利用二维图的形式，更加直观形象地将中古时期"甚"

类词不同构式之间的差异呈现出来。将第二节中"甚"类词6个构式的搭配词项提取出来，为了操作的方便，并保证对应分析图的清晰性，我们在操作中剔除了出现频率低于5次的词语之后，即搭配频率在5次（含）以上的词语，共得到了59个搭配词项，然后以此为基础进行对应分析。与聚类分析不同的是，对应分析需要分别统计进入"甚+X""如是+X""颇$_1$+X""殊+X""甚为+X"和"特+X"构式中词语的原始频数，具体如表6-13所示。

表6-13　　　　　　　　　　中古汉语"甚"类词搭配　　　　　　　　单位：例

排序	搭配词	甚	如是	颇$_1$	殊	甚为	特	排序	搭配词	甚	如是	颇$_1$	殊	甚为	特
1	深	177	1	0	1	0	0	31	妙	5	1	0	0	0	2
2	多	117	1	0	0	0	0	32	明	8	0	0	0	0	0
3	大	92	6	0	0	1	0	33	少	7	0	0	1	0	0
4	难	66	3	0	0	15	0	34	盛	8	0	0	0	0	0
5	有	28	1	24	2	0	0	35	为	2	0	0	2	4	0
6	清净	29	9	0	0	0	0	36	相	8	0	0	0	0	0
7	不	15	2	1	16	1	1	37	远	8	0	0	0	0	0
8	可	32	0	0	1	0	1	38	长	7	0	0	0	0	0
9	好	20	1	0	1	0	0	39	怪	7	0	0	0	0	0
10	善	23	0	0	0	0	0	40	奇特	3	0	0	0	4	0
11	长久	19	0	0	0	0	0	41	香	7	0	0	0	0	0
12	美	17	0	0	1	0	1	42	恶(形)	4	0	0	2	0	0
13	众多	19	0	0	0	0	0	43	急	6	0	0	0	0	0
14	无	2	13	0	2	0	1	44	久	6	0	0	0	0	0
15	希	11	2	0	0	5	0	45	久长	5	0	0	0	0	0
16	苦	13	0	0	0	4	0	46	快	5	0	0	1	0	0
17	尊	17	0	0	0	0	0	47	能	4	0	0	2	0	0
18	微妙	5	11	0	0	0	0	48	喜	6	0	0	0	0	0
19	姝好	15	0	0	0	0	0	49	香美	6	0	0	0	0	0
20	欢喜	12	0	0	0	0	0	50	乐	5	1	0	0	0	0
21	奇	9	0	0	0	0	1	51	爱	5	0	0	0	0	0
22	柔软	8	2	0	0	0	0	52	悲	5	0	0	0	0	0

续表

排序	搭配词	甚	如是	颇₁	殊	甚为	特	排序	搭配词	甚	如是	颇₁	殊	甚为	特
23	痛	10	0	0	0	0	0	53	恶(动)	5	0	0	0	0	0
24	重	10	0	0	0	0	0	54	厚	5	0	0	0	0	0
25	端正	3	6	0	0	0	0	55	近	4	0	0	1	0	0
26	怀	9	0	0	0	0	0	56	可喜	1	4	0	0	0	0
27	可畏	5	4	0	0	0	0	57	生	5	0	0	0	0	0
28	易	9	0	0	0	0	0	58	似	1	0	3	0	0	1
29	众	9	0	0	0	0	0	59	知	4	0	1	0	0	0
30	高	8	0	0	0	0	0								

将上表的数据通过 R 语言的 ca（Correspondence Analysis）数据包进行处理，"甚""如是""颇₁""殊""甚为"和"特"之间的差异在下面的二维图上得以展现，具体见下图。

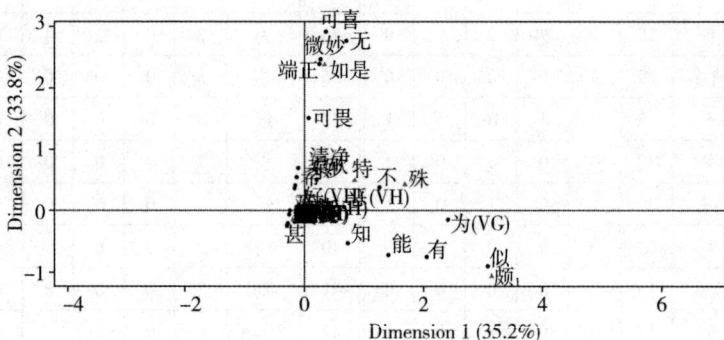

图6-2　中古汉语"甚"类词的对应分析

观察上图可知，对应分析图呈现为纵、横两个坐标轴，每个坐标轴对应着一个维度，每一个维度都根据其特征值来确定。上图所示的横坐标轴（即维度一）代表了 29.9% 的总惯量，纵坐标轴（即维度二）代表了 28.7% 的总惯量。两个维度总和为 58.6%，虽然较 80% 的标准有一定的差距，但上图仍具有较好的解释力。

从对应分析图来看，在"甚""如是""颇₁""殊""甚为"和

"特" 6 词的周围分别聚集了一批词项，它们是各个 "甚" 类词经常搭配的词语，它们聚集在搭配词的周围形成了比较明确的词云（cloud）。词云分布的密度表示 "甚" 类词搭配词数量的情况，密度越大说明搭配词越多，密度越小说明搭配词越少。如 "甚" 周围分布的词语最多，表明中古时期 "甚" 的搭配词比较多，而其他 "甚" 类词周围分布的词语较少，则说明它们在此期的搭配能力较弱。

从横轴上看，"甚""甚为" 与 "颇₁" 分别位于横轴的正负两端，形成了鲜明对比；从纵轴来看，位于纵轴正端的 "如是""特""殊""颇₁" 与位于负端的 "甚""甚为" 形成显著对比。从空间来说，无论在横轴或纵轴上，"甚""如是""颇₁""殊""甚为" 和 "特" 6 个词均不相邻，都存在着距离，表明 6 个 "甚" 类词在搭配上之间存在着较为显著的差异。

第三节　近代汉语的 "更" 类词

一　构式搭配强度

本节依据台湾 "中央研究院" 的 "近代汉语标记语料库"，选取其中的部分标记语料（文献与第四章相同），词语数量约为 320 万个。在选定的语料库中，近代汉语的 "更" 类词成员有 "更""越""越发""益发""还₁""愈""尤""较""尤其""弥""更自""愈发""更尔" 13 个，其主要成员为 "更""越""还₁""愈""尤""较""越发""益发" 8 个，它们分别使用了 2028 次、330 次、71 次、112 次、59 次、50 次、329 次和 200 次，进入这些构式的词语分别有 501 个、159 个、40 个、59 个、40 个、19 个、203 个和 135 个。

计算 "更" 类词构式的搭配强度，需要进一步统计进入各个构式的每一个搭配词语在语料库中的总频率。为简洁方便，表 6 – 14 仅展示了近代汉语时期进入"更类词"构式的前 20 位词语，以及这些词语在语料库中的总频率（word. freq）和进入构式的观察频率（obs. freq）。

表 6 – 14　　　　　　　　　近代汉语"更"类词的使用频率　　　　　单位：次

排序	更			越			还₁			愈		
	word	word. freq	obs. freq	word	word. freq	obs. freq	word	word. freq	obs. freq	word	word. freq	obs. freq
1	不	56485	264	加	234	28	强	505	11	加	234	28
2	有	27812	204	觉	1391	14	利害	146	3	觉	1391	14
3	无(动)	6165	147	深	1000	4	好(形)	7450	6	深	1000	4
4	兼	230	67	是	43461	3	大	9755	6	是	43461	3
5	加	234	62	肿	9	2	高	1355	3	肿	9	2
6	好(形)	7450	54	增	69	2	粗	159	2	增	69	2
7	是	43461	52	壮	105	2	胜	299	2	壮	105	2
8	觉	1391	40	盛	244	2	湾	4	1	盛	244	2
9	待(动)	945	39	添	448	2	刚硬	5	1	添	448	2
10	不曾	1563	30	想	3599	2	重	881	2	想	3599	2
11	莫	2036	29	听	8361	2	乔	19	1	听	8361	2
12	比	627	26	不	56485	2	沉	26	1	不	56485	2
13	无(副)	1141	24	下	396	5	美貌	43	1	苍翠	1	1
14	添	448	21	爱	566	5	甚	47	1	健强	1	1
15	又	17625	20	觉	1391	5	难	2118	2	骄慢	1	1
16	妙	482	19	没	3710	5	俊	56	1	坚	3	1
17	道	49547	15	大	9755	5	浪	58	1	肆	5	1
18	得	7452	14	重	881	4	好(动)	2985	2	炽	13	1
19	要	9255	14	看	11791	4	尖	108	1	骄	15	1
20	没	3710	13	有	27812	4	风流	110	1	竭	17	1

排序	尤			较			越发			益发		
	word	word. freq	obs. freq	word	word. freq	obs. freq	word	word. freq	obs. freq	word	word. freq	obs. freq
1	为	4824	6	近	1064	13	不	56485	19	不	56485	20
2	甚	47	5	亲	124	12	没	3710	11	是	43461	6
3	深	1000	4	难	2118	5	心	8123	9	好(形)	7450	5

排序	尤			较			越发			益发		
	word	word.freq	obs.freq	word	word.freq	obs.freq	word	word.freq	obs.freq	word	word.freq	obs.freq
4	不	56485	3	多	1691	4	慌	765	7	胡涂	180	4
5	宜	230	2	远	949	2	大	9755	7	没	3710	4
6	要紧	280	2	装幺	1	1	急	1413	6	有	27812	4
7	闲	702	2	争	12	1	恼	411	5	着	341	3
8	觉	1391	2	丰肥	3	1	连	795	5	慌	765	3
9	如	2637	2	甚	47	1	难	2118	5	弄	1036	3
10	困顿	3	1	低	139	1	得	7452	5	动	1663	3
11	湾	4	1	沉	26	1	有	27812	5	放	3908	3
12	悖	6	1	盛	244	1	欢喜	673	4	得	7452	3
13	异	17	1	贱	109	1	笑	6175	4	心	8123	3
14	惨	28	1	深	1000	1	把	8508	4	说	24676	3
15	过	31	1	可	3280	1	出挑	4	3	嚛啊	10	2
16	谨	39	1	快	1535	1	气	329	3	高	122	2
17	无穷	42	1	面	1292	1	喜欢	396	3	胡	483	2
18	恶	45	1	是	43461	1	伤	693	3	害	584	2
19	赛	57	1	大	9755	1	弄	1036	3	叫	710	2
20	烈	74	1				哭	1569	3	连	795	2

表 6-14 是依据词语与构式共现频率的高低进行排序，排序越靠前说明共现频率越高，反之亦然。观察表 6-14 可知，不同的"更"类词成员有不同的搭配词，而且各个搭配词与"甚"类词的搭配频率也有显著的差异。如"不"在中古时期使用 56485 次，其中与"更"共现 264 次，是"更"的搭配词中最多的词语，排在第 1 位。"有"在中古汉语里使用 27812 次，与"更"搭配 204 次，排在第 2 位。其他的搭配词语依据其频率，依次排列在"不""有"之后。"越""还₁""愈""尤""较""越发""益发"的情况也与之类似。

将数据代入 coll. analysis 3.2a，可以得到近代汉语的不同词语与"更类词"各个构式的搭配强度。通过计算发现，不同构式的共现词数量差别较大。表 6－15 仅列举与各个构式搭配强度前 20 位（"较"除外）的词语。

表 6－15 近代汉语"更"类词的搭配强度

排序	更			越			还₁			愈		
	word	频次	coll. str.	word	频次	coll. str.	word	频次	coll. str.	word	频次	coll. str.
1	无(动)	147	175.576532	显	17	41.518203	强	11	29.463423	加	28	90.579311
2	兼	67	156.558127	添	11	22.578633	利害	3	8.275302	觉	14	29.895546
3	有	204	143.879481	慌	10	17.835503	好(形)	6	7.699102	肿	2	7.383178
4	加	62	141.938945	加	8	17.748332	大	6	7.013884	深	4	7.288728
5	不	264	140.369676	想	14	17.422762	高	3	5.372892	增	2	5.569734
6	待(动)	39	56.191175	怒	9	17.166401	粗	2	5.215899	壮	2	5.203218
7	觉	40	51.334978	气	7	14.148316	胜	2	4.666940	盛	2	4.46979
8	好(形)	54	37.888961	多	7	9.199805	湾	1	4.051846	苍翠	1	4.467759
9	比	26	37.785423	下	8	9.127818	刚硬	1	3.954941	健强	1	4.467759
10	不曾	30	33.50885	觉	5	6.427191	重	1	3.730999	骄慢	1	4.467759
11	添	21	31.799497	涨	5	5.867777	乔	1	3.375224	坚	1	3.990652
12	莫	29	28.765827	交	3	5.749515	沉	1	3.239037	添	2	3.943175
13	无(副)	24	27.904541	重	4	5.640418	美貌	1	3.020623	肆	1	3.768818
14	妙	19	27.404977	痛	3	5.491244	甚	1	2.982012	炽	1	3.353904
15	甚	8	17.196961	逞	4	4.830684	难	2	2.976515	骄	1	3.29177
16	胜	9	12.297974	松	2	4.684634	俊	1	2.905965	竭	1	3.237427
17	须	12	10.911525	没	5	4.377248	浪	1	2.890734	猖獗	1	3.189137
18	可笑	6	10.869465	闹	3	4.263199	好(动)	2	2.683810	溺爱	1	3.145686
19	拟	7	10.160238	掏漉	1	3.999781	尖	1	2.620976	惨	1	3.020799
20	压	7	10.055713	喳	1	3.999781	风流	1	2.613017	固	1	2.855268

排序	尤			较			越发			益发		
	word	频次	coll. str.	word	频次	coll. str.	word	频次	coll. str.	word	频次	coll. str.
1	甚	5	17.62062	亲	12	42.237611	没	11	12.572104	不	20	9.378757
2	为	6	9.377907	近	13	33.857126	慌	7	11.592575	胡涂	4	9.25423
3	深	4	8.418172	难	5	9.641689	出挑	3	11.405264	嚷喇	2	6.780998

排序	尤			较			越发			益发		
	word	频次	coll. str.	word	频次	coll. str.	word	频次	coll. str.	word	频次	coll. str.
4	宜	2	5.080285	多	4	7.802779	恼	5	9.053822	着	3	5.844694
5	要紧	2	4.909337	装幺	1	4.818007	急	6	8.038922	慌	3	4.798109
6	困顿	1	4.269012	丰肥	1	4.340892	连	5	7.629697	高	2	4.568047
7	湾	1	4.144077	远	2	3.995744	老辣	2	7.225439	弄	3	4.407842
8	闲	2	4.112161	争	1	3.738861	坚硬	2	6.827556	播传	1	4.215947
9	悖	1	3.967993	沉	1	3.403115	心	9	6.739126	哄声	1	4.215947
10	觉	2	3.521327	甚	1	3.146058	欢喜	4	6.107294	忌弃	1	4.215947
11	异	1	3.515737	贱	1	2.78093	难	5	5.545371	没	4	4.056809
12	惨	1	3.29907	低	1	2.675439	气	3	5.248313	好(形)	5	3.979673
13	过	1	3.254878	盛	1	2.431403	不	19	5.242056	放意	1	3.91493
14	谨	1	3.155206	深	1	1.821236	喜欢	3	5.008295	亲	1	3.91493
15	无穷	1	3.123033	面	1	1.710916	伤	3	4.287303	动	1	3.80296
16	恶	1	3.093081	快	1	1.636854	齐整	2	4.228842	晃	1	3.738852
17	赛	1	2.990465	可	1	1.312704	大	7	4.174065	顽皮	1	3.738852
18	如	2	2.971852				唱唱舞舞	1	4.001103	倜傥	1	3.613927
19	烈	1	2.877173				道学	1	4.001103	惊异	1	3.437862
20	便	1	2.865599				发泼	1	4.001103	胡	2	3.376483

观察表 6-15，并结合近代汉语语料库观察发现，基于构式搭配强度的排序与频数多少的排序并不完全相同。如在表 6-14 中"更"的共现词中"不"（264 次）的频率排在第 1 位，而在表 6-15 的搭配强度排序中"不"却排在第 5 位，低于"无""兼""有""加"4 个词语。这种情况在其他"更"类词中也有类似的情况，如"越想"搭配 14 次，高于"越加"8 次，但"越加"的搭配强度却高于"越想"。

近代汉语的"更"类词 8 个程度词在词语搭配方面确实存在不少相似之处。在搭配词类方面，形容词比较容易进入"更"类词构式。如表 6-15 所示，与各个构式搭配强度的前 20 个词语，它们中大多数是形容词，另有一些心理动词、关系动词、行为动词等可与"更"类词进行搭配。对于同一个搭配词而言，不少成员还可以同时进入几个不同的构式，共现词的重复程度也反映了构式之间的相似性。如"甚"可与"更""还₁""尤""较"4 词共现，"加"可与"更""越""愈"3 词共现，"不"可与"更""越发""益发"3 词共现，"觉"可与"越""愈""尤"3 词共现，"没"可与"越""越发""益发"3 词共现，"好₍形₎"可与"更""还₁""益发"3 词共现，"多"可与"越""较"2 词共现，"慌"可与"越""益发"2 词共现，"亲"可与"较""益发"2 词共现，"添"可与"更""愈"2 词共现，"气"可与"越""越发"2 词共现。

除了上述的共同特征之外，近代汉语"更"类词的不同构式还吸引了数量众多的差异性搭配词，这些差异性搭配词比共现搭配词的数量还多，它们是"更"类词构式搭配词的主要组成部分，表明这些构式之间确实存在着不少差别，体现了不同构式之间的差异性。下面将对"更"类词不同构式所搭配的词类，及它们的搭配词的数量和共现频率等方面进行讨论。

近代时期"更 + X"构式的使用最频繁，共 2028 次，进入此构式的词语最多，共 501 个，前 245 个与之显著相关。从音节上看，此期"更"的搭配词仍以单音词为主，复音词并不多见。如表 6 – 15 中所示，"更"的搭配词中，排序前 20 位的词语，单音词有 18 个，双音词只有"不曾"和"可笑"2 个；从词类上看，与"更"关联强度最高的词都是动词和副词。动词"无"与"更"搭配 147 次，搭配值为 175.576532，关联强度最高。动词"兼"与"更"搭配 67 次，搭配值为 156.558127，关联强度仅次于动词"无"。之后依次是"有""加""不""待₍动₎""觉"等。不少形容词也可与"更"搭配，但它们与"更"的搭配强度均不及上述副词和动词，如"好₍形₎"是与"更"搭配强度最高的形容词，共现 54 次，搭配值为 37.888961，关联强度仅排在第 8 位。其他形容词,如"妙""甚""胜"等与"更"的搭配强度更低,排序更加靠后。

构式"越 + X"的使用仅次于"更",共 330 次,进入此构式的词语有 159 个,前 118 个与之显著相关。从音节上看,"越"的搭配词绝大多数是单音词,复音词很少,如前 20 位搭配词中仅有"掏漉"1 个;从词类上看,动词和形容词都可与"越"搭配,其中动词与"越"的搭配强度尤为显著。动词"显"与"越"共现频率为 17 次,关联度最高,搭配强度值为 41.518203,远超其他成员。动词"添"的关联度仅次于"显","越"与"添"共现 11 次,搭配强度值为 22.578633。其次是动词"慌""加""想""怒""气",它们与"越"的关联度分别为 17.835503、17.748332、17.422762、17.166401、14.148316。形容词也可与"越"搭配,但强度不及动词,如"多"是与"越"关联度最高的形容词,仅排在第 8 位。"越""多"共现 7 次,搭配强度为 9.199805。"重""痛""松"等形容词也可与"越"搭配,但强度值都不是很高。"越"还可与方位词搭配,如"下"与之共现 5 次,搭配强度为 9.127818。

构式"还$_1$ + X"使用 71 次,进入此构式的词语有 40 个,前 38 个与之显著相关。"还$_1$"的搭配词中"强""好$_{(形)}$""大""利害"等使用较多,其他成员使用不多,都只有两次或一次。搭配词中单音词居多,只有少量复音词。"还$_1$"的搭配词绝大多数是形容词,形容词"强"与"还$_1$"搭配 11 次,搭配值为 29.463423,排在第一位。动词偶与之搭配,但搭配强度不高。

构式"愈 + X"使用 112 次,进入此构式的词语有 59 个,前 49 个与之显著相关。"愈"的搭配词是以单音词为主,复音词较少,如前 20 词语中复音词只有"苍翠""健强""骄慢""猖獗""溺爱"5 个。动词与"愈"的搭配强度比较高,如"加"与"愈"共现 28 次,二者的关联度最高,搭配强度值为 90.579311,远远超过其他成员。动词"觉"与"愈"共现 14 次,搭配强度值为 29.895546,排第二位。动词

"肿"与"愈"共现2次，搭配强度值为7.383178，排第三位。形容词也常与"愈"搭配，但搭配强度一般不及动词。"深"是与"愈"搭配强度最高的形容词，共现4次，搭配强度值为7.288728，排在全部搭配词的第4位。其他形容词的搭配强度更低，此处不再逐一罗列。

构式"尤+X"使用59次，进入此构式的词语有40个，前33个与之显著相关。"尤"的搭配词中单音词占绝大多数，复音词不多，只有"要紧"、"困顿"和"无穷"3个。"尤"的搭配词中形容词尤为常见，少量的动词也可与之搭配。形容词"甚"与"尤"共现5次，关联度最高，搭配强度值为17.62062，排在第一位。动词"为"与"尤"搭配6次，搭配强度值为9.377907，仅次于"甚"，排在第二位。之后依次是"深""宜""要紧""困顿""湾""闲"等，它们与"尤"的搭配强度逐步减弱。

构式"较+X"使用50次，进入此构式的词语有19个，前17个与之显著相关。"较"的搭配词主要是单音词，显著搭配词中只有"装幺"和"丰肥"2个复音词。形容词"亲"与"较"搭配12次，关联度最高，搭配强度值为42.237611，排在第一位。"近"与"较"搭配13次，搭配值为33.857126，仅次于"亲"。之后依次是"难""多""装幺""丰肥""远"等词，它们与"较"的搭配强度依次下降。

构式"越发+X"使用329次，进入此构式的词语有203个，前159个与之显著相关。"越发"的显著搭配词比较丰富，从音节上看，单音词比较多见，如"没""慌""恼""急""连""心"等，也有不少复音词，如"出挑""老辣""坚硬""欢喜""喜欢""齐整"等；从词类上看，"越发"的显著搭配词中动词和形容词比较常见。动词"没"与"越发"搭配最多，共11次，二者的关联度最高，搭配强度值为12.572104。动词"慌"与"越发"搭配7次，搭配强度值为11.592575，仅次于动词"没"。形容词"出挑"与"越发"搭配3次，搭配强度值为11.405264，排列在第3位。其他词语与"越发"的搭配渐少，强度渐弱，不再逐一说明。

构式"益发+X"使用 200 次，进入此构式的词语有 135 个，前 101 个与之显著相关。与其他"更"类词相比，"益发"的显著搭配词中复音词明显增多，在前 20 位的词中有 9 个是复音词，其数量几乎与单音词持平。"益发"的显著搭配词有副词、形容词和动词等。副词"不"与"益发"共现 20 次，关联度最高，搭配强度值为 9.378757。形容词"胡涂"与"益发"共现 4 次，搭配强度值略低于"不"，排在第 2 位。动词"嚎啕"与"益发"共现 2 次，搭配强度值为 6.780998，排在第 3 位。其他成员如"着""慌""高""弄"等与"益发"的共现频率渐少，搭配强度日益下降，兹不赘述。

二　多项特异搭配分析

多项特异搭配分析是通过比较某一个语法槽位中出现的不同词语，考察两个或多个近义构式的意义差别（Gries & Stefanowitsch，2004）。该方法可用来区分近义构式之间细微的语义或功能差异。这里将运用这种方法来区分"更"类词 8 个构式的内部成员差异。统计发现，近代汉语中"更"类词 8 个构式的搭配词共有 836 个。通过 Coll. analysis 3.2a 计算，选择多项特异共现词位分析，最后得到各个词项与构式存在显著关联强度的 pbin 值。

表 6-16　　　　　　　近代汉语里"更"类词特异搭配

	更			越			还1			愈		
	Word	频次	pbin	Word	频次	pbin	Word	频次	pbin	Word	频次	pbin
1	无(动)	147	28.536859	显	17	15.517521	强	11	14.554053	加	28	17.296746
2	有	204	24.891333	想	14	11.076129	大	6	4.415582	觉	14	7.7557
3	兼	67	13.006596	怒	9	7.898577	高	3	3.670823	深	4	3.212459

	更			越			还₁			愈		
	Word	频次	pbin	Word	频次	pbin	Word	频次	pbin	Word	频次	pbin
4	不	264	12.651458	慌	10	4.763606	粗	2	3.299876	肿	2	2.903956
5	待(动)	39	7.571003	气	7	4.195242	利害	3	3.069537	壮	2	2.903956
6	不曾	30	5.823849	爱	5	4.181123	小	2	2.319433	盛	2	2.437184
7	莫	29	5.62972	下	5	4.181123	好(形)	6	2.167534	增	2	1.934907
8	无(副)	24	4.659079	添	11	3.119138	好(动)	2	1.891719	听	2	1.633163
9	妙	19	3.688438	交	3	2.952001	重	2	1.698565	哀	1	1.451978
10	比	26	2.726358	瞧	3	2.952001	白	1	1.649938	比	1	1.451978
11	又	20	2.332413	看	4	2.504381	风流	1	1.649938	苍翠	1	1.451978
12	须	12	2.329539	闹	3	2.385123	刚硬	1	1.649938	猖獗	1	1.451978
13	亦	11	2.135411	老	3	2.022158	黄	1	1.649938	翻	1	1.451978
14	欲	11	2.135411	斗	2	1.968001	尖	1	1.649938	固	1	1.451978
15	是	52	1.717947	扶	2	1.968001	俊	1	1.649938	忌	1	1.451978
16	道	15	1.56954	睡	2	1.968001	美貌	1	1.649938	坚	1	1.451978
17	见	11	1.439492	松	2	1.968001	乔	1	1.649938	健强	1	1.451978
18	能	7	1.358898	涨	2	1.968001	轻巧	1	1.649938	骄	1	1.451978
19	拟	7	1.358898	醉	2	1.968001	自在	1	1.649938	骄慢	1	1.451978
20	向	7	1.358898	多	7	1.842296	胜	2	1.617845	竭	1	1.451978
21	压	7	1.358898	重	4	1.837294	浪	1	1.353797	经	1	1.451978
22				痛	3	1.755894	不如	1	1.353797	溺爱	1	1.451978
23				听	3	1.547409	劳	1	1.353797	清	1	1.451978
24				走	2	1.522008	巧	1	1.353797	肆	1	1.451978
25				逞	2	1.522008	疼	1	1.353797	展	1	1.451978
26				吃	2	1.522008	沉	1	1.353797			
27				打	3	1.377625	受用	1	1.353797			
28							湾	1	1.353797			

续表

排序	尤			较			越发			益发		
	Word	频次	pbin	Word	频次	pbin	Word	频次	pbin	Word	频次	pbin
1	为	6	7.733422	近	13	20.699969	心	9	6.183066	胡涂	4	3.3239
2	深	4	4.459752	亲	12	19.680408	笑	4	3.94129	害	2	2.400332
3	甚	4	4.036673	难	5	4.491463	连	5	3.682578	嗥唰	2	2.400332
4	闲	2	3.553841	远	2	3.604452	没	11	3.49515	动	3	2.36239
5	宜	2	3.553841	多	4	3.154859	急	6	3.44802	着	3	2.36239
6	要紧	2	2.785415	低	1	1.802226	恼	5	3.295534	高	2	1.941867
7	如	2	2.397173	丰肥	1	1.802226	出挑	3	2.955967	放	3	1.801407
8	悖	1	1.77692	贱	1	1.802226	欢喜	4	2.509314	弄	3	1.667111
9	便	1	1.77692	面	1	1.802226	慌	7	2.401922	胡	2	1.659389
10	过	1	1.77692	争	1	1.802226	伤	3	2.388978	叫	2	1.659389
11	谨	1	1.77692	装幺	1	1.802226	胆	2	1.970645	心	3	1.351286
12	困顿	1	1.77692	沉	1	1.504634	坚硬	2	1.970645			
13	烈	1	1.77692	可	1	1.504634	老辣	2	1.970645			
14	属	1	1.77692	盛	1	1.331971	齐整	2	1.970645			
15	所	1	1.77692				无礼	2	1.970645			
16	无穷	1	1.77692				把	4	1.841881			
17	细	1	1.77692				大	7	1.592684			
18	异	1	1.77692				喜欢	3	1.550938			
19	易	1	1.77692				精神	2	1.524554			
20	惨	1	1.479535				起	2	1.524554			
21	湾	1	1.479535				打	3	1.381048			
22	恶	1	1.479535									
23	密	1	1.479535									
24	切	1	1.479535									
25	人	1	1.479535									
26	未	1	1.479535									
27	应	1	1.479535									
28	在	1	1.479535									
29	当	1	1.307078									

表 6－16 所列的词语都是经常与某·个程度副词共现，而少与或不与其他程度副词共现的词语，显示了构式对词语选择的特异性特征。与其他表格相比，此表最大的特征就是共现搭配词中没有重复，表现出不同成员的特异性。观察这些特异搭配词，可以区分各个成员的差异。

（一）特异词的数量差异

特异搭配词的数量与构式的使用频率不具有正相关关系，反映的是构式间的差异性，即经常与某一构式搭配，而不经常与其他构式搭配。某一程度副词的特异词越多，说明与之特异共现的词语越多，特异词越少说明与其特异共现的词语越少。近代汉语里"更"类词各个构式的特异搭配词数量差别较大，其中"尤"的特异词最多，说明有 29 个词语经常与"尤"共现，而较少与其他程度副词共现。特异词最少的是"益发"，只有 11 个，说明只有 11 个词语经常与"益发"共现，而较少与其他程度副词共现。其他"更"类词的特异词数量分别是"还₁" 28 个，"越" 27 个，"愈" 25 个，"更"、"越发"各 21 个，"较" 14 个。

（二）特异词的词类差异

"更"类词各个成员的共现特异词的词类差异很大。"更"类词的特异词多以形容词为主，如"尤""较""还₁""越发""益发"等，但"更""越""愈"的特异词比较特殊，以动词或副词为主。下文仅对"更""越""愈"的情况进行说明。

"更"的特异词以动词和副词为主，如动词"无₍动₎""有"分别与"更"共现 147 次、204 次，特异值分别是 28.536859、24.891333，在"更"的所有特异值中排在第一位和第二位。词语"兼""不"分别与"更"共现 67 次、267 次，特异值分别是 13.006596、12.651458，排在第三位和第四位。其他词语，如"待₍动₎""不曾""莫""无₍副₎"也常与"更"搭配，且有较高的特异值。"越"的特异词中比较常见的是动词，如动词"显""想""怒""慌""气"等经常与"越"共现，特异值分别为 15.517521、11.076129、7.898577、4.763606、4.195242，它们是"越"的特异搭配值最高的 5 个词。"愈"的特异词中动词也很常见,这些动词一般具有使用频繁、特异值高的特点。动词"加""觉"是与"愈"搭配次数最多的两个词语,它们的特异值分别排在第一位和第二位。动词"肿""增""听""哀"等也常与"愈"搭配,特异词也都很高。

从表 6 - 16 中可知,虽然"更""越""愈"的特异搭配词中也有一些形容词,但它们的搭配频率一般不高,特异值也较低,兹不一一叙述。

三 对应分析

对应分析是利用二维图的形式直观地将近代汉语"更"类词构式之间的差异呈现出来。将多项特异搭配分析中"更"类词构式的共现词语全部提取出来,共得到有效的共现词语 842 个。为简明起见,下文仅统计使用频率在 10 次(含)以上的词语,共 49 个,以此为基础可进行对应分析。与聚类分析不同的是,对应分析需要分别输入"更"类词构式的频数,具体如表 6 - 17 所示。

表 6 - 17　　　　　　　　近代汉语"更"类词搭配　　　　　　单位:次

排序	共现词	更	较	益发	尤	愈	越	越发	还₁	排序	共现词	更	较	益发	尤	愈	越	越发	还₁
1	不	264	0	20	3	2	10	19	2	26	道	15	0	0	0	0	1	1	0
2	有	204	0	4	4	0	4	5	0	27	近	2	13	0	1	0	0	0	0
3	无(动)	147	0	0	0	0	0	0	0	28	想	1	0	0	0	2	14	0	0
4	加	69	0	0	0	28	0	0	1	29	怕	12	0	0	0	1	2	0	0
5	好(形)	54	0	5	5	1	6	3	6	30	强	4	0	0	1	0	0	0	11
6	是	52	1	6	3	0	6	0	0	31	心	1	0	0	3	3	0	0	0
7	兼	67	0	0	0	0	0	0	0	32	亲	1	12	0	1	1	0	0	0
8	觉	40	0	0	1	14	0	0	0	33	甚	8	1	0	0	0	0	1	1
9	待(动)	39	0	0	0	0	0	0	0	34	哭	5	0	2	2	1	1	3	0

续表

排序	共现词	更	较	益发	尤	愈	越	越发	还1	排序	共现词	更	较	益发	尤	愈	越	越发	还1
10	没	13	0	4	4	0	5	11	0	35	见	11	0	1	1	0	0	0	0
11	添	21	0	0	0	2	11	2	0	36	弄	1	0	3	3	0	3	3	0
12	不曾	30	0	0	0	0	0	0	0	37	气	0	0	1	1	1	7	3	0
13	说	13	0	3	4	1	6	3	0	38	急	2	0	1	0	1	0	6	1
14	比	26	0	1	0	0	0	2	0	39	深	1	1	0	4	4	1	0	1
15	大	6	1	2	1	1	5	7	6	40	为	6	0	0	0	0	0	0	0
16	莫	29	0	0	0	0	0	0	0	41	须	12	0	0	0	0	0	0	0
17	多	11	4	0	1	0	7	2	1	42	胡涂	3	0	0	4	0	0	0	0
18	难	10	5	2	2	0	0	5	2	43	生	6	0	1	1	0	2	1	0
19	慌	1	0	3	3	0	10	7	0	44	胜	9	0	0	0	0	0	0	2
20	无(副)	24	0	0	0	0	0	0	0	45	亦	11	0	0	0	0	0	0	0
21	又	20	0	2	2	0	0	0	0	46	欲	11	0	0	0	0	0	0	0
22	得	14	0	3	0	0	0	0	0	47	把	0	0	2	1	0	3	4	0
23	要	14	0	1	1	0	3	0	0	48	来	5	0	1	0	0	1	2	0
24	妙	19	0	0	0	0	0	0	0	49	怒	0	0	0	0	1	9	0	0
25	显	0	0	0	0	0	17	1	0										

将表 6 - 17 的数据通过 R 语言的 ca 数据包进行可视化处理，近代汉语"更"类词不同成员之间的差异展示如图 6 - 3 所示。

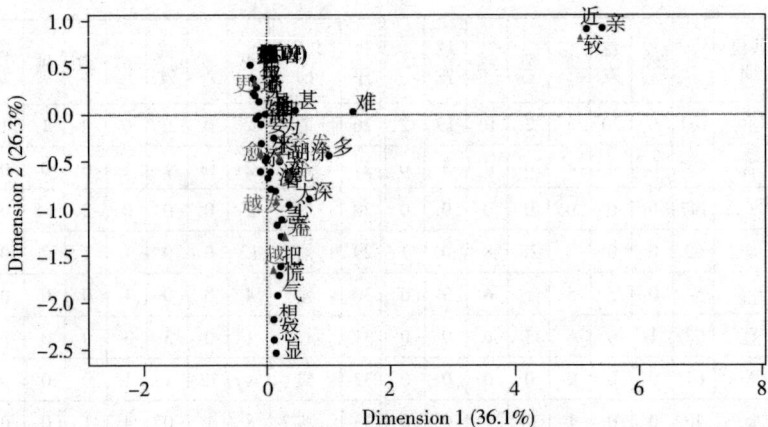

图 6 - 3 近代汉语"更"类词的对应分析

　　图6-3的对应分析呈现为两个主坐标,每个坐标轴对应一个维度,每一个维度都根据其特征值确定。横坐标轴(即维度一)代表了36.1%的总惯量。纵坐标轴(即维度二)代表了26.3%的总惯量。两个维度总和总惯量为62.4%,此数值虽不是高,观察上图也能发现一些问题。

　　从对应分析图来看,"更""益发""还₁""尤""愈""越""越发"聚集在横轴、纵轴周边,而"较"分布较远。在"更"类词的不同成员周围分别聚集了不少词语,并形成比较明确的词云,其中以"更"周围分布的词语最多。从横轴上看,分布在正端的"更"类词较多,有"益发""尤""越发""还₁""越""较"6个,"愈"在轴线上,负端的有"更";从纵轴来看,位于纵轴正端的有"更"和"较",它们与位于负端的"益发""还₁""尤""愈""越""越发"形成对比。从距离来说,无论在横轴或纵轴上,近代汉语"更"类词的8个成员都有距离,表明这些词语在搭配上确实存在着差异。

第七章　汉英程度副词系统的比较

　　英语的历史时期有多种分法，不同分法的起始时间和历史跨度都存在不少分歧。本书采用张勇先（2014：15）的英语史分期，这个分期虽与其他的英语断代分期不完全一致，但也具有一定的代表性。具体是将英语历史划分为四个阶段：449—1066 年为古英语（OE：Old English）、1066—1489 年为中古英语（ME：Middle English）、1489—1801 年为早期现代英语（EME：Early Modern English）和 1801 年至今为现代英语（ME：Modern English）。① 早期现代英语（EME）的时间跨度

---

① 参见张勇先《英语发展史》，外语教学与研究出版社 2014 年版，第 15 页。此外，李赋宁将英语史分为五个阶段：古英语，中古英语，早期现代英语，17、18 世纪英语，19 和 20 世纪英语（《英语史》，商务印书馆 1991 年版）。

Toyota 将英语的历史分为三个时期，700—1100 年为古英语，1100—1500 年为中古英语（1100—1350 年为中古英语早期，1350—1500 年为中古英语晚期），1500 年至今为现代英语（1500—1700 年为现代英语早期，1700 年至今为现代英语晚期）（Toyota, J., *Diachronic Change in the English Passive*, Palagrave Macmillian, 2008, p. 5.）

Graddol 将英语分为七个阶段：英语史前历史（Pre-English period，450 年之前）、早期古英语（Early Old English，约 450 年至约 850 年）、晚期古英语（Late Old English，约 850 年至 1100 年）、中世纪英语（Middle English，约 1100 年至 1450 年）、早期现代英语（Early Modern English，约 1450 年至 1750 年）、现代英语（Modern English，约 1750 年至 1950 年）、晚期现代英语（Late Modern English，约 1950 年至今）（参见 The Future of English，British Council，1997）。

Traugott E. C. 和 Dasher R. B.（2004）将汉语分为 PAC（Pre-Archaic Chinese 1400 BC—1100 BC）、EAC（Early Archaic Chinese 1100 BC—500 BC）、LAC（Late Archaic Chinese 500 BC—200 BC）、EMC（Early Middle Chinese 200 BC—600 AC）、LMC（Late Middle Chinese 600—1250）、EM（Early Mandarin 1250—1800）、MdMand（Modern Mandarin 1800—present）七个阶段；将（转下页）

虽然只有 200 余年，远不及近代汉语的时间悠久。但从语言的分期角度来看，早期现代英语却是与汉语的近代时期相对应的历史阶段，它们都是语言从古代向现代转变的关键时期。因此，本章将对早期现代英语与近代汉语的程度副词（强化词）进行比较考察，以期发现二者的异同。

我们的具体做法是：利用英国兰卡斯特大学（Lancaster University）的 CQPweb 语料库平台，检索现有的标记语料库 Early English Books On-line（V3）（早期现代英语，EEBO），[①] 调查早期现代英语程度副词的历史面貌和使用情况。EEBO 项目发起于 1998 年，是由密歇根大学、牛津大学和 ProQuest Information and Learning 公司合作开发并推出的在线全文数据库。EEBO 收录了从 1473 年到 1700 年间出版的早期英语文献，是迄今为止最完整、最准确的全文数据库。此外，EEBO 还收录了 1700—1749 年间的部分英语资料。该语料库进行了词类标注（Part-of-Speech，使用的是 C6 tagset 标准），意义标注（Semantic tag，使用的是 USAS tagset 标准），并可提供在线查询。目前该项目尚未全部完成，EE-BO 数据库已收录了约 101220 种出版物，计划全部完成时收录 135000 种著作，包括超过 2250 万页纸的信息，共 44422 个文本（Total number of corpus texts），4713326 词型（Word types），1202214511 词（Total words），包括许多著名作家的著作，另有不少珍贵的早期英语资料。该语料库所收语料的时间跨度与早期现代英语大体一致。因此，下文将以 EEBO 作为早期现代英语的语言资料，以此来考察早期现代英语程度副

（接上页）英语分为 OE（Old English 450—1150）、EOE（Early Old English 450—800）、LOE（Late Old English 1000—1150）、ME（Middle English 1150—1500）、EME（Early Middle English 1150—1300）、LME（Late Middle English 1370—1500）、EmdE（Early Modern English 1500—1770）、ME（Modern English 1770—1970）、PDE（Present Day English 1970 to present）九个阶段。其中，汉语的早期官话阶段（Early Mandarin 1250—1800）与英语的早期现代英语阶段（Early Modern English 1500—1770）基本对应。因此，我们的研究是将近代汉语与早期现代英语作为对应的历史阶段进行对比，应该基本合理。

① 注册并登录进入 https：//cqpweb. lancs. ac. uk/网址，就可以使用 Early English Books On-line（V3）了，具体网址是 https：//cqpweb. lancs. ac. uk/eebov3/。

词的历史使用情况，并从对比的角度考察汉语、英语程度副词的概貌特征及主要成员的使用情况。

第一节 发展不够均衡的词汇系统

一 早期现代英语

早期现代英语程度副词（Degree Words）数量较多，[①] 它们在使用频率上存在明显的差异。调查 EEBO，共得到使用程度副词 123 个，它们共使用 4799081 次，[②] 每百万词的归一化频率是 3991.87。程度副词的具体使用情况如下。

so（2245461）、very（960505）、as（874792）、too（380496）、about（76956）、rather（75921）、far（61517）、quite（44947）、under（26898）、that（25463）、this（17569）、circa（11038）、pretty（10294）、dead（9244）、over（3934）、stark（3662）、quasi（2330）、mighty（2256）、damned（2134）、below（1086）、bleeding（672）、too-too（182）、ruddy（128）、raving（107）、jolly（87）、damn（58）、real（57）、esp（50）、deadly（50）、blooming（37）、around（18）、when-as（11）、what-so（8）、beastly（6）、precious（6）、how-so（5）、awful（5）、so-so（5）、werry（4）、to-too（4）、we-as（3）、circum-circa（3）、all-too（2）、much-rather（2）、where-so（2）、grace-so（2）、such-as（2）、who-so（2）、you-so（2）、as-to（2）、believe-too（2）、be-so（2）、in-as（2）、

---

① EEBO 语料库的标注使用 degree words 而不是 intensifiers，因此这里称之为程度副词，而不使用英语学界常用的强化词这个术语。

② EEBO 语料库中标注的一些程度副词，如 c 等不能被认为是程度副词，因此下文没有将它们统计在内。此外，语料库中的部分程度副词有不同的形式，如 mighty 和 migh-ty，damned 和 dam-Ned，ruddy 和 rud-dy，very 和 ve-ry 等。本书将它们看作一个程度副词，并使用一个较为常见的形式来统计。

so-so-so（2）、while-as（2）、sopping（2）、en-so（1）、christian-so（1）、eauen-so（1）、had-so（1）、sealed-too（1）、shut-too（1）、ther-too（1）、wheare-as（1）、am-an-as（1）、a-pretty（1）、case-so（1）、cease-as（1）、cleaving-quite（1）、even-so（1）、foro-too（1）、god-so（1）、go-too（1）、humilitie-so（1）、in-so（1）、knight-that（1）、neuer-so（1）、on-so（1）、Otoo-too（1）、out-c（1）、prim-as（1）、signet-as（1）、surmise-quite（1）、things-so（1）、veni-that（1）、vve-so（1）、were-so（1）、worth-as（1）、writing-so（1）、and-so（1）、been-so（1）、difficulties-so（1）、dyˊd-as（1）、ˊem-so（1）、friends-so（1）、from-below（1）、half-so（1）、has-so（1）、is-so（1）、looses-so（1）、love-so（1）、never-so（1）、None-so（1）、no-so（1）、not-so（1）、plea-as（1）、prodigiously-erastio-arminio-socinopontificio-politique（1）、quite-out（1）、re-c（1）、self-so（1）、spoken-too（1）、successeful-as（1）、such-so（1）、think-so（1）、think-that（1）、this-so（1）、ˊtis-too（1）、too-by（1）、too-many-of（1）、too-to（1）、too-under（1）、was-quite（1）、went-too（1）。

　　观察上述所列的各个程度副词，可以发现在早期现代英语中程度副词内部成员是极不均衡的，具体特征如下。

（一）使用频率的不均衡

　　部分成员使用非常频繁，如 so、very、as、too、about、rather、far、quite、under、that、this、circa 和 pretty 等 13 个词，这些词的使用频率均超过 10000 次，是此期程度副词的最主要成员。使用频率在 1000 次以上 10000 次以下的程度副词有 dead、over、stark、quasi、mighty、damned 和 below 等 7 个词，这些词的使用较多，是此期程度副词的重要组成部分。使用频率在 100 次以上 1000 次以下的程度副词有 bleeding、too-too、ruddy 和 raving 等 4 个词。使用频率在 10 次以上 100 次以下的程度副词有 jolly、damn、real、esp、deadly、blooming、around 和 when-as 等 8 个词。其他程度副词的使用都在 10 次以下，出现频率很低，不少词语仅使用一两次而已。使用频率的差异表明在早期现代英语中，程度副词不同成员之间的使用情况极不平衡。

（二）强势词和弱势词的不均衡

语言中表示程度高的词（强势词 amplifiers）要多于表示程度低的词（弱化词 downtoners），正如 Mustanoja（1960：316）所指出的"强势词远远多于弱势词"。早期现代英语程度副词的使用也是这样。强势词不仅数量多，而且使用更为频繁，而弱化词的数量较少，且在使用上远不及强化词频繁。EEBO 语料库中弱势词较少，比较常用的成员仅有 under、about、rather、pretty 和 quasi 等 5 个，这 5 个词语虽然也有不少的用例，但与使用频率最高的强势词 so，very，as，too 等相比，它们的差距却非常明显。

（三）文献分布的不均衡

使用情况的不平衡还表现在程度副词分布的差异性上。如表 7 - 1 所示，不同的程度副词在文献分布上存在极为显著的差异。一般而言，使用频率越高的程度副词在 EEBO 中的分布往往就越广泛。如 so 是 EEBO 中使用频率最高的程度副词，共 2245461 例，在语料库的 36819 种文献中使用，其分布的范围远超其他程度副词。也就是说，EEBO 语料库所有的 44222 种文献中，83.26% 的文献使用了程度副词 so；之后依次是 very、as、too、rather、far 和 about，它们在 EEBO 中的使用量少于 so，但它们的分布范围都很广泛，分别见于 29676、32371、24667、14628、12307 和 11337 种文献中。再之后是 quite、under、that、this、dead、pretty、over、stark、circa、mighty、damned、quasi、bleeding、ruddy、too-too 和 raving 等词，它们在 EEBO 中的使用也比较多，分别在 9814、8860、9645、7775、4461、3611、2016、1870、1799、1440、1328、949、394、99、96 和 88 种文献中使用。这些词的分布范围虽不及上述文献，但也都分布比较广泛。

不过，也有一些例外。也就是说，部分词语的使用量很多，但其分布范围却不及一些使用量比它低的词语。如 circa（11038）使用很多，但只有 1799 种文献使用。又如 about（76956 次）的使用量比 far（61517 次）多，但其分布范围（11337 种）却不及 far（12307 种）广泛。又如 pretty（10294 次）的使用量比 dead（9244 次）多，但其分布范围（3611 种）也比不上 dead（4461 种）广泛。再如 damned（2134 次）的使用量比不上 quasi（2330 次），但其分布的文献数量（1328 种）却比 quasi（949 种）更多。

表 7 – 1　　　　　EEBO 主要程度副词在文献中的分布

	程度副词	文本数量（种）
1	so	36819
2	very	29676
3	as	32371
4	too	24667
5	rather	14628
6	far	12307
7	about	11337
8	quite	9814
9	under	8860
10	that	9645
11	this	7775
12	dead	4461
13	pretty	3611
14	over	2016
15	stark	1870
16	circa	1799
17	mighty	1440
18	damned	1328
19	quasi	949
20	bleeding	394
21	ruddy	99
22	too-too	96
23	raving	88

二 近代汉语

近代汉语时期程度副词共 83 个，使用 9170 次，每百万词的归一化频率是 2865.63，比 EEBO 要低很多，说明近代汉语程度副词的总体使用频率明显不及早期现代英语频繁。为了方便与早期现代英语进行比较，现将近代汉语程度副词的使用情况罗列如下。

更（2028）、甚（1201）、最（737）、极（704）、太（439）、越（330）、越发（329）、好不（272）、很（246）、这样（230）、这般（210）、益发（200）、这等（200）、忒（195）、颇₁（180）、恁（176）、至（160）、这么（147）、愈（112）、还₁（71）、好生（86）、过（83）、多（73）、恁地（60）、尤（59）、怪（51）、较（50）、偌（47）、绝（40）、恁般（37）、何等（35）、极其（33）、煞（33）、益（28）、那样（21）、许（20）、那等（19）、那般（19）、还₂（16）、能（16）、那么（15）、酷（14）、顶（8）、如此（8）、那（8）、弥（7）、尤其（7）、何其（7）、好（7）、极甚（6）、这们（6）、怎么（6）、雅（6）、恁么（6）、特（5）、恁样（5）、可笑（5）、大晒（5）、更自（4）、甚实（4）、不妨（4）、这等样（3）、丕（3）、忒煞（2）、愈发（2）、此等（2）、至当（1）、最较（1）、忒恁（1）、已（1）、更尔（1）、这么样（1）、怎的（1）、一何（1）、勿量（1）、实（1）、深当（1）、如是（1）、那们（1）、苦（1）、底似（1）、何为（1）、惑（1）。

近代汉语程度副词与英语的使用情况类似，内部成员之间也存在着明显的不均衡现象。具体特征如下。

（一）使用频率的不均衡

"更"是此期使用最为频繁的程度副词，共 2028 次，远高于其他成员。"甚"的使用频率仅次于"更"，共 1201 次。之后依次是"最""极""太""越""越发""好不""很""这样""这般""益发""这等""忒""颇₁""恁""至""这么""愈"。该 17 词使用较为频繁，它们的使用频率在 1000 次以下 100 次以上。使用频率在 100 次以下 10 次以上的成员有 23 个，它们是"还₁""好生""过""多""恁地""尤""怪""较""偌""绝""恁般""何等""极其""煞""益""那样""许""那等""那般""还₂""能""那么""酷"。其余成员的使用相对较少，频率在 10 次以下，还有部分程度副词在语料库中仅出现 1 次。

（二）下属类别的不均衡

近代汉语程度副词的下属类别的使用存在着明显的差异。近代时期程度副词的使用是以"最"类、"太"类、"甚"类和"更"类程度副词为主。其中，"最"类程度副词有 9 个，总共使用 1690 次。"太"类程度副词有 6 个，共使用 721 次。"甚"类程度副词有 53 个，共使用 3509 次。"更"类程度副词有 13 个，共使用 3229 次。"略"类程度副词很罕见，只有"略""还₂" 2 词，使用 21 次。由此可见，近代汉语里"略"级的程度副词的使用明显不足，与其他类别的程度副词相比，有着显著的差距。其实，这种情况与早期英语程度副词的使用情况颇为相似。即早期现代英语程度副词的使用是以强势词为主，近代汉语时期程度副词主要是"高量级"的成员，如"最"类、"太"类、"甚"类和"更"类。"低量级"的成员，如"略"类程度副词在近代汉语时期使用很少，英语的弱势词的使用也是这样。实际上，若扩大调查范围，可以发现在整个汉语发展历史进程中，不仅近代汉语是这样，在上古汉语和中古汉语时期，程度副词的使用也是以"高量级"的成员为主，"低量级"程度副词使用一直很少。这也印证了 Mustanoja（1960：316）"强势词远远多于弱势词"的观点，不仅适用于英语，在汉语中也是这样。

从使用频率来看，"更"（2028）、"甚"（1201）和"最"（737），位列近代汉语程度副词使用频率的前 3 位，而它们又分别是"更"类词、"甚"类词和"最"类词 3 个类别中使用频率最高的成员。据此，可以发现在近代汉语中，程度副词的下属类别在使用上具有各自的分工，它们各司其职，各自具有自身特定的表达功能。

（三）文献分布的不均衡

近代汉语程度副词在文献的分布上极不平衡。一般来说，程度副词的使用频率越高，那么它们往往分布越广泛，使用频率较低的词语则分布范围较狭小。根据表 7 - 2 可知，"更""甚""最""极"等是近代时期使用最多的 4 个词，相应的，它们的分布范围也都比较广泛。如"更"使用量最多，其分布的文献种类也最多，在近代时期的 15 种文献中被使用。"甚"分布于 14 种文献，"最"分布于 15 种文献，"极"分布于 13 种文献。

当然也有少数例外，如"越发"（329 例）的使用较"好不"（272例）常见，但分布文献只有 6 种，但"好不"却在 13 种文献中使用。再如"很"共 246 例，但仅用于《元刊杂剧三十种》《歧路灯》《红楼梦》3 种文献之中。"这么"虽有 147 个用例，但仅见于《红楼梦》1种文献之中。"愈"共使用 112 例，却见于《永乐大典戏文三种》《新刊大宋宣和遗事》《五代史平话》《平妖传》《金瓶梅词话》《水浒传》《西游记》《歧路灯》《红楼梦》9 种文献之中。

表 7 - 2　　　　　近代汉语主要程度副词在文献中的分布

程度副词	使用频率（例）	文本数量（种）
更	2028	15
甚	1201	14
最	737	15
极	704	13
太	439	13
越	330	12
越发	329	6
好不	272	13
很	246	3
这样	230	7

程度副词	使用频率（例）	文本数量（种）
这般	210	12
益发	200	8
这等	200	7
忒	195	11
颇₁	180	12
恁	176	8
至	160	12
这么	147	1
愈	112	9

第二节　具有历史层次性的词汇系统

一　早期现代英语

若将早期现代英语作为一个封闭的系统来看，它是一个具有明显历史层次的词汇系统。与古英语、中古英语和现代英语一样，早期现代英语作为英语发展历史进程中的一个阶段，其程度副词既有从古英语、中古英语继承而来的成员，也有在此期新兴的词语，具有明显的历史层次性。目前，英语程度副词的断代研究（特别是早期现代英语的研究）资料并不太多。管见所及，以 Ito 和 Tagliamonte（2003）、Mustanoja（1960）和 Peters（1994）等学者的研究较为详尽且颇具参考价值。

Ito 和 Tagliamonte（2003：260）以图示形式展示了 12 世纪以来英语程度副词的更替情况和使用特征，具体见图 7 - 1。

Ito 和 Tagliamonte 认为，12 世纪以来主要的英语程度副词有 swipe、well、full、right、very 和 really 等 6 个，它们的使用在历史时期各不相同，且存在着明显的历史替换关系。Mustanoja（1960：316 - 330）对常见的英语程度副词进行了介绍，并对它们在历史发展过程中的情况进行了说明。

Old English	Middle English		Early Modern English			Modern English	
12th c. 13th c.	14th c.	15th c.	16th c.	17th c.	18th c.	19th c.	20th c.

```
Swipe: ——————▶
              well: ——————————▶
full: 2nd to swipe  1250 ——————————▶
                          right: ——————▶
                               very: ——————————————————▶
                                        really: ——————————————▶
```

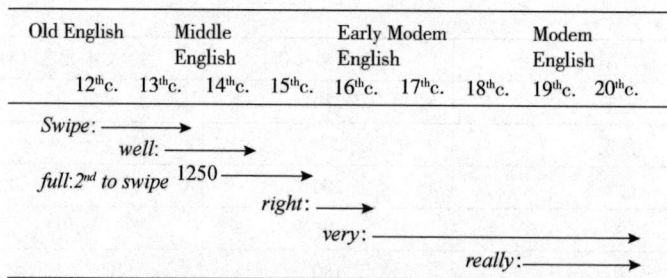

图 7 - 1 英语强化词历时发展

Peters（1994）结合 Oxford English Dictionary（OED）的调查，利用写于 1424—1739 年的书信材料，考察了早期现代英语时期（Early Modern English）的程度副词（degree adverbs），认为程度副词在 1590 年至 1610 年发展迅速。

结合以上学者的研究，并结合 OED 的考察，下文以使用频繁（频率大于 100）的成员为例，讨论早期现代英语（EEBO）中程度副词的层次性问题。

第一，英语程度副词的历史演变从古英语时代就已经开始，不少古英语、中古使用的程度副词在早期现代英语中已不再使用，如 swipe、well、right、great 和 all 等。这些程度副词，它们或在古英语时期出现，或在中古英语时期出现，到了早期现代英语时期，在 EEBO 之中已无踪迹，说明它们基本上已不再使用。

第二，部分程度副词在古英语或中古英语时期新兴，在早期现代英语时期发展壮大，如 so、as、too 和 stark 等。

根据 OED 和 stoffel（1901）等可知，so 在早期英语中有不同的形式，如 swa 等。so 表示程度在古英语中已见，较早用例见于 888 年，K. Ælfred Boeth. v. §3 Ne Æelyfe ic no þæt hit Æeweorþan meahte swa endebyrdlice（见 OED）。stoffel（1901：72）认为，从英语语言的最早时期，so 就有表程度的用法（has expressed from the earliest period of the English language down to our time）。Mustanoja（1960：324）认为，表达程度用法的 so 可以追溯到古英语时期，中古英语时期这种用法的 so 可以与形容词、副词和动词连用。经过古英语和中古英语阶段的积累，so 在早期近代英语时期使用极为频繁，在 36819 种文本中使用，共使用 2245461 次，是 EEBO 语料库中使用最多的程度副词，其使用量远远超过其他的成员。so 的搭配词非常丰富，如 much、great、long、many、sore、far、well、high、hard、hardy、fair、strong、fast、noble、little、good 等词常与之搭配。

　　Stoffel（1901：107）认为，as 最初是作为 so 的增强形式，逐渐用来表达等同功能，表达程度的用法越来越多地使用 so。Bolinger（1972：26）指出，as 常用于肯定句之中，而 so 常用否定句之中。Mustanoja（1960：317）认为，also（als，as）来自古英语的 eall swa，中古时期常用来表达增强功能。OED 认为，as 表程度在上古英语时期已有用例，中古英语时期以后使用更多，如：a 1000 Ælfric Hom. in Thorpe Anal. 61 Seo beorhtnys is ealswá eald swá tþt fýr. c 1175 Lamb. Hom. 157 Alse raee se he walde. 1205 Lay. 9968 Al swa longe swa te woreld stondee. ① 1532 Dice Play（1850）13 Not always as well so I would wish. 早期现代英语中 as 也很常见，在 EEBO 的 32371 文本中使用，共使用 874792 次，使用频率仅次于 so 和 very。程度副词 as 可以与不同的词语搭配，比较常见的搭配词有 much，many，well，good，oft，great，often，fast，big，also，little，far，touching，white，hot，thick，hard，truly，near，high 等。

　　根据 OED 可知，too 在早期英语中有不同的形式，如 1 tó，2 – 7 to，（3 tu，6 toe），6 – too。too 表程度较早见于中古英语时期，此后渐多，如：1340 Ayenb. 95 The wel greate loue and to moche charite of god te uader. 1697 tr. C'tess D'Aunoy's Trav.（1706）79 He…had not lost nothing of whatever made me heretofore fancy him too Lovely. Too 在早期现代英语的

---

　　① OED 中的引例中 "a" 表示早于［a（as a 1850）ante，"before"，"not later than"］，"c" 表示大约［c（as c 1700），circa，"about"］。

24667 种文献中使用，频率较多，共 380496 次。Too 的搭配词也很多，常见的搭配词如 much、late、long、too、great、wit、far、little、weak、many、soon、high、hard、tedious、hasty、heavy、short、hot、bold、strong 等。

Mustanoja（1960：324）认为，程度副词 stark 在中古时期仅与 dead，blind 组合，早期现代英语中使用较多，且搭配词语也丰富了起来。EEBO 中的 1870 种文献发现了 stark 的用例，共使用 3662 次，而且搭配词也比中古时期更加丰富。除可与 dead（647 次）、blind（513 次）搭配外，stark 还可与其他很多词语搭配，如 naked（1052 次）、mad（694 次）二词常与 stark 搭配，且搭配次数高于 dead、blind。此外，stark 还可与很多词搭配，如 drunk（55 次）、false（43 次）、deaf（17 次）、lame（13 次）、wild（16 次）、staring（8 次）、dumb（12 次）、rotten（9 次）、drunken（4 次）、frantic（3 次）等。

第三，此期兴起并发展壮大的成员，如 very 和 quite 等。

Biber 等（1999：565－567）和 Ito 和 Tagliamonte（2003：266）认为，直到 20 世纪 70 年代，very 一直是当代英语中最典型的强化词。因此，very 基本上可以说是早期现代英语时期兴起并迅速发展的程度副词，该词在 EEBO 中的 29676 种文献中使用，共计 960505 次，使用频率仅次于 so。very 的搭配词很多，不少词常与之搭配，如 well、good、much、great、few、small、same、little、hard、fair、many、necessary、profitable、true、sore、dangerous、glad、strong、seldom、near、strange、high 等。

stöffel（1901：38）认为，甚至在莎士比亚的作品中，绝大多数的 quite 表达品质的完整性或绝对性，或者品质达到最高程度时，可用 quite 来表达。Stöffel（1901：42）指出，对于 quite 而言，一直到 18 世纪早期，它专门用作词语的修饰语，虽然从那时起它开始用作句子的修饰语。Mustanoja（1960：323）认为，quite（"完全"义）从 14 世纪发现被用作程度词，quitely 偶尔用作此意义的程度副词，且仅见于中古英语。根据 OED 可知，quite 早期有不同的形式，如 4－6 quit、quyte、5

Sc. quhyt、5 – 6quyt、6quyght、6 – 7quight、4 – quite。用作程度副词在中古时期已见，如 c 1330 R. Brunne Chron.（1810）45 Lyndessie he destroied quite alle bidene. c 1375 Sc. Leg. Saints iv.（James）288 In te entent Tat tai suld have bene quyt schent. 我们认为 quite 用作程度副词至迟在早期现代英语时期已经出现，如 EEBO 中 quite 已很常见，在 9814 种文本中使用，共计 44947 次。quite 的搭配词很多，常见的搭配词有 contrary、different、away、lost、opposite、extinct、extinguished、tired、destroyed、naked、differing、void、ruined、destitute、exhausted、round、forsaken、cold、spoiled、decayed、banished、vanished、empty、broken 等。

第四，部分程度副词在古英语或中古英语时期出现和使用，一直沿用至早期现代英语时期，却不见于 EEBO，如 full 和 fele 等。

Mustanoja（1960：319）指出，作为"完全、全部、很"义的 full（fully）在古英语时期就已很常见，仅次于 swite。swite 在 1250 年之后日渐衰落，full 逐渐成为通行的强化词，可用于形容词和动词之前。在 14 世纪的后半叶，还可用于比较级之前。15 世纪以后，full 受到了 right 的竞争，16 世纪后半期之后 very 的使用比 full 更为常见，但 full 在 16 世纪仍很常见，如莎士比亚的作品中 full 就有大量的用例，但到了 17 世纪之后 full 就被认为是一个古语词（archaism）了。fully 在古英语时期就已经作为修饰动词性的强化词在使用，修饰形容词的 fully 在中古英语时期出现。不过，调查发现，虽然 EEBO 中收录了很多写作于 15 和 16 世纪的英语文本，却没有发现 full 的用例。

Mustanoja（1960：319）认为，fele 在中古英语晚期用作增强功能的程度副词，它虽不常见，但一直沿用至 16 世纪末，但 EEBO 中却没有其用例。

二　近代汉语

语料库调查显示，汉语的程度副词数量众多、更替频繁，具有明显的历史层次性。近代汉语中使用的程度副词有的是在上古、中古汉语时期就已经开始使用，延用到近代汉语时期，还有一些词语是近代时期才出现。

第一，沿用继承而来的程度副词。

对比不同时期程度副词的使用情况发现，近代汉语里沿用而来的"最"类词有"最""极""至""绝""极其"5个；沿用而来的"太"类词有"太""过""已"3个；沿用而来的"更"类词有"更""愈""尤""益""弥"5个；沿用而来的"甚"类词有"何其""颇₁""如此""如是""甚""特""一何"7个。

沿用而来的程度副词可以分为两类：一类是上古时期已经出现，一直沿用至近代汉语的词语。这类词的使用时间很长，它们中的大多数是在上古时期已经出现，且在中古时期仍被频繁使用，如"最""极""至""太""过""更""愈""尤""益""弥""甚"等；另一类是较早见于中古汉语，并沿用至近代时期的词语。这类词在近代时期有不同的表现，有些成员仍有较高的使用频率，如"颇₁"，还有更多的词使用不多，分布范围有限，如"何其""如此""如是""甚""特""一何"等。

第二，近代汉语新兴的程度副词。

近代时期新兴的程度副词很多。此期新兴的"最"类词有"顶""极甚""至当""最较"4个；"太"类词有"忒""忒煞""忒恁"3个；"更"类词有"越""越发""较""益发""尤其""更自""愈发""更尔"8个；"甚"类词有"好不""很（哏、狠）""这样""这般""这等""恁""这么""好生""多""恁地（恁底、恁的）""怪""恁般""偌（若子、惹、惹子、睹）""何等""煞（嗻）""那样""许""那等""那般""能""那么""酷""那""这们""怎么""雅""怎么""恁样""可笑""好""大晒""甚实""不妨（不方）""这等样""丕""这么样""怎的""勿量""实""深当""那们""苦""底似""何为""惑"45 个;"略"类词有"略""还₂"2 个。

第三节　不断发展变化的词汇系统

一　早期现代英语

正如 Bolinger（1972：18）所指出的那样，"由于强化词的本质是易变的，因此它们提供了一副其他地方无法看到的剧烈创新和竞争的场景。它们是说话者表达强调的主要手段，而这些表达强调的手段很快都会变得陈旧，需要被替代"。（［They］afford a picture of fevered invention and competition it would be hard to come by elsewhere，for in their nature they are unsettled. They are the chief means of emphasis for speakers for whom all means of emphasis quickly become stale and need to be replaced. ）

汉语和英语的程度副词（强化词）均发展迅速，在整个语言历史进程中程度副词一直不断地变化。词语的发展变化可以从不同的角度进行考察，如可以从历史的角度考察程度副词各个类别的历史演化，也可以从断代的角度考察程度副词系统的历史变化，还可以从历史的角度考察程度副词主要成员的历史变化等。鉴于前文（第五章及本章）已对汉语程度副词各个类别的历史面貌进行了考察，下文将对英语和汉语程度副词主要成员在早期现代英语和近代汉语时期的历史发展变化情况进行考察。这样做的原因主要有两个方面：一方面是因为这些成员是程度副词的最主要成员，能够反映程度副词使用的主流特征，因此具有一定的代表性；另一方面是因为基于断代层面的历史语言事实的考察虽有其可操作性和合理性，但各个时期的语言内部的诸多差异和发展变化会被这种研究"掩盖"。

早期现代英语时期英语程度副词数量众多，语料库中显示此期程度副词有 130 余个。下文以 50 年为一个时间跨度，将早期现代英语（1473—1700 年）分成 5 个时间段：1450—1499 年、1500—1549 年、1550—1599 年、1600—1649 年和 1650—1699 年。由于 EEBO 中亦收录了部分 1700—1749 年的文献，表 7 - 3 亦将其计入，与上述的 5 个时间段并列。在各个阶段中，程度副词的成员不同，它们的使用频率也存在明显的差异。

观察表 7 - 3 可见，英语程度副词内部成员之间在使用频率上差别巨大（详见本章的第一节部分）。此外，程度副词在不同的历史阶段也存在明显的发展变化。下文主要是从程度副词的主要成员的历时变化及不同成员的对比情况两个方面进行讨论。

so 是 EEBO 中使用最多的程度副词，共使用 2245461 次，而且 so 在早期现代英语的 6 个时间段里都是使用最频繁的程度词，其频率远高于其他的程度词。虽然如此，so 的使用也存在很明显的变化。统计显示，so 在 EEBO 中所占的比例随时代的变化而发生变化，即时代越早 so 所占的比例越高，时代越晚 so 所占的比例越低。如在 1450—1499 年间，so 共使用 13950 次，占此期程度副词总数的 70.7%。之后 so 的比重逐渐下降，如 so 在 1500—1549 年间使用 47987 例，占程度副词总数的 59.41%，在 1550—1599 年间使用 287647 例，占程度副词总数的 52.48%，在 1600—1649 年间使用 601904 例，占程度副词总数的 42.52%，在 1650—1699 年间使用 1257546 例，占程度副词总数的 46.73%，在 1700—1749 年间使用 36427 例，占程度副词总数的 43.75%。

与 so 的情况不同，very 在 EEBO 中的使用越来越频繁，所占的比重越来越高。在 1450—1499 年的时间段内，very 并不多，只有 396 例，仅占程度副词总量的 2.01%。此期 very 的使用量远远少于 so（13950 例）和 as（4122 例），甚至少于 that（425 例）。此后 very 的使用量逐渐增加，所占比重也不断提高，逐渐超越 as 和 that，成为仅次于 so 的程度副词。如在 1500—1549 年间共使用 11436 例，使用量不及 so 和 as，所占比重为 14.16%。在 1550—1599 年间共使用 103778 例，其总量超过了 as，成为

表 7 - 3　　早期现代英语程度副词的使用情况

单位：例，%

	历史时期	1450—1499 年		1500—1549 年		1550—1599 年		1600—1649 年		1650—1699 年		1700—1749 年	
		数量	百分比	数量	百分比	数量	百分比	数量	百分比	数量	百分比	数量	百分比
1	so	13950	70.70	47987	59.41	287647	52.48	601904	42.52	1257546	46.73	36427	43.75
2	very	396	2.01	11436	14.16	103778	18.94	266533	18.83	557812	20.73	20550	24.68
3	as	4122	20.89	16283	20.16	86653	15.81	290173	20.50	463817	17.24	13744	16.51
4	too	32	0.16	546	0.68	33250	6.07	128374	9.07	211663	7.87	6631	7.96
5	about	84	0.43	338	0.42	5881	1.07	13363	0.94	55399	2.06	1891	2.27
6	rather	113	0.57	1311	1.62	10367	1.89	30364	2.15	32973	1.23	793	0.95
7	far	5	0.03	291	0.36	5464	1.00	25514	1.80	29524	1.10	719	0.86
8	quite	7	0.04	65	0.08	2281	0.42	21099	1.49	20627	0.77	868	1.04
9	under	120	0.61	399	0.49	3232	0.59	8362	0.59	14411	0.54	374	0.45
10	that	425	2.15	751	0.93	3258	0.59	9392	0.66	11370	0.42	267	0.32
11	this	138	0.70	661	0.82	2241	0.41	6158	0.44	8133	0.30	238	0.29
12	pretty	0	0	17	0.02	307	0.06	1775	0.13	7823	0.29	372	0.45
13	dead	2	0.01	112	0.14	963	0.18	3532	0.25	4537	0.17	98	0.12
14	over	13	0.07	214	0.26	672	0.12	1151	0.08	1841	0.07	43	0.05
15	stark	3	0.02	35	0.04	572	0.10	1552	0.11	1456	0.05	44	0.05
16	quasi	33	0.17	27	0.03	216	0.04	854	0.06	1184	0.04	16	0.02
17	mighty	19	0.10	92	0.11	338	0.06	536	0.04	1212	0.05	59	0.07
18	damned	0	0	25	0.03	137	0.02	769	0.05	1175	0.04	28	0.03

续表

历史时期		1450—1499年		1500—1549年		1550—1599年		1600—1649年		1650—1699年		1700—1749年	
		数量	百分比	数量	百分比	数量	百分比	数量	百分比	数量	百分比	数量	百分比
19	below	0	0	2	0	32	0.01	251	0.02	774	0.03	27	0.03
20	bleeding	0	0	0	0	116	0.02	224	0.02	328	0.01	4	0
21	too-too	0	0	0	0	8	0	145	0.01	29	0	0	0
22	ruddy	0	0	4	0	29	0.01	29	0	63	0	3	0
23	raving	0	0	0	0	2	0	34	0	67	0	4	0
24	Jolly	1	0.01	1	0	19	0	30	0	35	0	1	0
25	damn	0	0	0	0	7	0	6	0	43	0	2	0
26	real	0	0	1	0	1	0	19	0	36	0	0	0
27	esp	3	0.02	5	0.01	5	0	18	0	19	0	0	0
28	deadly	0	0	0	0	11	0	20	0	19	0	0	0
29	blooming	0	0	0	0	3	0	5	0	26	0	3	0
30	around	0	0	0	0	1	0	1	0	15	0	1	0
31	when-as	0	0	0	0	2	0	1	0	8	0	0	0
32	what-so	0	0	0	0	0	0	7	0	1	0	0	0
33	beastly	0	0	1	0	1	0	2	0	2	0	0	0
34	precious	0	0	0	0	0	0	1	0	5	0	0	0
35	how-so	0	0	0	0	0	0	5	0	0	0	0	0
36	awful	0	0	0	0	0	0	2	0	3	0	0	0

续表

历史时期	1450—1499年 数量	百分比	1500—1549年 数量	百分比	1550—1599年 数量	百分比	1600—1649年 数量	百分比	1650—1699年 数量	百分比	1700—1749年 数量	百分比
37 so-so	0	0	0	0	0	0	2	0	3	0	0	0
38 werry	1	0.01	0	0	0	0	2	0	1	0	0	0
39 to-too	0	0	0	0	2	0	2	0	0	0	0	0
40 we-as	0	0	0	0	0	0	3	0	0	0	0	0
41 circum-circa	0	0	0	0	0	0	2	0	1	0	0	0
42 circa	263	1.33	171	0.21	563	0.10	3176	0.22	6814	0.25	51	0.06
43 all-too	0	0	0	0	2	0	0	0	0	0	0	0
44 much-rather	0	0	0	0	2	0	0	0	0	0	0	0
45 where-so	0	0	0	0	1	0	1	0	0	0	0	0
46 grace-so	0	0	0	0	0	0	2	0	0	0	0	0
47 such-as	0	0	0	0	0	0	2	0	0	0	0	0
48 who-so	0	0	0	0	0	0	2	0	0	0	0	0
49 you-so	0	0	0	0	0	0	1	0	1	0	0	0
50 as-to	0	0	0	0	0	0	0	0	2	0	0	0
51 believe-too	0	0	0	0	0	0	0	0	2	0	0	0
52 be-so	0	0	0	0	0	0	0	0	2	0	0	0
53 in-as	0	0	0	0	0	0	0	0	2	0	0	0
54 so-so-so	0	0	0	0	0	0	0	0	2	0	0	0

续表

历史时期		1450—1499年 数量	百分比	1500—1549年 数量	百分比	1550—1599年 数量	百分比	1600—1649年 数量	百分比	1650—1699年 数量	百分比	1700—1749年 数量	百分比
55	while-as	0	0	0	0	0	0	0	0	2	0	0	0
56	en-so	1	0.01	0	0	0	0	0	0	0	0	0	0
57	christian-so	0	0	0	0	1	0	0	0	0	0	0	0
58	eauen-so	0	0	0	0	1	0	0	0	0	0	0	0
59	had-so	0	0	0	0	1	0	0	0	0	0	0	0
60	sealed-too	0	0	0	0	1	0	0	0	0	0	0	0
61	shut-too	0	0	0	0	1	0	0	0	0	0	0	0
62	ther-too	0	0	0	0	1	0	0	0	0	0	0	0
63	wheare-as	0	0	0	0	1	0	0	0	0	0	0	0
64	am-an-as	0	0	0	0	0	0	1	0	0	0	0	0
65	a-pretty	0	0	0	0	0	0	0	0	0	0	0	0
66	case-so	0	0	0	0	0	0	1	0	0	0	0	0
67	cease-as	0	0	0	0	0	0	1	0	0	0	0	0
68	cleaving-quite	0	0	0	0	0	0	1	0	0	0	0	0
69	even-so	0	0	0	0	0	0	1	0	0	0	0	0
70	foro-too	0	0	0	0	0	0	1	0	0	0	0	0
71	god-so	0	0	0	0	0	0	1	0	0	0	0	0
72	go-too	0	0	0	0	0	0	1	0	0	0	0	0

续表

历史时期		1450—1499年		1500—1549年		1550—1599年		1600—1649年		1650—1699年		1700—1749年	
		数量	百分比	数量	百分比	数量	百分比	数量	百分比	数量	百分比	数量	百分比
73	humilitie-so	0	0	0	0	0	0	1	0	0	0	0	0
74	in-so	0	0	0	0	0	0	1	0	0	0	0	0
75	knight-that	0	0	0	0	0	0	1	0	0	0	0	0
76	neuer-so	0	0	0	0	0	0	1	0	0	0	0	0
77	on-so	0	0	0	0	0	0	1	0	0	0	0	0
78	otoo-too	0	0	0	0	0	0	1	0	0	0	0	0
79	out-c	0	0	0	0	0	0	1	0	0	0	0	0
80	prim-as	0	0	0	0	0	0	1	0	0	0	0	0
81	signet-as	0	0	0	0	0	0	1	0	0	0	0	0
82	surmise-quite	0	0	0	0	0	0	1	0	0	0	0	0
83	things-so	0	0	0	0	0	0	1	0	0	0	0	0
84	veni-that	0	0	0	0	0	0	1	0	0	0	0	0
85	vve-so	0	0	0	0	0	0	1	0	0	0	0	0
86	were-so	0	0	0	0	0	0	1	0	0	0	0	0
87	worth-as	0	0	0	0	0	0	1	0	0	0	0	0
88	writing-so	0	0	0	0	0	0	1	0	0	0	0	0
89	and-so	0	0	0	0	0	0	0	0	1	0	0	0
90	been-so	0	0	0	0	0	0	0	0	1	0	0	0

续表

历史时期		1450—1499 年		1500—1549 年		1550—1599 年		1600—1649 年		1650—1699 年		1700—1749 年	
		数量	百分比	数量	百分比	数量	百分比	数量	百分比	数量	百分比	数量	百分比
91	difficulties-so	0	0	0	0	0	0	0	0	1	0	0	0
92	dyd-as	0	0	0	0	0	0	0	0	1	0	0	0
93	êm-so	0	0	0	0	0	0	0	0	1	0	0	0
94	friends-so	0	0	0	0	0	0	0	0	1	0	0	0
95	from-below	0	0	0	0	0	0	0	0	1	0	0	0
96	half-so	0	0	0	0	0	0	0	0	1	0	0	0
97	has-so	0	0	0	0	0	0	0	0	1	0	0	0
98	is-so	0	0	0	0	0	0	0	0	1	0	0	0
99	looses-so	0	0	0	0	0	0	0	0	1	0	0	0
100	love-so	0	0	0	0	0	0	0	0	1	0	0	0
101	never-so	0	0	0	0	0	0	0	0	1	0	0	0
102	none-so	0	0	0	0	0	0	0	0	1	0	0	0
103	no-so	0	0	0	0	0	0	0	0	1	0	0	0
104	not-so	0	0	0	0	0	0	0	0	1	0	0	0
105	plea-as	0	0	0	0	0	0	0	0	1	0	0	0
106	prodigiously①	0	0	0	0	0	0	0	0	1	0	0	0

① Prodigiously, 指的是 prodigiously-erastio-arminio-socinopontificio-politique。

续表

历史时期		1450—1499		1500—1549		1550—1599		1600—1649		1650—1699		1700—1749	
		数量	百分比	数量	百分比	数量	百分比	数量	百分比	数量	百分比	数量	百分比
107	quite-out	0	0	0	0	0	0	0	0	1	0	0	0
108	re-c	0	0	0	0	0	0	0	0	1	0	0	0
109	self-so	0	0	0	0	0	0	0	0	1	0	0	0
110	sopping	0	0	0	0	0	0	0	0	2	0	0	0
111	spoken-too	0	0	0	0	0	0	0	0	1	0	0	0
112	successeful-as	0	0	0	0	0	0	0	0	1	0	0	0
113	such-so	0	0	0	0	0	0	0	0	1	0	0	0
114	think-so	0	0	0	0	0	0	0	0	1	0	0	0
115	think-that	0	0	0	0	0	0	0	0	1	0	0	0
116	this-so	0	0	0	0	0	0	0	0	1	0	0	0
117	'tis-too	0	0	0	0	0	0	0	0	1	0	0	0
118	too-by	0	0	0	0	0	0	0	0	1	0	0	0
119	too-many-of	0	0	0	0	0	0	0	0	1	0	0	0
120	too-to	0	0	0	0	0	0	0	0	1	0	0	0
121	too-under	0	0	0	0	0	0	0	0	1	0	0	0
122	was-quite	0	0	0	0	0	0	0	0	1	0	0	0
123	went-too	0	0	0	0	0	0	0	0	1	0	0	0

仅次于 so 的程度副词，所占比重为 18.94%。在 1600—1649 年间共使用 266533 例，所占比重略有下降，低于 so 和 as，为 18.83%。在 1650—1699 年间共使用 557812 例，所占比重又有所上升，低于 so 却高于 as，为 20.73%。在 1700—1749 年间共使用 20550 例，与 so 的差距进一步缩小，相对 as 的优势进一步增大，所占比重继续提高，为 24.68%。

as 在早期英语中使用较多，在不同的时间段内的使用虽略有下降，但其整体表现不俗，成为 EEBO 文献中最为常见的程度副词之一。在 1450—1499 年和 1500—1549 年两个时期，as 是仅次于 so 的程度副词。在上述两个时期，as 分别使用 4122 例和 16283 例，所占比重分别为 20.89% 和 20.16%。此后 as 的使用量有所下降，位居第 3 位，使用量不仅少于 so，而且逐渐被 very 超越。在 1550—1599 年时期，as 使用 86653 例，第一次被 very 超越。在 1600—1649 年时期，as 使用 290173 例，使用量上超过了 very，但在 1650—1699 年和 1700—1749 年时期，as 再次被 so 超越，且二者的差距也越来越大。

在整个 EEBO 文献中，too 的使用量逐步增加。如在 1450—1499 年和 1500—1549 年时期内，too 使用不多，分别为 32 例和 546 例，远低于 so，very 和 as。此后 too 的使用渐多，发展成程度副词系统的重要成员，如 too 在 1550—1599 年时期使用量大增，共 33250 例，占此期程度副词总量的 6.07%。1600—1649 年时期 too 共使用 128374 例，占程度副词总量的 9.07%。1650—1699 年时期 too 使用 211663 例，占程度副词总量的 7.87%。1700—1749 年时期 too 使用 6631 例，占程度副词总数的 7.96%。

程度副词 about 在早期现代英语时期有不少用例，虽然与 so，very，as 和 too 相比有着明显的差距。如 1450—1499 年时期，about 使用 84 例，占程度副词总数的 0.43%。1500—1549 年时期，about 使用 338 例，仍占程度副词总数的 0.42%。1550—1599 年时期，about 使用 5881 例，占程度副词总数的 1.07%。1600—1649 年时期，about 使用 13363

例，占程度副词总数的 0.94%。1650—1699 年时期，about 使用 55399
例，占程度副词总数的 2.06%。1700—1749 年时期，about 使用 1891
例，占程度副词总数的 2.27%。

上文对 EEBO 中使用频率最高的 so，very，as，too 和 about 5 个程
度副词的使用情况（包括使用频率以及它们在程度副词系统中所占的
比例）进行了说明，下面以折线图的形式呈现这 5 个词在早期现代英语
时期的不同时期所占比例的情况。

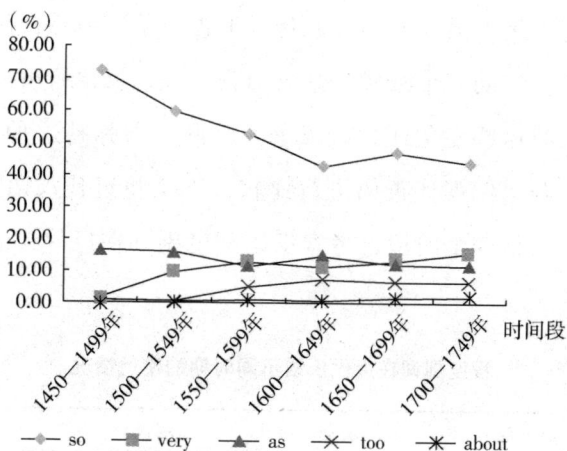

图 7-2　EEBO 中主要程度副词的历史发展及对比

观察图 7-2，可以发现：

（一）so 在整个程度副词系统中使用频繁，在各个不同的时期内，
so 所占比例均最高，且远远超过其他程度副词。

（二）very 的使用尤其值得关注。as 早期使用较多，但在之后的发
展过程中，所占比重略有下降。very 在早期的使用很少，明显少于 as，
但在后来的使用过程中不断发展，它逐渐超越了 as。

（三）too 在早期使用不多，后来有所发展，成为仅次于 so，very，as
的程度副词。about 虽然使用不多，但在历史进程中使用量逐渐增加。

二　近代汉语

第五章讨论了各类汉语程度副词的历史演变情况。这种做法是将程度副词分成五个类别，考察各个类别程度副词在上古、中古和近代汉语三个不同时期的使用情况和历史演变。这样做的优点是既具有很强的操作性，又能比较客观地从断代角度反映语言的面貌和发展变化情况，但也有其自身的不足，最大的问题就是：上古、中古或近代汉语自身的时间跨度都很长，在同一个断代的共时语言层面，汉语程度副词也会发生一些变化，有时这些变化还比较显著。因此，为弥补这种研究的不足，同时也是为了与早期现代英语进行比较，下文将近代汉语分为唐五代、宋元、明代和清代四个阶段，考察汉语程度副词在近代汉语时期的发展和变化。

表7-4　　　　　程度副词在近代汉语不同时期的使用情况　　　单位：例，%

	唐五代		宋元		明代		清代	
	频率	百分比	频率	百分比	频率	百分比	频率	百分比
更	702	58.60	176	30.40	659	14.40	491	17.45
甚	142	11.85	61	10.54	770	16.83	228	8.10
最	97	8.10	55	9.50	323	7.06	262	9.31
极	59	4.92	11	1.90	384	8.39	250	8.88
太	53	4.42	4	0.69	183	4.00	199	7.07
越	1	0.08	29	5.01	171	3.74	129	4.58
越发	0	0	0	0	101	2.21	228	8.10
好不	1	0.08	6	1.04	242	5.29	23	0.82
很	0	0	1	0.17	58	1.27	187	6.65
这样	0	0	0	0	81	1.77	149	5.29
这般	0	0	12	2.07	173	3.78	25	0.89
益发	0	0	0	0	148	3.23	52	1.85
这等	0	0	1	0.17	182	3.98	17	0.60

续表

	唐五代		宋元		明代		清代	
	频率	百分比	频率	百分比	频率	百分比	频率	百分比
忒	0	0	50	8.64	115	2.51	30	1.07
颇₁	11	0.92	12	2.07	135	2.95	22	0.78
恁	0	0	36	6.22	134	2.93	6	0.21
至	45	3.76	5	0.86	78	1.70	32	1.14
这么	0	0	0	0	0	0	147	5.22
愈	0	0	8	1.38	67	1.46	37	1.31
还₁	0	0	2	0.35	12	0.26	57	2.03
好生	0	0	0	0	85	1.86	1	0.04
过	1	0.08	2	0.35	55	1.20	25	0.89
多	0	0	3	0.52	44	0.96	26	0.92
恁地	0	0	16	2.76	44	0.96	0	0
尤	5	0.42	15	2.59	27	0.59	12	0.43
怪	0	0	0	0	12	0.26	39	1.39
较	9	0.75	4	0.69	35	0.76	2	0.07
偌	5	0.42	7	1.21	31	0.68	4	0.14
绝	7	0.58	2	0.35	24	0.52	7	0.25
恁般	0	0	1	0.17	35	0.76	1	0.04
何等	0	0	0	0	14	0.31	21	0.75
极其	0	0	0	0	17	0.37	16	0.57
煞	1	0.08	30	5.18	2	0.04	0	0
益	5	0.42	3	0.52	16	0.35	4	0.14
那样	0	0	0	0	6	0.13	15	0.53
许	1	0.08	2	0.35	17	0.37	0	0
那等	0	0	0	0	12	0.26	7	0.25
那般	0	0	1	0.17	16	0.35	2	0.07
还₂	0	0	2	0.35	5	0.11	10	0.46
能	16	1.34	0	0	0	0	0	0
那么	0	0	0	0	0	0	15	0.53
酷	1	0.08	1	0.17	7	0.15	5	0.18
顶	0	0	0	0	6	0.13	2	0.07

续表

	唐五代		宋元		明代		清代	
	频率	百分比	频率	百分比	频率	百分比	频率	百分比
如此	0	0	3	0.52	5	0.11	0	0
那	0	0	0	0	8	0.17	0	0
弥	3	0.25	0	0	4	0.09	0	0
尤其	0	0	0	0	0	0	7	0.25
何其	1	0.08	4	0.69	1	0.02	1	0.04
好	0	0	5	0.86	2	0.04	0	0
极甚	6	0.50	0	0	0	0	0	0
这们	0	0	0	0	2	0.04	4	0.14
怎么	0	0	0	0	4	0.09	2	0.07
雅	5	0.42	0	0	1	0.02	0	0
恁么	0	0	0	0	6	0.13	0	0
特	0	0	3	0.52	0	0	2	0.07
恁样	0	0	0	0	5	0.11	0	0
可笑	5	0.42	0	0	0	0	0	0
大晒	5	0.42	0	0	0	0	0	0
更自	0	0	0	0	1	0.02	3	0.11
甚实	0	0	0	0	1	0.02	3	0.11
不妨	4	0.33	0	0	0	0	0	0
这等样	0	0	0	0	3	0.07	0	0
丕	0	0	3	0.52	0	0	0	0
忒煞	0	0	2	0.35	0	0	0	0
愈发	0	0	0	0	0	0	2	0.07
此等	0	0	0	0	2	0.04	0	0
至当	1	0.08	0	0	0	0	0	0
最较	1	0.08	0	0	0	0	0	0
忒恁	0	0	0	0	1	0.02	0	0
已	1	0.08	0	0	0	0	0	0
更尔	0	0	0	0	1	0.02	0	0
这么样	0	0	0	0	0	0	1	0.04
怎的	0	0	0	0	1	0.02	0	0

	唐五代		宋元		明代		清代	
	频率	百分比	频率	百分比	频率	百分比	频率	百分比
一何	1	0.08	0	0	0	0	0	0
勿量	1	0.08	0	0	0	0	0	0
实	0	0	1	0.17	0	0	0	0
深当	1	0.08	0	0	0	0	0	0
如是	0	0	0	0	0	0	1	0.04
那们	0	0	0	0	1	0.02	0	0
苦	0	0	1	0.17	0	0	0	0
底似	0	0	0	0	1	0.02	0	0
何为	1	0.08	0	0	0	0	0	0
惑	0	0	1	0.17	0	0	0	0

不同的程度副词在近代汉语时期有着不同的发展趋势，下面主要以汉语程度副词中最主要的成员"更""甚""最""极""太"为例，说明程度副词在近代时期的发展和变化。

"更"是在近代汉语时期使用最多的程度副词，但在整个近代时期该词的使用一直呈下降趋势。"更"在五代时期共使用 702 例，是此期使用频率最高的程度副词，占该期程度副词总数的 58.60%，远远高于其他程度副词。汉语"更"类词在唐五代之后涌现出很多新兴的成员，如"越""越发""益发"等。这些新兴词语大都具有较高的使用频率，在它们发展壮大以后，逐渐挤占了"更"原来的部分空间，因此，唐五代之后"更"的使用频率大幅下降，在整个程度副词系统中所占的比重也有明显的下降，如宋元时期"更"使用 176 例，占同时期程度副词总数的 30.4%。明代"更"使用 659 例，占总数的 14.4%。清代"更"使用 491 例，占同时期程度副词总数的 17.45%。

"甚"是近代时期使用最多的程度副词之一。唐五代时期"甚"使用 142 例，占同时期程度副词总数的 11.85%。宋元时期与"甚"意义接近的"煞""恁"等词使用较多，导致"甚"的使用有所下降。宋元时期汉语"甚"共有61例,占同期程度副词总数的10.54%。明代汉语中"颇₁""好不""恁""这般""这等""这样"等词有不少用例,但与"甚"相比仍有很大的差距。"甚"在明代共770例,是此期使用最多的程度副词,占同期程度副词总数的16.83%,超过了此期的所有其他成员(包括"更")。清代以后,"很""这样""这么"的使用日渐频繁,它们在使用量上几乎与"甚"不分上下,导致"甚"在此期的使用急剧下降,共使用228例,占同时期程度副词总数的8.1%。

"最""极"二词的意义相近,表达程度副词达到顶点,在汉语中都是很常用的程度副词。它们从上古汉语开始并存发展,且一直延续到近代汉语之中。从总体上看,虽然近代汉语里"最"的总量略高于"极",但在某些时间段之内"极"也有比"最"多用的情况。具体来说,唐五代时期"最"使用97例,占程度副词总数的8.1%,"极"59例,占程度副词总数的4.92%。宋元时期"最"使用55例,占总量的9.5%,"极"使用11例,占总量的1.9%。"最"在明代使用323例,占总量的7.06%,"极"使用384例,占总量的8.39%。"最"在清代使用262例,占总量的9.31%,"极"使用250例,占总量的8.88%。

"太"表达程度超过了常规,在汉语史的各个阶段都有着广泛的使用。"太"在近代汉语时期有不少用例,使用量位居"更""甚""最""极"之后,排在第五位。唐五代时期"太"使用53例,占程度副词总数的4.42%。宋元时期与"太"意义相近的"忒"大量使用,共50例,挤占了"太"的使用范围。"太"在宋元时期的使用很少,仅有4例。与"太"相比,明代以后"忒"的使用略有下降,共115例,比例为2.51%,而"太"的数量有所回升,共183例,比例为4.00%,超过了"忒"。清代以后"忒"逐渐衰落,"太"的使用日益增加,共199例,占清代程度副词总数的7.07%,与"更""甚""最""极"的差距进一步缩小。

观察表7-4,并结合上文的讨论,发现程度副词在近代汉语时期

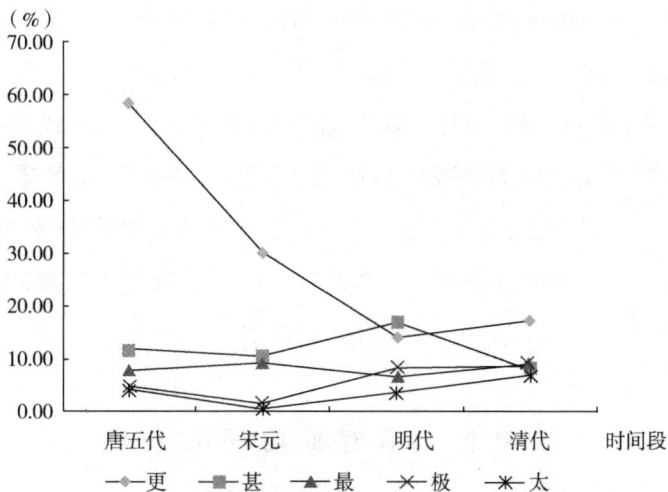

图 7 – 3　近代汉语中主要程度副词的历史发展及对比

并不是一成不变的。有的词语在历史进程中逐渐减少，如"更"等，有的词语在近代时期虽有所变化，但总体相对稳定，如"甚""最""极""太"等，有的词语在近代时期出现并逐渐发展，如"越""越发""很""好不"等。

这些词语在近代汉语时期的发展变化，主要原因就在于它们是否受到其他意义相近词语的有力竞争。意义相近词语的出现并大量使用，势必会导致原有程度副词使用的减少，如"更"在中古以后一直使用很多，但近代以后（尤其是宋元以后）使用量急剧下降，其最主要的原因就是"越""越发"在宋元以后大量使用，部分地承担了"更"原有的功能，因此"更"的使用频率就有所下降。

再如"甚"从上古以来就是汉语中最常用的程度副词之一，近代时期仍有较多的使用。宋元时期新兴的程度词"煞"和"恁"大量使用，分担了"甚"的部分用法，因而"甚"在宋元汉语中的总体使用频率就不太高。但是到了明代，"煞""恁"的使用日益减少，其他高量级的程度副词如"颇₁""好不""这般""这等""这样"等，虽有不俗的表现，但仍无法与"甚"相抗衡，这就导致了"甚"在明代汉语中"大行其道"的局面。清代以后，"很""这么""这样"等词使用渐多，它们的使用频率与"甚"难分伯仲，"甚"在清代的使用量大幅下降。到了现代汉语阶段（1919年）以后，"甚"基本被"很"替代。又如，"太"在元明时期受到"忒"的竞争，使用频率大幅下降。清代以后"忒"的使用量减少，"太"又重新成为"太"类词的最主要成员。

第四节　不对称的词汇系统

程度副词主要是用来表达形容词、副词或部分动词等的程度，它们可用在句子的不同位置上，但使用频率有显著的差异。英语程度副词在句子中主要是位于句中（Medial Positions），也可以用于句末（End Position），主要有以下几种类型。①

（1）用于形容词之前［pre-modification of an adjective］

a bit miserable, somewhat miserable, relatively miserable, fairly miserable, rather miserable, very miserable, extremely miserable, extremely miserable, utterly miserable

（2）用于动词之前［pre-modification of an adverb］

slightly abruptly, somewhat abruptly, fairly abruptly, quite abruptly, rather abruptly, very abruptly

（3）用于动作过程之后［adverbially modified verbal group］

this upset me slightly, this upset me a bit, this upset me somewhat, this upset megreatly

（4）用于情态之前［up/down-scaling of modalities］

---

① Martin, J. R., White, P., *The language of Evaluation*: *Appraisal in English*, London: Palgrave, 2005: 141 - 142.

just possible, somewhat possible, quite possible, very possible, reasonably often, quite often, very often, extremely often

从使用频率上看，程度副词主要是用作句中状语，少数用在补语位置上。章振邦（2009：272－273）认为，英语副词能在动词词组、形容词词组、副词词组、介词词组等词组中修饰动词、形容词、副词、介词、限定词，以及修饰整个名词词组。程度副词是副词的一个重要类别，在句法位置上基本上是前置修饰语（modifier），只有 enough 用于后置修饰语，如 She cooks well enough. He didn't run fast enough.

Quirk 等（1985）对英语程度副词的句法位置也有说明，认为 amplifiers 最常见于句中位置（Medial Positions）和句末位置（End Positions）。多数的 downtoners 偏好句末位置和句中位置，如 quite, rather, as good as, all but, 其余的词语倾向用于句中位置或句首位置（Initial Position），如 barely, hardly, scarcely, practically, virtually。

由于 EEBO 语料库没有对程度副词在句子中的位置进行标注，因此，我们暂时无法对英语程度副词充任句中状语和句末状语的情况进行比较，下文仅对近代汉语程度副词在句子中的分布情况进行讨论。

汉语程度副词以用于句中作状语为常，用作补语相对少见。上古汉语时期程度副词都是用作状语，尚未见到用作补语的用例。中古时期最主要的用法仍是作状语，用来修饰、限定形容词、动词。不过，此期已经有程度副词用在形容词之后作补语的用例，与其状语的用例仍有较显著的差距。表现有三：一是用例少。中古时期程度副词作补语的用例共98例，与作状语的用例数量相差甚大。二是用作补语的程度副词不多，主要有"极""至""甚"3个词。其他的程度副词仍只能用作状语。三是句法结构比较简单，多为"形容词＋程度副词"或"形容词＋之＋程度副词"的格式。如：

（1）尝夜至丞相许戏，二人欢<u>极</u>，丞相便命使入已帐眠。

（《世说新语·雅量》）

（2）不御苦口，其危<u>至</u>矣，不俟脉诊而可知者也。（《抱朴子内篇·勤求》）

（3）刘伶病酒，渴<u>甚</u>，从妇求酒。（《世说新语·任诞》）

（4）抱朴子曰："经云，大急之<u>极</u>，隐于车轼。如此，一车之中，亦有生地，况一房乎？"（《抱朴子内篇·微旨》）

（5）时刁玄亮为尚书令，营救备亲好之<u>至</u>。（《世说新语·方正》）

（6）夫医家之药，浅露之<u>甚</u>，而其常用效方，便复秘之。（《抱朴子内篇·黄白》）

例（1）—（3）中程度副词"极""至""甚"直接放在形容词之后作补语，例（4）—（6）中程度副词"极""至""甚"与形容词之间使用助词"之"来连接。

近代以后程度副词作补语有了较大的发展，如"极""至""晒""煞""甚""很""慌""紧""多着""太极""至极""忒煞""特甚"等均可用于形容词之后作补语。虽然近代汉语里程度副词作补语的数量较中古时期有了较大的增加，共 472 例，但仍明显少于程度副词作状语的用例，与前置程度副词相比，仍表现出明显的不对称特征。

根据所处的位置来看，上述程度副词可以分为两类：一类是只能用作句末补语，而不用作句中状语的程度副词，如"晒""慌""特甚""紧""多着""太极""至极"等，举例如下：

（7）大王夫人喜欢<u>晒</u>，兹特地送资财。（《敦煌变文集新书·丑女缘起》）

（8）俺桂姐今日不是强口，比吴银儿好<u>多着</u>哩。（《金瓶梅词话》第十五回）

（9）生的面如傅粉，眉目清秀，唇若涂朱，趋下阶来，揖让退逊，谦恭<u>特甚</u>。(《金瓶梅词话》第七十回)

（10）知是君家，直恁地去得<u>紧</u>，奴不卖这发，君须去不成。(《永乐大典戏文三种·张协状元》)

（11）举止形容也不怪厉，一般是鲜花嫩柳，与众姊妹不差上下的人，焉得这等样情性，可为奇之<u>至极</u>。(《红楼梦》第八十回)

（12）这小大虫被搠得<u>慌</u>，也张牙舞爪，钻向前来。(《水浒传》第四十三回)

（13）王庆勾着老婆的肩胛，摇头咬牙的叫道："阿也！痛的<u>慌</u>！"(《水浒传》第一百二回)

（14）西门庆道："昨日任后溪常说，老先生虽故身体魁伟，而虚之<u>太极</u>，送了我一罐儿百补延龄丹，说是林真人合与圣上吃的，教我用人乳常清辰服；我这两日心上乱的，也还不曾吃。你每只说我身边人多，终日有此事；自从他死了，谁有甚么心绪理论此事！"(《金瓶梅词话》第六十七回)

（15）只是我看你那个光景，着实气哩<u>慌</u>。(《歧路灯》第二十四回)

例（7）—（11）中程度副词"晒""特甚""多着"等可以直接放在形容词之后，构成"形容词＋程度副词"的格式；程度副词作补语时，有时使用"得（的）"、"之"或"哩"等来连接形容词和程度副词，如"紧""太极""至极""慌"等构成"形容词＋得（的）＋程度副词"，如例（11）、（14），或构成"形容词＋之＋程度副词"的格式，如例（12）、（15），或"形容词＋哩＋程度副词"格式，如例（16）。

另一类程度副词既可以用作句中状语，也可以用作句末补语，如"极""至""煞""甚""很（狠）""忒煞"等。这些词语中的一部分成员可以直接放在形容词之后作补语，如"极""甚""煞""忒煞"等，构成"形容词+程度副词"的格式，如：

(16) 珠本有，不升沉，时人不识外追寻，行尽天涯自疲<u>极</u>，不如体取自家心。(《祖堂集·丹霞和尚》)

(17) 不一时，西门庆果然来到，见妇人还绾起云髻来，心中喜<u>甚</u>，搂着他坐在椅子上，两个说笑。(《金瓶梅词话》第四十回)

(18) 他虽是金枝玉叶齐王印，我好<u>煞</u>则是阶下的小作军，也是痴呆老子今年命。(《元刊杂剧三十种·尉迟恭三夺槊》第三折)

(19) 朱温道："哥哥自从做皇帝后，残忍<u>忒煞</u>。"(《五代史平话·梁史平话上》)

另有一部分成员，如"极""至""煞""甚""很""忒煞"等作形容词的补语时，形容词之后使用"之""得（的）"等词，构成"形容词+之+程度副词"或"形容词+得（的）+程度副词"的格式。如：

(20) 捕贼官具事由申上尹，到观中亲自礼谒，然问姓名，瞻仰之<u>极</u>。(《敦煌变文集新书·叶净能诗》)

(21) 众人都道："有趣，有趣，真搜神夺巧之<u>至</u>也！"(《红楼梦》第十七回)

(22) 通判闻之道：咱两个从来相知。你是个聪明人，何为因一匪人，功名富贵废了？何痴迷之<u>甚</u>？岂不令人耻笑！(《大宋宣和遗事·亨集》)

(23) 云长单马持刀奔寨，见颜良寨中，不做疑阻，一刀砍颜良头落地，用刀尖挑颜良头复出寨，却还本营，见曹公，骇然而惊，手抚云长之背，言曰："十万军中取颜良首级，如观手掌；将

军英勇之<u>绝</u>也！"（《全相平话五种·三国志平话》）

（24）他这等热得<u>很</u>，你这糕粉，自何而来？（《西游记》第五十九回）

（25）僮仆道："奶奶，只一位看得，那三位看不得，形容丑得<u>狠</u>哩。"（《西游记》第九十六回）

（26）宝钗正嘱咐香菱<u>些</u>话，只听薛姨妈忽然叫道："左肋疼痛的<u>很</u>。"（《红楼梦》第八十三回）

第八章　汉英指示程度词的来源考察

程度语义的获取具有较强的规律性，它们的发展有很强的类推性，具有某种意义的词语往往会演化出程度义，成为程度副词。

汉语程度副词的来源问题已有不少论述，如李露蕾（1986）认为，汉语历史上一些词，它们的本义是"人在生理上或心理上的某些不快甚至痛苦，或者是能够引起这类感觉的原因"，如"痛""酷""杀""死""苦""伤""伤心""可畏""很（狠）""怪"等，常常演化为甚词。现代汉语及某些方言中与"杀"相关的词语也有演变为甚词的趋势，如"要死""要命""坏""没治了""贼""吓人""危险""瞎"等。祝鸿杰（1987）指出，"不少甚辞的前身原是名词、动词或形容词。它们的演变过程，是一个实义虚化的过程"。①"从名词、动词和形容词向甚辞演变，有两种情况颇为引人注目。""一是含有'穷尽'义的名词、动词、形容词往往虚化为甚辞。上古汉语习见的几个甚辞，如'极'、'穷'、'殊'、'绝'、'肆'，原先都有穷尽的意思。""二是含有'超越常度'义的形容词也往往虚化为甚辞"，如"深""良"

---

① 所谓甚辞，是表示最、很、非常、特别一类意义的词，略相当于今天所说的"程度副词"。这个术语屡见于张相《诗词曲语辞汇释》等著作。也有称之为"极辞"的，如刘淇的《助字辨略》。在今人的一些训诂专书中，沿用"甚辞"或"甚词"名称的情况依然十分普遍。

"酷""恶""好"等词都是从"超越常度"发展为甚辞的。[①]

Tagliamonte 和 Roberts（2005：285）认为英语强化词的形成经历了去词汇化（delexicalisation）的过程。在这个过程中，词语演化为强度标记词时，其最初意义逐渐丧失。Partington（1993：181）指出一些常见的强化词如 very 和 utterly 都经历了从情态（modal）到强化词的变化。这种变化是去词汇化过程的一部分，强化词在这一过程中失去独立的词汇意义而获取程度义。Peters（1994：269）认为，充任修饰语的其他类别的副词通过量级（scale）的变化发展而来的增强词（boosters）有 5 种类型，分别是：（a）局部/维度副词（local or dimensional adverbs），如 highly，extremely；（b）数量副词（quantitative adverbs），如 much，vastly；（c）限定性副词（quatitative adverbs），如 terribly，violently；（d）强调副词（emphasisers），如 really；（e）禁忌语/詈词（taboo/swear words），如 damned 等。

Heine 等征引了 500 多种人类语言的数据佐证 400 多条语法演变的过程，列举了强化词的两个来源。第一个来源是：BAD（bad, terrible）> INTENSIFIER"坏"（坏，可怕）> 程度词；第二个来源是：TRUE（true，real）> INTENSIFIER 正确（正确，真实）> 程度词。

下文将以表示程度的汉语指示词为例进行考察。

第一节　汉语指示义的程度词

调查显示，近代汉语时期具有指示义的程度词数量很多，如：

（一）"恁"系：恁、恁地（恁底、恁的）、恁般、恁么、恁样、能、偌（若子、惹、惹子、喏）；

（二）"这"系：这样、这般、这等、这么、如此、这等样、这么

[①] 《语法化的世界词库》（2012：416–417）的中译本对汉语程度副词的生成演化路径有补注，可参看。

样、如是；

（三）"那"系：那、那样、那等、那般、那么、那们、许。

不过，学界对以上诸词（尤其是"这么""那么"）的词类归属有不同的看法：

（一）吕叔湘等认为"这（么）""那（么）"等是用在形容词、动词之前的性状指示代词。吕先生在《近代汉语指代词》（1985：270）中指出："这、那是指示代词，这么、那么也是指示代词，它们的作用都是指示，分别在于：这、那指示事物，扩展到指示性状和动作，也就是把它当做事物看；这么、那么指示事物的性状和动作的样式，扩展到具有某种性状的事物。因此，我们可以说：这、那是实体指示代词，这么、那么是性状指示代词（这里的'性状'包括动作的'样式'）。这、那有指示和称代两种用法，前者如'这个书'，后者如'这是书'；这么、那么也有指示和称代两种用法，前者如'这么句话'，'话不能这么说'，后者如'事情就是这么着'，'这么着好'。"

《现代汉语八百词》（1999：400 – 401）认为代词"那么"，指示程度，有五种句式类型：（a）有（像）……＋那么＋形/动。前面有用来比较的事物。如"那两棵枣树有碗口那么粗"；（b）那么＋形/动。前面没有用来比较的事物。如果不是当面用手势比况，"那么"就是虚指，有略带夸张、使语言生动的作用。如"真的，就是那么大"；（c）"那么"的强调作用同样适用于积极意义的形容词（大、高、多……）和消极意义的形容词（小、低、少……）。但如句子里有"只、就、才"等副词，"那么"加积极意义的形容词跟加相应的消极意义的形容词的意义没什么两样："只有那么大"等于"［只有］那么小"；（d）"那么＋形/动"［＋的］＋名。如"那么好的稻种"；（e）否定式可以用"没［有］"也可以用"不"。后面的动词限于表示心理活动的。用"没［有］"的，是对（a）的否定。如"没那么高"。用"不"，是对（b）的否定。如"不那么累"。

金立鑫（1988）通过对蒋子龙小说《蛇神》、江泽坚等人编写的《数学分析》、王顺兴等人编写的《教育学》、邢公畹等人翻译的《句法结构》四种材料的统计发现，"那么"只有代词用法，其结论支持吕先生的上述观点。

此外，张伯江、方梅（1996：158－159）认为北京话里的代词"这""那"表性状程度是由其指示用法虚化而来的。

（二）部分字典、辞书将上文所举的性状指示代词看作表程度的副词。《现代汉语虚词例释》（1986：339－340）认为，"那么"有连词和副词两种用法。"那么"修饰形容词或动词成分，表示程度或方式，是副词。如"他跑得那么快，你怎么能赶上呢。""庄稼长得那么苗壮，今年又是一个丰收年！""不能那么形式主义地看问题，要看本质，看主流。"

台湾"中央研究院"的近代汉语标记语料库亦将吕先生认为的性状指示代词看作程度副词。这一类的程度副词数量很多，具体如上文所示。本章将不再对这些词语的词类归属进行讨论，而是依据语料库对这些词语的标注，着力考察它们是如何获得程度义的，即具体考察它们是在何时获得程度义，以及这批词语语义发生变化的机制和原因。

第二节　"恁"系词

【恁】

"恁"原是一个中性指代词。吕叔湘（1985：271）认为，它兼有"这么"和"那么"之用；在通行"恁"字的时代没有和它对立的另一个词。转引吕先生例句如下：

（1）这个道理各自有地头，不可只就一面说。在这里时，是恁地说；在那里时，又如彼说。（《朱子语类》卷四十一）

（2）看他初间如此问，又如此答，待再问又恁地答，且文虽若不同，自有意脉都相贯通。（又，卷一百三十二）

两个"恁地"，一个和"如彼"对待，等于"如此"；另一个和"如此"对待，等于"如彼"。所以我们可以说"恁"是中性的。

指示代词"恁"的来源，冯春田（2000：143）认为："'恁'确实应看作是'恁+麼'的形式，而不应该是把'恁麼'看作是'恁+麼'的形式。"吴福祥（2015：48）认为："'任'、'恁'都是日母寝韵，'恁么'急读或省写则为'恁'。宋代的《景德传灯录》'恁么'有500条例，原来《祖堂集》的'与摩'、'任摩'在这里都改作'恁麼'，可用于指示，也可以称代。"指示代词"恁"较早见于宋代，如：

（3）已去少年无计奈，且愿芳心长恁在。（宋欧阳修《玉楼春》）

（4）有俗官问和尚："恁后生为什么却为尊宿？"①（《景德传灯录》卷二十一）

元明以后，"恁"的指示代词用法继续使用，如：

（5）慈鸦共喜鹊同枝，吉凶事全然未保。似恁唱说诸宫调，何如把此话文敷演。（《永乐大典戏文三种·张协状元》第一折）

（6）妇人道："正是这般说。只是奴吃他恁不听人说，常时在前边眠花卧柳，不顾家事的亏。"（《金瓶梅词话》第十三回）

"恁"用来表达程度的用法，语料库标注显示宋代为其较早用例，如：

———————————

① 《景德传灯录》的2例均引自冯春田（2000：143）。

（7）法师思惟："此中得恁寂寞！猴行者知师意思。"（《大唐三藏取经诗话·入香山寺》）

（8）休道徽宗直恁荒狂，便是释迦尊佛，也恼教他会下莲台。（《大宋宣和遗事·亨集》）

鉴于《大唐三藏取经诗话》和《大宋宣和遗事》的成书年代尚有争议，故以此二书认定表程度"恁"出现的时代似有不妥。不过，这种用法的"恁"在宋代的《朱子语类》中已有用例，如：

（9）曰："硬将来拗缚捉住在这里，便是危殆？只是杜撰恁地，不恁自然，便不安稳？"（《朱子语类》卷二十四）

（10）不知如何理会个得恁少，看他自是甘于无知了。（《朱子语类》卷九）

元明以后，表程度的"恁"使用更为常见，如：

（11）桂姐道："甚么稀罕货！慌的你恁个腔儿。等你家去，我还与你，比是你恁怕他，就不消剪他的来了！"（《金瓶梅词话》第十二回）

（12）这个人不似出家的模样，一双眼却恁凶险。（《水浒传》第四回）

【恁地】【恁底】【恁的】

"恁"后加词尾"地"构成代词"恁地"。"底"是"等"的音变形式。颜师古《匡谬正俗》卷六指出："问曰'俗谓何物为底，底义何训？'答曰：'此本言何等物，其后遂省，但直言云等物耳。……以是知去何而言直等。其言已旧，今人不详其本，乃作底字，非也。'"清

俞正燮《癸巳类稿》卷七认为："浙东西语'何'为'底'，'底'乃
'等'之转，'等'乃'何等'之急省。"宋庄季裕《鸡肋编》卷下：
"前世谓'阿堵'，犹今谚云'兀底'；'宁馨'，犹'恁地'也，皆不
指一物一事之词。"《癸巳类稿·等还音义》指出："所谓兀底、恁底、
宁底、凭底、恶得、恶垛、阿堕、阿堵，皆言'此等'也。""'恁'带
词尾'地'的例子不见于《景德传灯录》，宋代理学家语录及后来其他
文献却比较常见。""尤其是《朱子语类》，大量出现'恁地'。"（冯春
田 2000：144）代词"恁"常用在名词性成分之前，也可用在动词之
前，亦可单独使用（后无其他词语），如：

（13）恁地时节，气亦自别。（《朱子语类》卷四）

（14）许多道理，孔子恁地说一番，孟子恁地说一番，子思恁
地说一番，都恁地悬空挂在那里。（《朱子语类》卷十一）

（15）汉君王直恁地，将銮驾别处无施呈。（《元刊杂剧三十
种·严子陵垂钓七里滩》第三折）

"恁地"又可写作"恁底""恁的"，但后二者不及"恁地"常见。
"'恁底'自宋代始，而写作'恁的'大约从元代开始出现的。'恁底
（的）'只是'恁地'的不同书写形式。"（冯春田，2000：145）代词
"恁底"用例，如：

（16）他学者是见得个物事，便都恁底胡叫胡说，实是卒动他
不得，一齐恁地无大无小，便是"天上天下，惟我独尊"？（《朱子
语类》第一百二十四）

（17）问："孟子亦有恁底意否？"①（《朱子语类》卷五十二）

---

① 此例中"恁底""恁地"对应使用，说明二词只是书写形式的差异。

"恁的"用例，如：

（18）恁的呵，多谢姐姐！我到多早晚来？（《关汉卿戏曲集·钱大尹智勘绯衣梦》第一折）

（19）现如今内外差池，事难为当恁的？（《元刊杂剧三十种·辅成王周公摄政》第三折）

明清以后指代性的"恁地"仍有不少用例，而"恁底""恁的"用例减少，兹不再举例。

"恁地"表程度的用法应该在宋代已经出现，如：

（20）表奏着甚事，皇帝直恁地怕惧？（《大宋宣和遗事·亨集》）

（21）早知恁地难拼，悔不当时留住。（宋柳永《昼夜乐》）

（22）未发不是漠然全不省，亦常醒在这里，不恁地困。（《朱子语类》卷五）

（23）那婆婆，君子没恁地直，那婆婆，丈夫也无这般刚。（《元刊杂剧三十种·死生交范张鸡黍》第四折）

（24）不曾见这般鸟女子，恁地娇嫩。（《水浒传》第三十九回）

虽例（20）的时代有争议，但"恁地"在宋代的文献已有不少用例，如例（21）（22），元明以后仍有较多的使用，如例（23）（24）。

"恁底""恁的"表程度的用法见于元明以后，用例不多，如：

（25）从来见说，见说君员梦，果不知似恁底奇。（《永乐大典戏文三种·张协状元》）

（26）白来创道："收拾恁的整齐了，只是弟兄们还未齐。早些来顽顽也得，怎地只管缩在家里，不知做甚的来？"（《金瓶梅词

话》第五十四回)

【恁般】【恁样】

"恁般""恁样"是指示代词"恁"后加上种类义的"般"或"样"构成,"恁般"意为这样,那样。指示代词"恁般""恁样"当是元明以后才出现,如:

(27)可惜!恁般一块玉,如何将来只做得一副劝杯

(28)困腾腾眼倦心迷,却原来害相思恁般滋味。(元孙季昌《粉蝶儿·怨别》)

(29)你既恁般立意,俺也不敢相拦。(《镜花缘》第八回)

(30)此二字笔势非凡,有恁样高手在此,何待小生操笔?(《二刻拍案惊奇》卷二)

(31)强将之下无弱兵,恁样的姐姐须得恁样的梅香姐方为厮称。(《二刻拍案惊奇》卷九)

"恁般""恁样"表程度的用法,元明文献中多见,如:

(32)黄粱恁般难熟?(明汤显祖《邯郸记·生寤》)

(33)李逵心中喜欢道:"原来皇帝恁般明白。"(《水浒传》第九十三回)

(34)果然好,嗔道掌班的恁样口硬。(《歧路灯》第十八回)

(35)刘公与妈妈商量道:"孩儿病势恁样沉重,料必做亲不得。不如且回了孙家,等待病痊,再择日罢。"(《醒世恒言》第八卷)

---

① 此例据标注语料库,但《京本通俗小说》的成书时代目前尚有争议。

【恁么】

"恁么"使用的时间应比"恁"早一些。"'恁么（麼）'，实际上就是唐代'异没''熠没'、五代时'伊摩''与摩''任摩'的变化形式，宋代大量出现。具体而言，是唐代的'异（熠）没'在五代又写作'伊摩'，音变为'与摩'和'任摩'；宋代沿着'任摩'的语音方向发展，写作'恁麼'。"（冯春田，2000：140－141）指示代词"恁么"在宋代已经很常见，元明以后仍有大量使用，如：

（36）白曰："三岁孩儿也解恁么道。"（《景德传灯录·道林禅师》）

（37）早知恁么，悔当初、不把雕鞍锁。（宋柳永《定风波》）

（38）太行山般高仰望，东洋海般深思渴。毒害的恁么。（《西厢记》第二本）

（39）哭恁么？没了银子便哭，有了银子又会撒漫起来。（《警世通言》第三十一卷）

"恁么"表程度的用法在明代以后出现，如：

（40）戴宗对宋江笑道："押司，你看这厮恁么粗卤，全不识些体面！"（《水浒传》第三十八回）

（41）大伯应道："便是没恁么巧头脑。"（《喻世明言》第三十三卷）

【能】

"能"用作指示代词，意为如许、这样，中古时期已见，近代以后继续使用，如：

（42）南村群童欺我老无力，忍**能**对面为盗贼，公然抱茅入竹去，唇焦口燥呼不得。（唐杜甫《茅屋为秋风所破歌》）

（43）芳意何**能**早，孤荣亦自危。（唐张九龄《庭梅》）

"能"表程度的用法在中古时期常见，[①] 近代以后仍有不少用例，如：

（44）牛羊苏乳**能**奇异，变造多般诸巧伎。（《敦煌变文集新书·双恩记》）

（45）春梦人间须断，但怪得，当年梦缘**能**短。（宋吴文英《三姝媚·过都城旧居有感》）

【偌】【若子】【惹】【惹子】

"偌"字，最早的例子出现在晚唐五代，写作"惹"或"若"（应是人者切，与"惹"同音），后边还带个"子"尾；元代才开始写作"偌"（《集韵》人夜切，姓）。这个"惹～偌"很明显就是古汉语"若"的遗留。"偌"字的用法有一个特点，只用来指示积极方向的性状，只有"偌长""偌大"，没有"偌短""偌小"，也不用来指示动作，更不能独立作谓语用。（吕叔湘，1985：297）

从文献调查来看，"偌"、"若子"、"惹"和"惹子"与其他的"恁"系词语似有不同，一般不用于体词性成分之前用作指代，[②] 而是多用在谓词性成分之前表达程度。如：

（46）老僧**偌**大年纪，焉肯作此等之态！（元王实甫《西厢记》第一本第二折）

---

① 中古语料库中未将"能"标注为程度词。
② "若"在近代仍有指示代词用法，如宋赵与时《宾退录》卷二："今之业文好古之士至鲜，且不张，苟遗若人，其学益衰矣"，但一般不用来表达程度。

（47）擒虎年登一十三岁，奶腥未落，有偌大胸襟，阿奴何愁社稷!①（《敦煌变文集新书·韩擒虎话本》）

（48）师云："公四大身若子长大，万卷何处安着?"（《祖堂集·归宗和尚》）

（49）两脚若子大，担得二硕，从独木桥上过，亦不教伊倒地，且是什摩物?（《祖堂集·福州西院和尚》）

（50）暗想高祖创立起偌大汉朝天下，也非同小可呵!（元杨梓《霍光鬼谏》第一折）

（51）婆婆! 我且问你，你挑着偌多鞋做甚么? （元本高明《琵琶记·牛相奉旨招婿》）

（52）雀公身寸偌子大，却嫌老鸥没毛衣。（《敦煌变文集新书·百鸟名君臣仪仗》）

（53）这日光严才问了，大圣维摩便回告，念君偌子大童儿，便解与吾论志道。（《敦煌变文集新书·维摩诘经讲经文（四）》）

第三节　"这"系词

【这般】【这样】

"这"始见于唐代，早期还可写作"者""遮""拓""只""赭"等不同形式。"这般""这样"是由代词"这"加上"般"（"种类"

---

① 《敦煌变文·韩擒虎话本》（1997：310）："刘坚校'有日大胸襟'即'有偌大胸襟'，俗文学中'日''若'二字多通用。南戏《张协状元》第四十四出：'相公看，日多娇儿在庙前。钱南扬先生校"日"为"偌"，是。'按：当读作'若'，'偌'为'若'之后起俗字，敦煌写本中不经见。'若大'义即如此之义。"本书认同《敦煌变文校注》的观点，认为本例"日"字当为"偌"。

此外，"偌"在《元刊杂剧三十种》里有 2 例为"偌来"，语料库将其标注为程度副词"偌"加语气词"来"。此 2 例如下：

（1）俺从那水胡花抬举的你偌来大，交俺两个老业人索排门儿叫化。（《元刊杂剧三十种·相国寺公孙汗衫记》第二折）

（2）肚岚耽吃得偌来胖，没些君臣义分，只有子母情肠!（《元刊杂剧三十种·李太白贬夜郎》第一折）

义），"样"（"样子""样式"义）构成，它们在宋代已见，可用作指示代词，如：

（54）若必欲等大觉了，方去格物、致知，如何等得这般时节！（《朱子语类》卷十七）

（55）这般人不惟无得于书，胸中如此，做事全做不得。（《朱子语类》卷十九）

（56）若移此心与这样资质去讲究义理，那里得来！（《朱子语类》卷十）

（57）今人读书，都不识这样意思。（《朱子语类》卷十六）

"这般""这样"表达程度的用法晚于指代。《大宋宣和遗事》中有"这般"的用例，由于《大宋宣和遗事》的时代尚存在争议，① 因此"这般"表程度较为可信的用例当是在元代。如：

（58）阿马！你可怎生便与这般狠心！（《元刊杂剧三十种·闺怨佳人拜月亭》第二折）

（59）这般闲争甚巴臂，傍人听是何张志。（《永乐大典戏文三种·小孙屠》）

"这样"表程度的用例较早见于明代，如：

（60）北兵怎当得这样凶猛，不能拦当。（《水浒传》第九十一回）

（61）这和尚自出娘肚皮，那曾见这样凶险的勾当？（《西游

---

① 《大宋宣和遗事·亨集》："你好不晓事也，直这般烦恼！"又，"杨戬道：有这般泼贱之物，不能近贵！"

记》第十三回）

【这等】【这等样】

"这等""这等样"是由代词"这"加上"等""等样"构成。"这等""这等样"在近代文献用例较多，且都可用作指示代词，① 如：

（62）府尹大怒，喝道："胡说！世间不信有这等巧事！他家失去了十五贯钱，你却卖的丝恰好也是十五贯钱，这分明是支吾的说话了。"（《错斩崔宁》）

（63）当门与我冷饭吃，这等富贵不如贫。（《快嘴李翠莲记》）

（64）怕你念什么"紧箍儿咒"，故意的使个障眼法儿，变做这等样东西，演幌你眼，使不念咒哩。（《西游记》第二十七回）

（65）吃恼的不曾解悟，说道："天师不该这等样儿待我师父。"（《三宝太监西洋记》第十四回）

"这等""这等样"表达程度的用法在近代文献里也很常见，如：

（66）先生你是读书人，如何这等不聪明？（《快嘴李翠莲记》）

（67）阮小七道："他们若似老兄这等慷慨，爱我弟兄们便好。"（《水浒传》第十五回）

（68）八戒闻得此言，叩头上告道："哥啊，分明要瞒着你，请你去的；不期你这等样灵。饶我打，放我起来说罢。"（《西游

---

① 近代汉语标记语料库将"此等"看作程度副词，似不妥。在文献中，"此等"基本是用于名词或行为动词之前，一般不用于性质形容词或心理动词之前，如：

（1）先生道："新娘子息怒。他是媒人，出言不可大甚。自古新人无有此等道理！"（《快嘴李翠莲记》）

（2）梵僧曰："你有此等见邪？"（《五灯会元·金陵宝志禅师》）

（3）若早知有此等英雄豪杰，不致折许多州郡。（《水浒传》第一百十九回）

（4）据此等说时，正是怎生得好？（《金瓶梅词话》第五回）

记》第三十一回)

(69) 佛阿老爹,你这等样好心作福,怕不的寿年千岁,五男二女,七子团圆。(《金瓶梅词话》第五十七回)

【这么】【这么样】

"么(麼)"与"们"同源,"什么"的"么"(包括"这/那么"的"么")与复数词尾"们"都源于古汉语表示"等类、色样"义的实词"物"(江蓝生,1995)。"晚唐五代就有指示代词'没'、'么(麼)'、'者莽'等,按说应该是指示代词'这(那)么'的'么'的早期形式,由于音变的缘故才写成了'们'、'每'的,到现代汉语里则统一为'么',并且成为了纯粹的词尾。"(冯春田,2000:106)代词"这么"较早的用例见于宋元时期,而较多使用于明代时期,如:

(70) 曰:"这也别无道理,只是渐渐挨将去,自有力。这么只是志不果。"(《朱子语类》卷五十九)

(71) 孩儿,你眼里也识人,嫁了这么一个叫化头。(《元曲选·破窑记》第二折)

(72) 相主事道:"这主持的极妥当,一点不差,就照着这么行。"(《醒世姻缘传》第八十五回)

(73) 晁大舍道:"这么许多家人,要那快手何用?"(《醒世姻缘传》第六回)

"这么"亦作"这末",还可写作"这们""这每",如:

(74) 又不可说这末便是本,但学其末,则本便在此也。(《朱子语类》卷四十九)

(75) 莫说他是妖怪,就是好人,这们年纪,也死得着了,掼

杀他罢，驮他怎的？（《西游记》第三十三回）

（76）也先说："这每便好也。"（《近代汉语语法资料汇编·元代明代卷·正统临戎录取》）

"这么样"是由"这么"和"样（儿）"构成，用作代词初见于明代，清代比较多见，如：

（77）非幻站在左壁厢，看见这些妖精这么样儿搬弄，说道："师父，你莫道此人全没用，也有三分鬼画符。"（《三宝太监西洋记》第七回）

（78）金生道："这么样罢，咱们两个结盟拜把子罢。"（《三侠五义》第三十七回）

"这么""这么样"亦可表达程度，见于明清时期，其中"这么"较多，"这么样"比较少见，如：

（79）狄希陈笑道："你合他婶子这么好，原来都有这等的妙法！我就不能如此，所以致的你嫂子不自在。"（《醒世姻缘传》第五十八回）

（80）尤氏向贾珍说道："从来大夫不像他说的这么痛快，想必用的药也不错。"（《红楼梦》第十回）

（81）长老道："高便有这么样儿高，只是个竹竿样儿，不济事。"（《三宝太监西洋记》第七回）

（82）袭姑娘从小儿只见宝兄弟这么样细心的人，你何尝见过天不怕地不怕、心里有什么口里就说什么的人。（《红楼梦》第三十四回）

【如此】【如是】

"如此""如是"是由动词"如"后加代词"此""是",它们最初当是动宾结构,义为"如这样""像这样"。此后"如"的意义弱化,"如此""如是"演变为"这样"义,上古汉语已见,近代以后仍有用例。① 如:

(83) 如此,则国之灭亡无日矣。(《礼记·乐记》)

(84) 且说邓芝回见孔明,言魏延、陈式如此无礼。(《三国演义》第一百回)

(85) 如是则长众使民,不可不慎也。(《国语·周语》)

(86) 如是半月,幼谦有些胆怯了,对惜惜道:"我此番无夜不来,你又早睡晚起,觉得忒胆大了些!万一有些风声,被人知觉,怎么了?"(《初刻拍案惊奇》卷二十九)

"如此""如是"用来表达程度见于近代汉语时期,其中"如此"比较常见,而"如是"不多见,如:

(87) 若不是师父点觉吵,怎能够如此快活呵。(《元刊杂剧三十种·马丹阳三度任风子》第四折)

(88) 梁贞明四年三月里,将军裴玄庆、洪儒、卜智谦、申宗谦等四个人,到太祖宅里商量道:"弓王如此无道,怎受他苦?咱众人们特来报告,愿主公用心救百姓受苦。"(《朴通事谚解》下)

(89) 既为菊如是碌碌,究竟不知菊有何妙处,不禁有所问,第八便是《问菊》。(《红楼梦》第三十七回)

---

① "如是"用作动词短语在文献中可见到用例,如《礼记·哀公问》:"君子言不过辞,动不过则,百姓不命而敬恭,如是则能敬其身。"(此例引自《汉语大词典》)文献中不见"如此"用作动宾短语的例句,一般用为代词。

第四节　"那"系词

【那】【那样】【那等】【那般】

"那"始见于唐代，唐五代时期该词只用于指示，宋代以后才用作称代。如：

（90）尚书右丞陆余庆转洛州长史，其子嘲之曰："陆余庆，笔头无力嘴头硬。一朝受词讼，十日判不竟。"送案褥下。余庆得而读之，曰："必是那狗。"遂鞭之。（唐张鷟《朝野佥载》卷二）

（91）后生初学，且看小学之书，那是做人底样子。（《朱子语类》卷七）

代词"那样""那等""那般"是由"那"之后加上"样"、"等"或"般"构成的，它们较早见于宋元时期，如：

（92）而今所以无异端，缘那样人都便入佛老去了。（《朱子语类》卷二十九）

（93）有那等守护贤良老秀才，他说的来狠利害。（元武汉臣《老生儿》第一折》）

（94）曰："这许多所答，也是当时那许多人各有那般病痛，故随而救之?"①（《朱子语类》卷二十三）

---

① 冯春田（2000：130）认为，"那般"在元代才出现，嫌晚。其实，宋代已经出现了"那般"的用例。如《朱子语类》中共有 12 例。除上例外，再如：

（1）曰："谁人说无? 诚有此理。只是他那工夫大段难做，除非百事弃下，办得那般工夫，方做得。"（《朱子语类》卷四）

（2）曰："格，是到那般所在。也有事至时格底，也有事未至时格底。"（《朱子语类》卷十五）

"那""那样""那等""那般"表程度的用法在近代时期也很常见。"那""那样"表程度的用法，初见于明代，如：

（95）料着你那细详时，是买不得马。（《朴通事谚解》上）

（96）想着迎头儿，俺每使着你，只推不得闲，"爹使我往桂姨家送银子去哩"，叫的桂姨那甜。（《金瓶梅词话》第二十一回）

（97）只因八月内哥儿着了惊諕不好，娘昼夜忧戚，那样劳碌，连睡也不得睡。（《金瓶梅词话》第六十二回）

（98）行者笑道："正是那样哀痛，再不许住声。你这呆子哄得我去了，你就不哭。我还听哩！若是这等哭便罢；若略住住声儿，定打二十个孤拐！"（《西游记》第三十九回）

"那等"表程度较早见于关汉卿的戏曲作品，但数量很少见，真正大量使用是明代以后，如：

（99）我则做这等本分的营生买卖，似别的那等歹勾当我也不做他。（《关汉卿戏曲集·钱大尹智勘绯衣梦》第二折）

（100）那套唱都听的熟了，怎生如他那等滋润？（《金瓶梅词话》第三十五回）

语料库显示"那般"表达程度较早见于《大宋宣和遗事·亨集》："况凤烛龙灯之下，严妆整扮，各排绮宴，笙箫细乐，都安排接驾，那般的受用，那肯顾我来？"由于此文献时代有疑议，因此"那般"表程度较为可靠的用例应是在明代以后，如：

（101）那般不小心收拾身己，可知得这证候。（《朴通事谚解》中）

（102）国王闻言，即请行者出皇宫，到宝殿，拜谢了道："长老，你早间来的模样，那般俊伟，这时如何就改了形容？"（《西游记》第七十九回）

（103）但师父骑的马，那般高大肥盛，只驮着老和尚一个，教他带几件儿，也是弟兄之情。（《西游记》第二十三回）

【那么】【那们】

代词"那么"是由"那"与"么"构成，较早见于元代，一直到明代汉语，"那么"的使用都不常见，清代之后用例渐多，如：

（104）我则是那么道，休着街坊人家笑话。（《元曲选·老生儿》楔子）

（105）相于廷道："那么跑一步的也不是人！咱拿出陈阁老打高夫人的手段来，替哥教诲教诲，兜奶一椎，抠定两脚，脊梁一顿拳头，我要不治的他赶着我叫亲亲的不饶他！"（《醒世姻缘传》第五十八回）

（106）贾牢头道："不是那么说。你与相公商量商量，怎么想个法子，将他的亲戚咬出来。我们弄他的银钱，好照应你们相公啊。是这么个主意。"（《七侠五义》第三十七回）

"那么"在近代汉语的文献里常写作"那们"，偶尔写作"那末"。① 如：

（107）那们时，如今少甚么？（《朴通事谚解》中）

（108）那们时，你两个先去，我两个后头慢慢的赶将头口去。

---

① 近代汉语里与"那么"意义相当的词语有"任摩""恁么""异没""熠没""与摩""溍么"等，都是统一词语的异写形式。（江蓝生，1995）

（《老乞大谚解》上）

（109）今夜，<u>那末</u>着棋子，不消再下了。（《野叟曝言》第三十一回）

"那么"表程度的用法较早见于清代文献，如：

（110）宝钗笑向那周奶妈道："周妈，你们姑娘还是<u>那么</u>淘气不淘气了?"（《红楼梦》第三十一回）

（111）嗳哟! 姑太太，不是我哟，我没<u>那么</u>大造化哟! （《儿女英雄传》第二十七回）

"那们"表程度的用法不太常见，明清文献中偶见，如：

（112）八戒见了，捶胸道："咦! 那妖怪晦气呀! 卷我这夯的，连手都卷住了，不能得动，卷<u>那们</u>滑的，倒不卷手。他那两只手拿着棒，只消往鼻里一搠，那孔子里害疼流涕，怎能卷得他住?"（《西游记》第七十六回）

（113）既是叫咱往<u>那们</u>远去，自然送到咱地头。（《醒世姻缘传》第八十三回）

【许】

"许"，用作"这般"义的代词始见于中古汉语，近代以后仍有使用，如：

（114）重帘持自鄣，谁知<u>许</u>厚薄。（《乐府诗集·清商曲辞一·子夜歌三十》）

（115）数回细写愁仍破，万颗匀圆讶<u>许</u>同。（唐杜甫《野人送

朱樱》)

"许"用来表程度在唐五代时期已有个别用例，元明以后渐多。"许"的搭配词比较单一，最常见的是"大"，其次是"远"，其他搭配词比较少见。如：

(116) 少少之筵犹可，况当<u>许</u>大因缘，七朝人众饼阗，实即。(《敦煌变文集新书·维摩诘所说经讲经文》)

(117) 陛下，这两个逆子，封<u>许</u>大官职！(《元刊杂剧三十种·承明殿霍光鬼谏》第一折)

(118) 三藏又行了<u>许</u>远，下了山，只闻得一声响喨，真个是地裂山崩。(《西游记》第十四回)

(119) 原来这十路军马，都是曾经训练精兵，更兼这十节度使，旧日都是在绿林丛中出身，后来受了招安，直做到<u>许</u>大官职，都是精锐勇猛之人，非是一时建了<u>些</u>少功名。(《水浒传》第七十八回)

第五节　类型学的证据

一　汉语方言指示义的程度词

Chinfa Lien（2014）指出，明末清初闽南语戏文中"远指/近指指示词＋样式类别词/计量词"构式经历了语法化过程，获得了程度语义。"许"（Hur^2，远指）/"只"（tsi^2，近指词）和"样"（iunn^7，类别词）构成独特"许/只样"。在这一过程中，"许/只样"能够形成形容词的程度修饰语，且语音会发生变化，分别读作合音词"向"（hiunn^3）和"障"（tsiunn^3）。合成词"向""障"形成之后，合成词中原有的样式义就会淡化，淡化之后所留下的空缺可以通过加上新兴的样式类词语"般"（puann^1）、"生"（sinn^1）和"年"（ni^5）来补充，即形成新的构式"向般""向生""向年"／"障般""障生""障年"，也可用来表达程度义。从"指示词＋样式词"到表达程度加深，用来修饰程度形容词，或蜕变成具有篇章功能的照应词，再发展到"指示词＋样式词"，反映了"叶氏循环"的新陈代谢现象（phenomenon of Jespersen's Cycle）。

此外，文章还讨论了"指示词＋数量词"构式的语法化问题。近指词"只"（tsi^2）＋数量词"伙"（ua^7）构成合音词"拙"（tsuah^4）。"拙"可以指"这些"或"这么"，前一意义较能反映原来的组合意义，后一意义是进一步演化的结果。当"拙"的数量义淡化之后，就可转化为程度加强词，这是叶氏循环的又一个例。远指词"许"＋"伙"构成合音词"喝"或"歇"，但使用极少。

陈丽雪（2009）以16世纪泉州话与潮州话的南戏戏文《荔镜记》为语料，从语义学的角度观察《荔镜记》中的5个指示词"只""拙""障""许""向"向程度义演变的语法化问题。这五个指示词若依据远近指原则可分近指"只""拙""障"与远指"许""向"两类；依据词语和义位关系可分单纯词"只""许"与合音词"拙""障""向"。其中"只""许"为两组相对的近远指，相当于现代台湾闽南语"tsit/hit""tse/he""tsia/hia"；"障""向"则为另两组相对的近远指词，应为"只样/许样"（这样/彼样）、"只种/许种"（这种/彼种）的合音；"拙"只是单独一组词，没有相对的远指合音词，可能相当于泉州方言的"tsuai^5"（只伙，这些）或"tsuan^3"、"tsuah^4"（只款，这么）。

《荔镜记》戏文中出现的"只""拙""障""许""向"5个指示词发生了认知域的转变。指示（deictic）是以说话者坐落为参照点来指称人、事、物，原先都是空间性的，指人、指物、指事，很难说孰先孰后。空间总是具体的，时间总是抽象的，认知的发展总是先具体再抽象，因此从空间转到时间就是认知的单向发展历程，即空间转入非空间。指示词转入程度词时即失去其空间指示性，但"只"（近指）、"许"（远指）之别可能发展出其他语义（如情感、篇章或言谈上）的不同，严格地说，以说话者为参照点的主观意义还保存着。因此，这5个指示词的指称内涵经历了从具体到抽象的语法化过程，即"空间 > 时间 > 程度 > 篇章与情感功能"四个阶段的演化过程。

二　英语指示义的强化词

现代英语中的很多强化词，早期往往是指示义的代词，但在后来的使用过程中，逐渐演化为强化词。下文将借助 Oxford English Dictionary （OED），以 such，so，that，this 等强化词为例，考察英语指示义到强化词的演化模式。

such 在现代英语中分别可用作指示代词和强化词。such 较早用作指示代词，用来指示事物的性质和数量，在古英语和中古英语时期就很常见，如971 Blickl. Hom. 189 Hwa lyfde þe þæt tu swylce scylde Æefremedest? 又如 a 1122 O. E. Chron. （Laud MS.）an. 1087 [1086] Hwam ne mæÆ earmian swylcere tide? 后来又可作强化副词，见于现代英语阶段，如1776 D. Herd Scottish Songs I. 103 The Hogan Dutch they feared such，They bred a horrid stink then。

so 的前身是 swā，具体见前文论述。OED 将古英语中的 swā 看作一个指代性副词，意为以这种方式或达到某种程度。如果隐含方式或程度，那么副词 swā 之后就不需要关联词。若方式或程度由其他词语表达，那么 swā 之后需要一个连接词 swā 或 pat 作为它的关联词（Stöffel 1901：67）。Mustanoja（1960：324）认为，表达程度用法的 so 可以追溯到古英语时期，在中古英语时期，这种用法的 so 可以与形容词、副词和动词连用。经过古英语和中古英语阶段的积累，so 在现代英语里使用极为广泛。as 作为 so（eall swā = all so）的加强形式（strengthened form），表程度的用法在古英语和中古英语中都有较多的使用，如 a 1000 Ælfric Hom. in Thorpe Anal. 61 Seo beorhtnys is ealswá eald swáþæt fyr；c 1175 Lamb. Hom. 157 Alse raðe se he walde。

that 在古英语时期就可用作指示代词，如 Beowulf（Z.）2200 Eft þæt Æe-iode ufaran dogrum, hildehlæm-mum。又如 c 888 K. Ælfred Boeth. xxxiii. §5 þæt eart eu。还可用作指示形容词，如 c 1200 Ormin 2490 Te Laferrd haffde litell rum Inn all tatt miccle riche。又如 c 1250 [see A.2]. 1297 R. Glouc.（Rolls）205 Ich wille telle tat cas。中古英语后期开始由 that 用作指示副词，表达程度，现代英语时期更为常见，如 c 1450 St. Cuthbert（Surtees）6279 His sekenes tat encrest, He gert beere him... Aboute te contre on a bere。又如 1616 in J. Russell Haigs vii.（1881）160 If I had been that unhappy as to have such a foolish thing。

this 用作指示代词初见于古英语时期，如 a 900 tr. Bæda's Hist. Pref. i.（1890）2 For þinre ðearfe & for þinre ðeode ic tis awrat。又如 c 1000 Ags. Gosp. Mark i. 27 Hwæt ys þis？也可用作指示形容词，如 c 893 K. Ælfred Oros. ii. viii. §1 þysne nyttan cræft, teh he arlic næ re, funde heora tictator, Camillis hatte。又如 c 897-Gregory's Past. C. 3（Hatton MS.）heading, Deos boc sceal to wioÆora ceastre。中古英语后期 this 开始用来表达程度，如 c 1460 Wisdom 936 in Macro Plays 66 To clense te soull wyche ys tis fowll。又如 a 1500 Chester Pl.（Shaks. Soc.）Ⅱ.11 Elles this boulde durste he not be, To make such araye.

三　墨西哥指示义的强化词

Cacoullo（2002）对墨西哥西班牙语的程度强化词缀 le 进行了考察。从词源上看，le 来自第三人称单数的与格代词（dative pronoun），经过历时的语义淡化发展，le 逐步演变为表示动作行为的强化词缀。在这个演变过程中，一方面是由于 le（leísmo）用作直接宾语和论元用法的减少；另一方面是由于 le 的代词地位和指称功能的弱化（erosion）。演变为动词强化词的过程中，le 体现了语法化的"歧变"（divergence）、"去范畴化"（decategorialization）和"滞留"（retention）原则。在其他的语言中，如现代希腊语中"dino" + tu（与格、第三人称单数）也是从与格发展出强化意义，如祈使表达式 dine tu "leave right away"（字面意义是"给他"），"tu"已不具有指称意义。

第九章　基于程度副词的文本考察

汉语历史文献众多，一些作品的成书年代和语言成分性质存在分歧，众说纷纭。语言学界通过提供语音、词汇和语法方面的材料，为这些问题的解决提供了有效的证据，大大推动了汉语历史语言学的研究和发展。程度副词对语言的变化有着敏感的反映，不少语言学家通过程度副词来考察语言的发展变化。本章研究的基本理论假设是：同一作者的语言应该保持一定程度的稳定性。如若同一文本内部的语言存在较大的差异，那么这些差异可能是由不同作家所为，也就是所说，它们可能出自不同的作家之手。下文是基于程度副词的文本分析，探讨程度副词在同一文本内部的使用上是否存在显著性差异，以判定文本是否为同一作者所作。具体考察两个案例：一是《红楼梦》前 80 回与后 40 回程度副词使用情况的对比考察；二是《金瓶梅词话》第 53—57 回与其他 95 回程度副词使用情况的对比分析。

第一节　《红楼梦》前 80 回与后 40 回的对比分析

《红楼梦》是不是同一作家所写，前 80 回和后 40 回的语言是否存在明显的差异，不少学者从语言学的角度进行过讨论，得出了两种不同的结论：一种观点认为，《红楼梦》前 80 回与后 40 回的语言没有差别或差别不大，全书是一人所作，如高本汉（B. Karlgren，1952）、陈炳藻等（2002）；另一种观点认为，《红楼梦》前 80 回与后 40 回的语言存在明显的差异，全书并非一人所作，这些差异是由不同作者的语言习惯造成的，如蒋文野（1983），王世华（1984），刘钧杰（1986），陈大康（1987）①，张卫东、刘丽川（1986），严安政（1991），俞敏（1992），晁继周（1993），郑庆山（1993），汪维辉（2010），施建军（2011）等。目前的研究表明，《红楼梦》前 80 回与后 40 回应不是一人所作，它们在语言的使用上确实存在较多的差异。下文将比对《红楼梦》前 80 回与后 40 回的程度副词，借助对数似然率（log-likelihood ratio，LLR）的统计方法，考察二者在程度副词使用上的异同，以期有所发现，并为《红楼梦》作者的判定问题提供材料。

考察发现，《红楼梦》前 80 回词语总数为 380683 个，前置程度副词 1478 个，标准化频率为 3882.5。后 40 回的总词数为 178396 个，前置程度副词 804 个，标准化频率为 4506.8，略高于前 80 回，表明程度副词在后 40 回比前 80 回更为频繁。《红楼梦》前 80 回与后 40 回在前置程度副词使用上的差异性是显著的（Log-likelihood = 11.4，$p < 0.01$），即我们有 99% 以上的把握认为《红楼梦》前 80 回与后 40 回在程度副词的使用上确实存在差异，而且随机误差造成这一差异的可能性不会多于 1%；《红楼梦》后置程度副词的使用远不及前置程度副词，前 80 回共使用 76 次，标准化频率为 199.6。后 40 回共使用 43 次，标准化频率为 241，略高于前 80 回。《红楼梦》前 80 回与后 40 回在后置程度副词的使用上不具有统计学的意义（Log-likelihood = 0.96，$p > 0.05$）。有鉴于此，下文仅以前置程度副词进行考察。

---

① 陈大康（1987）讨论过程度副词"越发"与"更加"。

表 9-1　　　　　　　《红楼梦》前 80 回与后 40 回程度副词对比

程度副词	前 80 回		后 40 回		LLR	Sig.（P）	显著性水平	
	总频率	标准化频率	总频率	标准化频率				
前置	1478	3882.5	804	4506.8	11.4	0.001	＊＊＊	-
后置	76	199.6	43	241	0.96	0.328		-

注：上表"-"表示前 80 回中程度副词具有使用不足（underuse）的特征。显著性水平标示分别是："＊＊＊"表示存在极为显著性差异，"＊＊"表示存在显著性差异，"＊"表示存在统计学意义上的差异。下同。

前置程度副词在《红楼梦》前 80 回与后 40 回的使用情况，可以分为四种情况：（一）前 80 回使用而后 40 回不用；（二）前 80 回不用而后 40 回使用；（三）二者都使用且存在显著性差异；（四）二者都使用但差异性不显著。

一　前 80 回使用而后 40 回不用

【这等】近代时期产生，明清时期常见。《红楼梦》中仅见于前 80 回，共 13 例，如：大家又笑道："怎么这等高兴！"（第 50 回）原来尤三姐这样标致，又这等刚烈，自悔不及。（第 66 回）

【那等】近代时期产生，常见于明清汉语。《红楼梦》中仅见于前 80 回，共 7 例，如：至二十二日，一齐进去，登时园内花招绣带，柳拂香风，不似前番那等寂寞了。（第 23 回）

【酷】中古时期产生，近代继续使用，但总量不多。《红楼梦》中仅见于前 80 回，共 5 例，如：长到十八九岁上，酷爱男风，最厌女子。（第 4 回）

【这们】见于明清时期，用例不多。《红楼梦》中仅见于前 80 回，共 4 例，如：周瑞家的又问板儿道："你都长这们大了！"（第 6 回）

【好生】近代时期产生，并有较多的使用。《红楼梦》中仅见于前 80 回，1 例，如：黛玉一见，便吃一大惊，心下想道："好生奇怪，倒

像在那里见过一般，何等眼熟到如此！"（第 3 回）

【何其】近代时期产生，使用不多。《红楼梦》中仅见于前 80 回，1 例，如：门子笑道："老爷当年<u>何其</u>明决，今日何反成了个没主意的人了！小的闻得老爷补升此任，亦系贾府王府之力；此薛蟠即贾府之亲，老爷何不顺水行舟，作个整人情，将此案了结，日后也好去见贾府王府。"（第 4 回）

【较】中古时期产生，近代以后有较多使用。《红楼梦》中仅见于前 80 回，1 例，如：因这事更比晴雯一人<u>较</u>甚，乃从袭人起以至于极小作粗活的小丫头们，个个亲自看了一遍。（第 77 回）

【如是】仅见于《红楼梦》，1 例，其他文献不见，如：既为菊<u>如是</u>碌碌，究竟不知菊有何妙处，不禁有所问，第八便是《问菊》。（第 37 回）

【这么样】仅见于《红楼梦》，1 例，其他文献不见，如：袭姑娘从小儿只见宝兄弟<u>这么样</u>细心的人，你何尝见过天不怕地不怕、心里有什么口里就说什么的人。（第 34 回）

二 前 80 回不用而后 40 回使用

【甚实】近代时期产生，使用不多。《红楼梦》中仅见于后 40 回，共 3 例，如：这里贾母忽然想起，和贾政笑道："娘娘心里却<u>甚实</u>惦记着宝玉，前儿还特特的问他来着呢。"（第 84 回）

【更自】近代时期产生，使用不多。《红楼梦》中仅见于后 40 回，共 3 例，如：自己坐着，觉得一股香气透入囟门，便手足麻木，不能动弹，口里也说不出话来，心中<u>更自</u>着急。（第 112 回）

【益】上古汉语频见，中古亦有较多的使用，近代以后渐少。《红楼梦》中仅见于后 40 回，共 2 例，均见于第 120 回。如：原来当初只知是贾母的侍儿，<u>益</u>想不到是袭人。又如，今日幸得相逢，<u>益</u>叹老仙翁

道德高深。(第 120 回)

由于上文一、二部分所列词语均仅见于前 80 回或后 40 回,这里将它们放在一起讨论。对于上述这些词语所反映的语言现象,需要加以区分如下。

第一,使用频率很低,仅在前 80 回或后 40 回中使用但频次很少的词语,在判定语言性质方面的价值时需要审慎考虑。因为语言的使用,与不同语体的语言特征、作者的言语风格有关,也和语言所描写的内容有着密切的关系。内容不同使用的语言词汇必然不同,低频使用的词语也可能就是由于描写对象的不同而导致的,因此它们在判定《红楼梦》前 80 回与后 40 回的语言差异不一定具有特殊的价值。"好生""何其""较""酷""如是""这么样""益"等,是仅见于前 80 回或后 40 回的词语,但使用频率都很低(多数使用 1 例,个别使用 2 例)。

第二,使用频率较高,使用范围广,仅见于前 80 回或后 40 回中的程度副词具有很高的价值。"这等"在近代汉语中使用较多,明清文献中尤为频繁,该词仅出现在《红楼梦》前 80 回而不见于后 40 回,显示了二者的显著差异。

第三,对于使用频率不太高、仅见于前 80 回或后 40 回的程度副词,如"那等""这们""更自""甚实"。我们认为需要考察曹雪芹和高鹗的其他文本,与之进行比对,方能确认它们的来源和性质。鉴于本研究没有进行这方面的研究,因此尚不能确定其价值。

三 二者都使用且存在显著性差异

不少程度副词在《红楼梦》前 80 回和后 40 回都有使用,从使用频率上看,有些多见于前 80 回,有些多见于后 40 回。通过对数似然率进行计算,一些成员在前 80 回和后 40 回的使用上存在显著性差异,另有一些成员不存在显著性差异。存在显著差异的程度副词中,有些成员的使用频率很高，甚至是程度副词的主要成员，如"更""越发""很""太""极""甚""这样"，有些成员的使用频率虽不及上述成员，但也较为常用，如"愈""忒""多"。它们在前 80 回与后 40 回的使用都存在着显著性差异（p < 0.05），或者是在前 80 回中过度使用（overuse），其显著性高于后 40 回（下表记为"＋"，下同），如"越发""太""极""多"；或者是前 80 回中使用不足（underuse），其显著性低于后 40 回（下表标记为"－"，下同），如"更""很""甚""这样""愈""忒"。下文分述如下。

【越发】前 80 回中使用 165 次，如：贾政在旁听见这些话，心里越发难过，便喝退赵姨娘，自己上来委婉解劝。（第 25 回）后 40 回使用 35 次，如：袭人才将心事说出，蒋玉菡也深为叹息敬服，不敢勉强，并越发温柔体贴，弄得个袭人真无死所了。（第 120 回）

【太】前 80 回中使用 138 次，如：平儿又把方才的话说与袭人听道："真真这话论理不该我们说，这个大老爷太好色了，略平头正脸的，他就不放手了。"（第 46 回）后 40 回使用 43 次，如：贾蔷便说："你们闹的太俗。我要行个令儿。"（第 117 回）

【极】前 80 回中使用 117 次，如：雨村道："当日宁荣两宅的人口也极多，如何就萧疏了？"（第 2 回）后 40 回使用 31 次，如：内中有个极富的人家，姓周，家财巨万，良田千顷。（第 119 回）

【多】前 80 回中使用 20 次，如：咱们村庄人，那一个不是老老诚诚的，守多大碗儿吃多大的饭。（第 6 回）后 40 回使用 2 次，如：雨村心想，"这也奇怪，我才出来，走不多远，这火从何而来？莫非士隐遭劫于此？"（第 104 回）

以上的程度副词在前 80 回的显著性高于后 40 回，以下的程度副词在前 80 回的使用显著性低于后 40 回，举例如下。

【更】前 80 回中使用 243 次，如：贾环素日怕凤姐比怕王夫人更甚，听见叫他，忙唯唯的出来，赵姨娘也不敢则声。（第 20 回）后 40

回使用 195 次，如：老太太想想，这倒是近处眼见的，若不好更难受。（第 100 回）

【很】前 80 回中使用 87 次，如：昨日冯紫英荐了他从学过的一个先生，医道很好，瞧了说不是喜，竟是很大的一个症候。（第 11 回）后 40 回使用 100 次，如：薛姨妈便问道："刚才我到老太太那里，宝哥儿出来请安还好好儿的，不过略瘦些，怎么你们说得很利害？"（第 97 回）

【甚】前 80 回中使用 80 次，如：太爷听了甚喜欢，说："这才是。"（第 11 回）后 40 回使用 61 次，如：贾母提起他女婿甚好，史湘云也将那里过日平安的话说了，请老太太放心。（第 108 回）

【这样】前 80 回中使用 69 次，如：又想了一想，托主子洪福，想不到的这样荣耀，就倾了家，我也是愿意的。（第 45 回）后 40 回使用 57 次，如：我恨他为什么这样胆小，一身作事一身当，为什么要逃。（第 92 回）

【愈】前 80 回中使用 14 次，如：自此凤姐胆识愈壮，以后有了这样的事，便恣意的作为起来，也不消多记。（第 16 回）后 40 回使用 23 次，如：自此贾琏心里愈敬平儿，打算等贾赦回来要扶平儿为正。（第 119 回）

【忒】前 80 回中使用 14 次，如：人都别忒势利了，况且都作的是什么有脸的好事！（第 10 回）后 40 回使用 14 次，如：莺儿背地也说宝钗道："姑娘忒性急了。"（第 98 回）

表 9 – 2　　前 80 回和后 40 回都使用且存在显著性差异的程度副词

	前 80 回	后 40 回	LLR	Sig.（P）	显著性水平	
更	243	195	30.35	0	***	-
越发	165	35	21.3	0	***	+
很	87	100	37	0	***	-
太	138	43	5.84	0.016	*	+
极	117	31	8.83	0.003	**	+

续表

	前 80 回	后 40 回	LLR	Sig.（P）	显著性水平	
甚	80	61	7.95	0.005	＊＊	－
这样	69	57	9.73	0.002	＊＊	－
愈	14	23	14.22	0	＊＊＊	－
忒	14	14	3.93	0.047	＊	－
多	20	2	6.54	0.011	＊＊	＋

　　表 9－2 所列的程度副词多有较高的使用频率。这些词语，特别是高频程度副词在《红楼梦》前 80 回与后 40 回使用上的差异，绝非偶然，应当是语言事实的客观反映。据此来判定《红楼梦》前 80 回与后 40 回的语言是否存在差异，乃至是否为同一作者所作，具有较高的可信度。按照常理，前 80 回与后 40 回若为一人所写，那么它们在语言的使用上，尤其是在常用词语的使用上应该具有一致性。"更""越发""很""太""极""甚"等都是汉语史中极为重要的程度副词，有着很高的使用频率，均是其所属程度副词下属类别的主要成员。这些词语在《红楼梦》中使用很频繁，但在前 80 回与后 40 回的使用存在着显著性差异（p＜0.05），或是前 80 回中的使用显著高于后 40 回，抑或是前 80 回中的使用显著低于后 40 回（见前论述）。对于这些词语，我们有 95% 以上的把握认为，它们在《红楼梦》的前 80 回与后 40 回的使用上存在显著性的差异。根据这些词语，我们认为《红楼梦》的前 80 回和后 40 回的语言确实存在明显的差异。

四　二者都使用但差异性不显著

　　一些程度副词在《红楼梦》前 80 回和后 40 回中都使用，但不存在显著性的差异。"最""这么""越""还₁"在近代汉语中使用频繁，是很常见的程度副词，它们在《红楼梦》的前 80 回与后 40 回没有明显的差异，如：

【最】前 80 回中使用 135 次，如：长到十八九岁上，酷爱男风，<u>最</u>厌女子。（第 4 回）后 40 回使用 52 次，如：我们家的亲戚只有咱们这里和王家<u>最</u>近。（第 114 回）

【这么】前 80 回中使用 91 次，如：孩子们已长的<u>这么</u>大了，"没吃过猪肉，也看见过猪跑"。（第 16 回）后 40 回使用 56 次，如：平儿听说，连忙止住哭，道："奶奶说得<u>这么</u>伤心。"（第 101 回）

【越】前 80 回中使用 77 次，如：探春道："<u>越</u>往前去越冷了，老太太未必高兴。"（第 39 回）后 40 回使用 33 次，如：自己假装睡着，偷偷的看那五儿，<u>越</u>瞧越像晴雯，不觉呆性复发。（第 109 回）

【还₁】前 80 回中使用 42 次，如：但这一个学生，虽是启蒙，却比一个举业的<u>还</u>劳神。（第 2 回）后 40 回使用 17 次，如：后来听见凤姐叫他进来伏侍宝玉，竟比宝玉盼他进来的心<u>还</u>急。（第 109 回）

另有一些程度副词的使用频率不及上述词语，它们在《红楼梦》的前 80 回与后 40 回均有使用，但二者对比也无显著性差异。如：

【怪】前 80 回中使用 29 次，如：宝玉推他道："我往那去呢，见了别人就<u>怪</u>腻的。"（第 19 回）后 40 回使用 10 次，如：宝玉道："问他作什么，咱们吃饭罢。吃了饭歇着罢，心里闹的<u>怪</u>烦的。"（第 85 回）

【益发】前 80 回中使用 29 次，如：宝玉听了，<u>益发</u>疑惑起来，忙转过山石看时，只见藕官满面泪痕，蹲在那里，手里还拿着火，守着些纸钱灰作悲。（第 58 回）后 40 回使用 18 次，如：大凡人念书，原为的是明理，怎么你<u>益发</u>胡涂了。（第 100 回）

【何等】前 80 回中使用 13 次，如：竟不如宝二爷应了，大家无事，且除这几个人皆不得知道这事，<u>何等</u>的干净。（第 61 回）后 40 回使用 6 次，如：追想在园中吟诗起社，<u>何等</u>热闹，自从林妹妹一死，我郁闷到今，又有宝姐姐过来，未便时常悲切。（第 106 回）

【至】前 80 回中使用 13 次，如：只有几个亲戚是<u>至</u>近的，等做过三日安灵道场方去。（第 15 回）后 40 回使用 3 次，如：便道："世兄谬赞，实不敢当。弟是<u>至</u>浊<u>至</u>愚，只不过一块顽石耳，何敢比世兄品望高清，实称此两字。"（第 115 回）

【那么】前 80 回中使用 7 次，如：前儿亏你还有<u>那么</u>大脸，打发人和我要鹅黄缎子去！（第 29 回）后 40 回使用 8 次，如：贾母笑道："凤丫头病到这地位，这张嘴还是<u>那么</u>尖巧。"（第 105 回）

【那样】前 80 回中使用 11 次，如：如今虽说不及先年<u>那样</u>兴盛，较之平常仕宦之家，到底气象不同。（第 2 回）后 40 回使用 4 次，如：探春因嘱咐湘云道："妹妹，回来见了老太太，别像刚才<u>那样</u>冒冒失失的了。"（第 83 回）

【过】前 80 回中使用 12 次，如：贾母笑道："姨太太今儿也<u>过</u>谦起来，想是厌我老了。"（第 40 回）后 40 回使用 7 次，如：众人原恐宝玉病后<u>过</u>哀，都来解劝，宝玉已经哭得死去活来，大家搀扶歇息。（第 98 回）

【这般】前 80 回中使用 8 次，如：今日<u>这般</u>热闹，想那里自然无人，那美人也自然是寂寞的，须得我去望慰他一回。（第 19 回）后 40 回使用 5 次，如：不一时，宝钗袭人也都起来，开了门见宝玉尚睡，却也纳闷："怎么外边两夜睡得倒<u>这般</u>安稳？"（第 109 回）

【好不】前 80 回中使用 7 次，如：所以我这两日<u>好不</u>烦心，焦的我了不得。（第 10 回）后 40 回使用 4 次，如：西平王领了，<u>好不</u>喜欢，便与北静王坐下，着赵堂官提取贾赦回衙。（第 105 回）

【颇₁】前 80 回中使用 10 次，如：原来这夏家小姐今年方十七岁，生得亦<u>颇</u>有姿色，亦<u>颇</u>识得几个字。（第 79 回）后 40 回使用 1 次，如：贾母道："近来<u>颇</u>肯念书。因他父亲逼得严紧，如今文字也都做上来了。"（第 83 回）

【极其】前 80 回中使用 4 次，如：两家来往，<u>极其</u>亲热的。（第 2 回）后 40 回使用 1 次，如：岂知过了门，见那蒋家办事<u>极其</u>认真，全都按着正配的规矩。（第 120 回）

【尤】前 80 回中使用 4 次，如：贾琏之俗，凤姐之威，他竟能周全妥贴，今儿还遭荼毒，想来此人薄命，比黛玉<u>犹</u>甚。（第 44 回）后 40 回使用 3 次，如：宝玉是从来没有经过这大风浪的，心下只知安乐、不知忧患的人，如今碰来碰去都是哭泣的事，所以他竟比傻子<u>尤</u>甚，见人哭他就哭。（第 107 回）

【绝】前 80 回中使用 2 次，如：中间虽说不是玉，却是<u>绝</u>好的硝子石，石上镂出山水人物楼台花鸟等物。（第 92 回）后 40 回使用 2 次，如：我那里还有两个<u>绝</u>好的孩子，从没出门。（第 47 回）

【顶】前 80 回中使用 1 次，如：再要<u>顶</u>细绢箩四个，粗绢箩四个……生姜二两，酱半斤。（第 42 回）后 40 回使用 1 次，如：临安伯过来留道："天色尚早，听见说蒋玉菡还有一出《占花魁》，他们<u>顶</u>好的首戏。"（第 93 回）

【那般】前 80 回中使用 1 次，如：凤姐儿见人来了，便不似先前<u>那般</u>泼了，丢下众人，便哭着往贾母那边跑。（第 44 回）后 40 回使用 1 次，如：那身子顿觉健旺起来，只不过不似从前<u>那般</u>灵透……却与病时光景大相悬绝了。（第 97 回）

【偌】前 80 回中使用 1 次，如：若直待贵妃游幸过再请题，<u>偌</u>大景致，若干亭榭，无字标题，也觉寥落无趣，任有花柳山水，也断不能生色。（第 17 回）后 40 回使用 1 次，如：又想："老太太<u>偌</u>大年纪，儿子们并没有自能奉养一日，反累他吓得死去活来。种种罪孽，叫我委之何人！"（第 106 回）

【特】前 80 回中使用 1 次，如：再者，市井俗人喜看理治之书者甚少，爱适趣闲文者<u>特</u>多。（第 1 回）后 40 回使用 1 次，如：大爷说自从家里闹的<u>特</u>利害，大爷也没心肠了，所以要到南边置货去。（第 86 回）

【怎么】前 80 回中使用 1 次，如：又有二奶奶在旁边凑趣儿，夸宝玉又是<u>怎么</u>孝敬，又是怎样知好歹，有的没的说了两车话。（第 37 回）后 40 回使用 1 次，如：贾政又命贾琏："打听好大夫，快去请来瞧老太太的病。咱们家常请的几个大夫，我瞧着不<u>怎么</u>好，所以叫你去。"（第 109 回）

表 9 – 3   前 80 回和后 40 回都使用但无显著性差异的程度副词

	前 80 回	后 40 回	总量	LLR	Sig.（P）	
最	135	52	187	1.48	0.223	+
这么	91	56	147	2.51	0.113	−
越	77	33	110	0.19	0.666	+
还₁	42	17	59	0.26	0.607	+
益发	29	18	47	0.86	0.355	−
怪	29	10	39	0.73	0.392	+
何等	13	6	19	0	0.975	+
过	12	7	19	0.21	0.649	−
至	13	3	16	1.4	0.236	+
那么	7	8	15	2.93	0.087	−
那样	11	4	15	0.2	0.658	+
这般	8	5	13	0.25	0.628	−
好不	7	4	11	0.1	0.754	−
颇₁	10	1	11	3.27	0.071	+
极其	4	1	5	0.36	0.551	+
尤	4	3	7	0.37	0.544	−
绝	2	2	4	0.56	0.454	−
顶	1	1	2	0.28	0.596	−
那般	1	1	2	0.28	0.596	−
偌	1	1	2	0.28	0.596	−
特	1	1	2	0.28	0.596	−
怎么	1	1	2	0.28	0.596	−

如上文一、二、三所示，《红楼梦》前 80 回和后 40 回中程度副词的使用上存在着很明显的差异，或者是仅出现在前 80 回或后 40 回，或者是虽然在前 80 回或后 40 回都使用，但在两部分之间却具有统计学上的差异性。那么，是否可以依据四所述不具备显著性差异的程度副词，进而判定《红楼梦》前 80 回和后 40 回没有差异呢？我们认为，四所反映的是语言使用过程中的正常现象，并不能据此就简单地否定《红楼梦》内部语言的差异，进而认为前 80 回或后 40 回之间没有差异。观察

表 9-3 发现，这些词语的使用情况差别很大：既有近代汉语时期使用极多的"最""这么""越"，它们是近代汉语时期使用最为频繁的程度副词成员，是当时语言中的基本词汇。它们在当时的使用情况应该是，不同的作者、不同的文献都会使用这些词语，因此它们在《红楼梦》的前 80 回与后 40 回不存在明显的差异，实属正常；也有使用较频繁的"还$_1$""怪""益发""何等""过""至"，更有不少使用频率较低的"尤""绝""极其""顶"等词语。我们推测大致有两种可能：一种可能是反映了当时语言使用的真实情况，它们在不同的文献、不同的作者笔下均有使用且不存在明显差异，因此在《红楼梦》的前 80 回和后 40 回使用且不存在明显差异；另一种可能是偶然因素所致，也就是说，虽然《红楼梦》的前 80 回与后 40 回的作者不同，但不同作者在这些词语的使用上并没有明显的差异，只是偶然相同而已。①

第二节　《金瓶梅词话》文本的分析

关于《金瓶梅词话》第 53—57 回的语言性质，② 已有不少学者进行过讨论，如韩南（1975）、朱德熙（1985）、张惠英（1992）、潘承玉（1997）、吴敢（2001）、蒋朝军（2004、2006）、孟昭连（2005）、殷晓杰和仁丹（2015）等，大都认为第 53—57 回与其他的 95 回（以下称为"95"回）的方言背景不同，语言上存在较大差异，或为"陋儒补入"。下文以程度副词为例，考察《金瓶梅词话》第 53—57 回与"95"回在程度副词使用上的异同，管窥二者的语言性质，以求对《金瓶梅词话》的语言研究有所补益。

考察发现，《金瓶梅词话》共 100 回，第 53—57 回的总词数为24435 个，前置程度副词 74 个，标准化频率为 3028.4。"95"回的总词

---

① 形成这种现象的具体原因是很复杂的，这里没有对此进行专门考察，容后专文讨论。
② 《金瓶梅》有不同的版本系统，本书依据的是词话本。

数为462470个，前置程度副词860个，标准化频率为1859.6，明显低于第53—57回。也就是说，《金瓶梅词话》第53—57回在程度副词的使用上明显比"95"回要频繁得多。《金瓶梅词话》第53—57回与"95"回在前置程度副词使用上的差异极为显著（Log-likelihood = 14.17，p < 0.001）。也就是说，我们有99.9%以上的把握认为《金瓶梅词话》第53—57回与"95"回在程度副词的使用上确实存在差异，而且随机误差造成这一差异的可能性不会多于0.1%；《金瓶梅词话》后置程度副词的使用远不及前置程度副词，第53—57回共使用3次，标准化频率为122.8。而"95"回共使用31次，标准化频率为67，低于第53—57回。但第53—57回与"95"回在后置程度副词的使用上不具备统计学的意义（Log-likelihood = 0.85，p > 0.05）。因此，下文亦仅对其前置程度副词进行考察。

表9-4　　　《金瓶梅词话》第53—57回与"95"回程度副词对比

程度副词	第53—57回		"95"回		LLR	Sig.（P）	显著性水平	
	总频率	标准化频率	总频率	标准化频率				
前置	74	3028.4	860	1859.6	14.17	0.000	＊＊＊	+
后置	3	122.8	31	67	0.85	0.356		+

注：上表"+"表示第53—57回中程度副词具有过度使用（overuse）的特征。

对比《金瓶梅词话》第53—57回与"95"回的前置程度副词，存在以下四种类型：（一）第53—57回使用而"95"回不用；（二）第53—57回不用而"95"回使用；（三）二者都使用且存在显著性差异；（四）二者都使用但差异性不显著。

一　第53—57回使用而"95"回不用

【这等样】近代时期使用，用例不多。《金瓶梅词话》中仅见于第57回，1例，如：佛阿老爹，你这等样好心作福，怕不的寿年千岁，五

男二女，七子团圆。（第 57 回）

【更自】近代时期产生，不多见。《金瓶梅词话》中仅见于第 57 回，1 例，如：只是我还有一件，说与你老人家，这个因果费不甚多？更自获福无量。（第 57 回）

二 第 53—57 回不用而"95"回使用

【越发】近代时期产生并被频繁地使用，《金瓶梅词话》共使用"越发"68 例，都见于"95"回之中，第 53—57 回中无一用例，如：西门庆注目停视，比初见时节儿越发齐整。（第 59 回）又，气的你有些好歹，越发不好了！（第 86 回）

【那等】近代时期使用，多用于《金瓶梅词话》之中。该书中"那等"11 例，均见于"95"回，第 53—57 回无用例，如：那套唱都听的熟了，怎生如他那等滋润？（第 35 回）

【多】近代时期使用，但不多见。《金瓶梅词话》共 10 例，均见于"95"回，如：官不知多大，玉带显功名。（第 71 回）

【还₁】近代时期新兴，多见于《红楼梦》之中，《金瓶梅词话》使用 6 例，均见于"95"回，如：这个老婆属马的，小金莲两岁，今年二十四岁了，生的黄白净面，身子儿不肥不瘦，模样儿不短不长，比金莲脚还小些儿。（第 22 回）

【那】近代时期使用，多用于《金瓶梅词话》之中。该书中"那"7 例，均见于"95 回"，如：月娘又是那恼，又是那羞，口里骂道："好个没根基的王八羔子！"（第 86 回）

【那样】近代时期使用，多用于《红楼梦》之中，《金瓶梅词话》5 例，均见于"95"回，如：想起当初有西门庆在日，姊妹们那样热闹。（第 91 回）

【益】上古时期已很常见，中古仍被频繁地使用，近代以后渐少。

《金瓶梅词话》中"益"5例，仅见于"95"回，如：良久，圣旨下来："贤卿献颂，<u>益</u>见忠诚，朕心嘉悦。"（第71回）

【恁般】近代时期使用，多见于明代文献，如《平妖传》《水浒传》等，《金瓶梅词话》共4例，仅见于"95"回，如：春梅听了，说道："这厮<u>恁般</u>无礼！雪娥那贱人卖了，他如何又留住在外?"（第99回）

【过】上古已见，中古、近代使用频繁。《金瓶梅词话》中使用4例，仅见于"95"回，如：经衬又且<u>过</u>厚，令小道愈不安。（第39回）

【何等】近代时期新兴，使用不多。《金瓶梅词话》使用3例，仅见于"95"回，如：衙内未娶玉楼来时，他便逐日顿羹顿饭，殷勤伏侍；不说强说，不笑强笑，<u>何等</u>精神。（第91回）

【许】近代时期新兴，多见于《西游记》。《金瓶梅词话》使用4例，仅见于"95"回，如：西门庆道："就是往胡公处，去路尚<u>许</u>远。纵二公不饿，其如从者何? 学生不敢具酌，只备一饭在此，以犒手下从者。"（第51回）

【怎么】近代时期产生，但使用不多。《金瓶梅词话》使用3例，仅见于"95"回，第53—57回中无用例，如：洪四儿笑道："哥儿，我看你行头不<u>怎么</u>好，光一味好撇！"（第58回）

【至】上古、中古时期使用频繁，近代以后逐渐少用。《金瓶梅词话》中使用不多，只有2例，均见于第69回，如：王三官道："好娘，如今事在<u>至</u>急，请他来，等我与他陪个礼儿便了。"（第69回）

【教】近代新兴，使用较多。仅在《金瓶梅词话》第1回发现1例，如：原来猛虎项短，回头看人<u>教</u>难，便把前爪搭在地下，把腰胯一伸，掀将起来；武松只一躲，躲在侧边。[①]（第1回）

根据上述一、二部分可知，仅见于第53—57回而不见于"95"回的程度副词数量较少，且使用频率不高，这可能与《金瓶梅词话》第

---

① "较"表程度，亦作"教"，一并统计为"较"。

53—57 回的章节较少、词数不多紧密有关。与此相反，见于"95"回而不见于第 53—57 回的程度副词数量较多。特别值得注意的是，"越发"是近代汉语时期新兴的"更"类词，使用极为频繁，此期的各种文献中都很常见。《金瓶梅词话》中"越发"共使用 68 次，仅见于"95"回却不见于第 53—57 回，说明二者在该词的使用上确实存在明显差异。"那等""多""还₁"在近代时期也使用较多，在《金瓶梅词话》中分别使用 11 次、10 次和 6 次，但它们也都仅见于"95"回而不见于第 53—57 回。以上词语对判定第 53—57 回和"95"回的语言差异具有很强的区分度，足以显示出二者的差别。

三 二者都使用且存在显著性差异

一些程度副词在《金瓶梅词话》的第 53—57 回与其他的"95"回都有使用，从使用频率上看，有些多见于第 53—57 回，有些少见于第 53—57 回。利用对数似然率进行计算，部分程度副词在第 53—57 回和"95"回在使用上具有统计学上的差异性（$p < 0.05$），可能是第 53—57 回中过度使用（overuse），其显著性高于"95"回，如"极""益发""恁地""这样""怪""绝"；也可能是第 53—57 回中使用不足（underuse），其显著性低于"95"回，如"甚"。还有不少程度副词在二者的使用上不存在统计学的差异性（$p > 0.05$）。这里先谈存在显著差异的程度副词，它们中有些成员的使用频率很高，是程度副词的主要成员，如"甚"是该书中使用最多的程度副词，第 53—57 回仅使用 2 次，而在"95"回被大量地使用，共 154 次，显示了二者的差别。"极""益发""恁地""这样""怪""绝"在第 53—57 回中均被过度使用，尤其是"恁地"和"这样"二词在第 53—57 回的使用竟比"95"回还要多，充分说明其差异性。具体如下：

【甚】《金瓶梅词话》中使用较多，其中第 53—57 回中仅使用 2 次，如：我还记的他一篇文字，做得<u>甚</u>好。（第 56 回）"95"回中共使用 154 例，大大超过了第 53—57 回，如：吴月娘见雪下在粉壁前太湖石上，<u>甚</u>厚。（第 21 回）

【极】《金瓶梅词话》中也使用较多，其中第 53—57 回中使用 14 次，如：西门庆道："<u>极</u>妙了！"（第 54 回）"95"回中共 41 例，如：平昔街坊邻舍，恼咱的<u>极</u>多。（第 17 回）

【益发】第 53—57 回中使用 6 次，如：薛姑子又道："老爹你<u>一发</u>呆了，说那里话去细细等将起来？止消先付九两银子，交付那经坊里，要他印造几千几万卷，装钉完满，以后一搅果算还他工食纸札钱儿就是了。却怎地要细细算将出来？"①（第 56 回）"95"回使用 8 次，如：李瓶儿因过门日子近了，比常时<u>益发</u>喜欢得了不的。（第 16 回）

【恁地】第 53—57 回中共使用 8 次，如：李瓶儿就叫奶子抱出官哥来。只见眉目稀疏，就如粉块妆成一般，笑欣欣直攒到月娘怀里来，月娘把手接着，抱起道："我的儿，<u>恁地</u>乖觉。长大来定是聪明伶俐的。"（第 57 回）"95"回使用 3 次，如：那婆子听了道："大郎直<u>恁地</u>晓事！既然娘子这般说，老身且收下。"（第 3 回）

【这样】第 53—57 回中使用 7 次，如：小玉捧了茶进房去，月娘才起来，闷闷的坐在房里，说道："我没有儿子，受人<u>这样</u>懊恼。我求天拜地，也要求一个来，羞那些贼淫妇的秘脸！"（第 53 回）"95"回中使用 3 次，如：常言道："世上钱财倘来物，那是长贫久富家。紧着起来，朝廷爷一时没钱使，还问太仆寺借马价银子支来使。休说买卖的人家，谁肯把钱放在家里？各人裙带上衣食，老人家，到不消<u>这样</u>费心。"（第 7 回）

【怪】第 53—57 回中使用 3 次，如：因前夜吃了火酒，吃得多了，嗓子儿<u>怪</u>疼的要不得，只吃些茶饭粉汤儿罢。（第 54 回）"95"回共使

---

① "益发"亦作"一发"，一并统计为"益发"。

用 5 次，如：看见他两个推倒了酒，一径扬声骂玉箫："好个怪浪的淫妇！见了汉子，就邪的不知怎么样儿的了！只当两个把酒推倒了才罢了，都还嘻嘻哈哈，不知笑的是甚么？把火也溅死了，平白落了人恁一头灰！"（第 46 回）

【绝】第 53—57 回中使用 2 次，如：伯爵道："酒病酒药医，就吃些何妨？我前日也有些嗓子痛，吃了几杯酒，倒也就好了，你不如依我这方，绝妙。"（第 54 回）"95"回使用 3 次，如：安进士叫上去，赏他酒吃，说道："此子绝妙，而无以加矣！"（第 36 回）

表 9-5　　　　《金瓶梅词话》第 53—57 回与"95"回存在
显著性差异的程度副词

	第 53—57 回	"95"回	总量	LLR	Sig.（P）	显著性水平	
甚	2	154	156	6.43	0.011	*	-
极	14	41	55	25.6	0	***	+
益发	6	8	14	17.61	0	***	+
恁地	8	3	11	35.29	0	***	+
这样	7	3	10	29.98	0	***	+
怪	3	5	8	7.88	0.005	***	+
绝	2	3	5	5.55	0.019	*	+

四　二者都使用但差异性不显著

不少程度副词在《金瓶梅词话》的第 53—57 回中都在使用，但不存在显著性的差异。这类词语的数量多于存在显著性差异的词语，它们的使用情况各异："恁""好不""这等""这般"均为近代时期新兴的词语，分布较广，使用较多，在第 53—57 回和"95"回中均有使用；除"忒"之外，"更"、"最"、"越"、"太""颇$_1$"均为承袭上古、中古而来的程度副词，在历史汉语中有着较为频繁的使用；"好生"、"尤"、"愈"、"偌"和"极其"，或沿自前期或近代新兴，它们的使用频率不高。具体如下：

【恁】第 53—57 回中使用 4 次，如：西门庆道："怎去得<u>恁</u>久？"（第 53 回）"95" 回共使用 110 次，如：不然，如何来得<u>恁</u>勤？（第 3 回）

【好不】第 53—57 回中使用 5 次，如：都是冠带，<u>好不</u>齐整！（第 53 回）"95" 回共使用 104 次，如：他家有一门子做皇亲的乔五太太，听见和咱门做亲，<u>好不</u>喜欢，到十五日也要来走走。（第 41 回）

【这等】第 53—57 回中使用 1 次，如：常时节道："他下了棋，差了三四着，后又重待拆起来，不算帐，哥做个明府，那里有<u>这等</u>率性的事？"（第 54 回）"95" 回使用 69 次，如：如今一二年不见出来，落的<u>这等</u>标致了。（第 15 回）

【这般】第 53—57 回中使用 2 次，如：金莲一把扯住西门庆道："那里人家睡得<u>这般</u>早，起得恁的晏；日头也沉沉的待落了，还走往那里去？"（第 53 回）"95" 回使用 38 次，如：以此人见他<u>这般</u>软弱朴实，多欺负他。（第 1 回）

【更】第 53—57 回中使用 2 次，如：西门庆说道："这却<u>更</u>好。"（第 55 回）"95" 回使用 36 次，如：守备道："这等<u>更</u>妙！"（第 72 回）

【最】第 53—57 回中使用 3 次，如：大凡妇人产后，小儿痘后，<u>最</u>难调理。（第 55 回）"95" 回使用 30 次，如：西门庆道："<u>最</u>好，多加些酸味儿。"（第 2 回）

【越】第 53—57 回中使用 1 次，如：两个小厮见西门庆坐地，加倍小心，比前<u>越</u>觉有些马前健。（第 54 回）"95" 回使用 29 次，如：西门庆听了，心中<u>越</u>怒，险些不曾把李老妈妈打起来。（第 20 回）

【忒】第 53—57 回中使用 2 次，如：伯爵就谢了道："只觉<u>忒</u>相知了些。"（第 53 回）而 "95" 回使用 25 次，如：月娘见他面带几分忧色，便问："你今日会茶来家<u>忒</u>早。"（第 14 回）

【太】第 53—57 回中使用 2 次，如：西门庆道："<u>太</u>谦逊了些。"（第 54 回）"95" 回中使用 21 例，如：蔡御史道："你等休要<u>太</u>谦。"

（第49回）

【颇₁】第53—57回中使用2次，如：伯爵道："糕亦颇通。"（第54回）而在"95"回中使用17次，如：这迎春丫鬟，今年已十七岁，颇知事体。（第13回）

【好生】第53—57回中共见2次，如：那一朵莲花好生利害，大的紧，大的紧，大的五百由旬。（第57回）"95"回使用7次，如：陈经济在楼上，搭伏定绿阑干，看那楼下景致，好生热闹！（第98回）

【尤】第53—57回中使用1次，如：哥不知道，这正是拆白道字，尤人所难。（第56回）"95"回共使用8例，如：李瓶儿尚不知堕他计中，每以姐姐呼之，与他亲厚尤密。（第20回）

【愈】第53—57回中使用1次，如：那婆婆叫之不应，追之不及，愈添愁闷。（第57回）"95"回使用4例，如：由是要一奉十，宠爱愈深。（第11回）

【偌】第53—57回中使用1次，如：不想偌大年纪，未曾生下儿子。（第57回）"95"回共使用8次，如：你偌多人口，往后还要过日子哩！（第62回）

【极其】第53—57回中使用1次，如：那翟管家苦死留住，只得又吃了一夕酒，重叙姻亲，极其眷恋。（第55回）"95"回共使用2例，如：西门庆坐下，但觉异香袭人，极其清雅，真所谓神仙洞府，人迹不可到者也。（第59回）

表9-6　　《金瓶梅词话》第53—57回与"95"回不存在

显著性差异程度副词

	第53—57回	"95"回	总量	LLR	Sig.（P）	
恁	4	110	114	0.61	0.436	-
好不	5	114	119	0.04	0.834	-
这等	1	69	70	2.61	0.106	-
这般	2	38	40	0	0.996	-

续表

	第 53—57 回	"95" 回	总量	LLR	Sig.（P）	
更	2	36	38	0	0.945	+
最	3	30	33	0.94	0.333	+
越	1	29	30	0.2	0.653	－
忒	2	25	27	0.28	0.594	+
太	2	21	23	0.54	0.462	+
颇$_1$	2	17	19	0.93	0.334	+
好生	2	7	9	33.15	0.076	+
尤	1	8	9	0.53	0.467	+
愈	1	4	5	1.39	0.238	+
偌	1	8	9	0.53	0.467	+
极其	1	2	3	22.37	0.124	+

第十章　汉语语料库语言学存在的问题

　　本书是利用语言库进行汉语历史语法研究的一种尝试，旨在探讨汉语程度副词的历史演变情况及相关问题，并将汉语程度副词与英语（包括少量的汉语方言和其他印欧语言）进行比较研究。台湾"中央研究院"的标记语料库为我们的研究提供了极大的便利。不过，在运用该语料库调查研究的过程中，发现语料库也存在着一些不尽如人意的地方。下文仅以举例方式讨论该语料库中程度副词标注中存在的明显问题，其他词类的标注问题暂不涉及。本章共分两节：第一节是对语料库中程度副词标注存在的问题进行介绍，第二节是以"略"类词"有些""有点"作为个案进行研究。

第一节　标注的主要问题

一　注而不当

　　"注而不当"是指语料库中对部分程度副词的标注不准确，主要表现是同一个程度副词，在不同的文献中有不同的标注。即本当标注为一个程度副词，却被分成了两个词语来标注。有的是不同历史时期标注的不一致，有的是同一历史时期不同文献标注的差异。

【X + 为】

"为"常用作副词词尾，构成"X + 为"类副词。"程度副词 + 为"构成的程度副词，如"极为"、"最为"和"甚为"等，在汉语中很常见。由"程度副词 + 为"构成的程度副词，有的被看作一个词，有的被看作两个词。究其原因，就是由于语料库对"为"的性质认定标准不统一而造成的。

"极为"作为程度副词，《汉语大词典》已有引证："犹非常。明袁宏道《场屋后记》：'东岸之洞，比西稍减，而面貌衣折，极为闲逸，生动如欲语。'清陈廷焯《白雨斋词话》卷一：'庭筠工于造语，极为奇丽。'"另有不少学者讨论过程度副词"极为"，如旷书文（2005）、巴丹（2011a、2011b）、肖小平和龙海平（2013）等。"极为"在中古语料库中也被标注为程度副词，且基本见于佛经文献之中，中土文献中极少使用。如：

　　（1）王寻见之生变悔心，悔夜所许<u>极为</u>奢侈，寻与三枚贝珠，意犹欲悔。（《出曜经》卷二十一）

　　（2）娑罗那比丘盛年出家<u>极为</u>端正，尔时官人见彼比丘年既少壮容貌殊特，生希有想，而作是言："佛法之中乃有是人出家学道。"（《大庄严论经》卷十二）

　　（3）明年三月中，移植于厅斋之前，华净妍雅，<u>极为</u>可爱。（《齐民要术》卷五）

"极为"在近代汉语时期仍有较多的使用，但语料库中并未将其标注为程度副词，而是将其标注为程度副词"极" + 动词"为"，似不妥。如：

　　（4）若说绍闻把这遗嘱八个字忘了，他也不是土木形骸，只

因一向做事不好，猛然自己想起这八个字，心中<u>极为</u>不安；强放过去，硬不去想。(《歧路灯》第三十二回)

(5) 况且连葬带娶，也花费了四十多金，正苦旧债不能楚结，恰好有这宗束仪可望顶当，所以内外<u>极为</u>愿意。(《歧路灯》第三十八回)

这两个例句中的"极为"应当看作程度副词而非词组，而且它们与之后的词语构成"2+2"的形式。"极为"在中古汉语中被看作一个词，而在近代汉语中却被分析为程度副词"极"和动词"为"的组合，应是语料库在分词过程中标准不统一而造成的。

"甚为"作为程度副词在历史汉语中比较常见。《汉语大词典》中未收"甚为"，中古语料库中将其标注为程度副词，共43例。如：

(6) <u>甚为</u>希有，能知如来随宜说法，能信能受。(《妙法莲华经》卷三)

(7) 其白净王谓诸释等："今太子妃<u>甚为</u>难得，不知何女而可其意?"(《佛说普曜经》卷三)

"甚为"用来表达程度，绝大多数见于翻译佛经，中土文献极少，仅《洛阳伽蓝记》1例。

"甚为"在近代汉语里仍有使用，如：

(8) 谭绍衣细看王象荩，老成练达之状现于颜面，直中又带戆气，心中<u>甚为</u>器重，说道："你是自幼伺候老太爷的?"(《歧路灯》第一百零四回)

(9) 访问名妓，有一个珍珠串儿，又有一个兰蕊，一时<u>甚为</u>有名，现在朱仙镇刘泼帽、赵皮匠两家住着，即用银钱接到家来。

（《歧路灯》第五十三回）

不过，近代汉语标记语料库未将上 2 例的"甚为"标注为程度副词，而是将其看作程度副词"甚"和动词"为"2 个词，似不妥。

"最为"，在历史汉语中经常使用，贯穿于整个汉语史阶段。太田辰夫（2003：250）认为"最为"中"'最'是直接修饰'为'的，但是，事实上，其重点在于后面的词……'为'成了后缀，这是很自然的"。"'为'后缀化的倾向很早就能见到。"如：

（10）子赣既学于仲尼，退而仕于卫，废著鬻财于曹、鲁之间，七十子之徒，赐<u>最为</u>饶益。（《史记·货殖列传》）

（11）天地之性，人<u>最为</u>贵。（《论衡·无形》）

（12）天下喜事，先说洞房花烛夜，<u>最为</u>热闹。（《二刻拍案惊奇》卷二十五）

上例中的"为"与"极为"、"甚为"中"为"的性质似乎是一致的，也应该看作词尾，因此"最为"也应该看作一个程度副词。语料库中将"最为"全部切分为两个词，标注为程度副词"最"和动词"为"的组合，有失妥当。

【X + 自】

"自"是汉语中很常见的词尾。由词尾"自"构成的汉语程度副词有"极自""甚自""更自""愈自""益自""倍自"等。以上诸词虽未被《汉语大词典》收录，但在现有的研究中，它们多被认为是程度副词。就调查情况来看，"极自""甚自"在中古时期的语料库被认为是程度副词，"更自"见于近代标记语料库之中，如：

（13）犹彼火炉，赫焰炽然者，犹若彼匠火烧铁丸，<u>极自</u>炽然

甚难可近，是以圣人观众生类淫怒痴火，而自烧炙不自觉知。（《出曜经》卷二十七）

（14）我昔从佛闻如是法，见诸菩萨授记作佛，而我等不豫斯事，甚自感伤，失于如来无量知见。（《妙法莲华经》卷二）

（15）自己坐着，觉得一股香气透入囟门，便手足麻木，不能动弹，口里也说不出话来，心中更自着急。（《红楼梦》第一百十二回）

"愈自"与"极自"、"甚自"的内部结构一致，但在语料库中却被看作程度副词"愈"和方式副词"自"两个词，未被标注为一个程度副词。如：

（16）贤者愈自隐蔽，有而如无，奸人愈自炫沽，虚而类实，非至明者，何以分之？（《抱朴子内篇·祛惑》）

"益自""倍自"没有出现在选定的语料库中，它们分别是程度副词"益"、"倍"和词尾"自"组合而成的程度副词，如：

（17）恩益自谦损，与人语常呼官位，而自称为鄙人。（《宋书·蒯恩传》）

（18）众人都道："果是如此，这等显灵！"大家倍自用心，不敢怠慢。（《醒世姻缘传》第七十四回）

【稍】

"稍"用作程度副词，"略微，稍微"义，中古汉语已见，如《汉书·周勃传》："其后人有上书告勃欲反，下廷尉，逮捕勃，治之。勃恐，不知置辞，吏稍侵辱之。"近代以后仍有较多使用，如《朱子语类》卷十三："如水清泠，便有极清处，有稍清处……如水浑浊，亦有极浑处，有稍浑处。"在语料库中，程度副词"稍"只见于《敦煌变文集新书》，其他文献中均未被标注，似可商，这可能是由于标注者所持的标准不一而致。

【X + 加】

"加"在历史汉语中常被用作程度副词，历史汉语中习见（具体参见前文）。"加"在文献中还常常与其他程度副词连文，构成"X + 加"的格式，如"益加""更加""愈加""尤加""越加""转加""甚加"等。但在标注语料库中，常常将这些词语切分为两个词语。举例如下：

（19）怀善法生，坚住不失，思惟具足，广普令备益加欢乐，殷勤精进救摄其心，平等解脱。（《光赞经》卷七）

（20）诸有百疾之在目者皆愈，而更加精明倍常也。（《抱朴子内篇·杂应》）

（21）更兼刘超蔡的那二十个家丁，愈加凶暴。（《醒世姻缘传》第七十三回）

（22）广疑张子之言尤加精密。（《朱子语类》卷三十）

（23）那些僧越加悚惧，磕头撞脑，各顾性命，通跑净了。（《西游记》第四十七回）

（24）六师频频输失，心里转加懊恼。（《敦煌变文集新书·降魔变文》）

（25）老夫人脉息，比前番甚加沉重些。（《金瓶梅词话》第六十一回）

上述诸例中的程度副词"X + 加"，语料库中均将它们看作两个词，即程度副词"X"和动词"加"，值得商榷。

二 当注未注

"当注未注"是指一些词语本应当标注为程度副词，而语料库中却未将它们注为程度副词。

【转】

"转"，本指转运。《说文·车部》："转，运也。"如《逸周书·大匡》："粮穷不转，孤寡不废。"转运物体那么物体的位置就会发生改变，因此"转"发展出"改变、变化"义，如《庄子·田子方》："独有一丈夫，儒服而立乎公门，公即召而问以国事，千转万变而不穷。"与原来的情况相比，改变的结果既可能是朝着相反方向发展，也可能是沿着相同方向发展，由此"转"分别引申出"反而"义和"更加"义。"更加"义的"转"即为程度副词，但语料库中未将其标注出来。考察发现，"转"表程度的用法较早见于中古时期，且使用比较频繁，近代汉语以后仍有使用。如：

> （26）诸将以维众西接强胡，化以据险，分军两持，兵势**转**弱，进不制维，退不拔化，非计也，不如合而俱西，及胡、蜀未接，绝其内外，此伐交之兵也。（《三国志·魏书·郭淮传》）
>
> （27）如是数数往来磨刀，后**转**劳苦。（《百喻经》卷一）
>
> （28）青天湛然，旱气**转**甚。（唐韩愈《贺雨表》）
>
> （29）听雨声儿一点点随珠泪双悬……此际空闺人寂寞，教奴**转**听**转**心酸。（明冯梦龙《挂枝儿·雨》）

【大】

"大"本为形容词，与"小"相对。《说文》："大，天大、地大、人亦大，故大象人形。"如《诗经·小雅·吉日》："发彼小豝，殪此大兕。""大"从其形容词义虚化出程度副词用法，表示程度深。①《汉语大词典》认为："表示程度深。《史记·陈丞相世家》：'汉王大怒而骂，

---

① 甲骨文中程度副词只有"大"，参张玉金（1994：14）。

陈平蹑汉王。'唐张鷟《游仙窟》："五嫂大能作舞，且劝作一曲。'宋蔡绦《铁围山丛谈》卷六："零陵香草……在岭南，初不大香；一持出岭北，则气顿馨烈。'""大"表程度在上古时期已很常见，中古、近代以后继续广泛使用，如：

（30）邦人大恐，王与大夫尽弁，以启金縢之书，乃得周公所自以为功，代武王之说。（《尚书·金縢》）

（31）伟大惊曰，道近在汝处，而不早告我，何也？（《抱朴子内篇·黄白》）

（32）但是某尝说，春秋之末，与初年大不同。（《朱子语类》卷八十三）

上古标记语料库中副词被分为 11 个不同的类型，分别是 DA（范围副词），DB（语气副词），DC（否定副词），DD（时间副词），DF（程度副词），DG（处所副词），DH（方式副词），DJ（疑问副词），DL（关联副词），DN（名词状语）和 DV（动词状语）。"甚""太""益"等词在上古语料库中均被标注为程度副词（DF），而"大"被标注为动词状语（DV）。上例（30）《尚书》例中的"大"，与"甚"的意义相同，表达恐惧的程度。语料库中将其标注为动词状语，而非程度副词，似有不妥。① 上例（31）（32）中"大"均被标注为状态句宾动词（VK）。② 若从具体的用法来看，《抱朴子内篇》中"大惊"和《朱子语类》中"大不同"中"大"，与历史汉语中的"甚""很"等词基本

---

① 语料库中标注的动词状语还有很多，如"允""光""敬""寅""慎""明""流""严""励""协""彰""昭"等，它们与程度副词有着明显的不同。因此，语料库中的动词状语似是一个比较混杂的类别。

② 所谓状态句宾动词，是指后接句宾语的状态及物动词，如"恼""愁""信""恐""怕""嫌""怪""尪""见""知""知道""等""望""指望"等，似为一个较混杂的类别。参见 ht-tp：//lingcorpus. iis. sinica. edu. tw/kiwi/pkiwi/early_ mandarin_ chinese_ c_ wordtype. html。

相同，因此，它们也应该被看作程度副词。

【"略"类词】

"略"类词是指程度低或数量不多，语料库中仅有"颇$_2$"、"差"和"稍"3个，不少表程度低的副词被遗漏。根据杨荣祥（2005）、陈群（2006）、张谊生和潘晓军（2007）、张家合（2017b）等研究发现，历史汉语中"略"类词主要有"颇$_2$""差""稍""略""微""有点""有些"等。"颇$_2$""差""稍"的用例已见前文第五章，不赘。已有学者对"略""微"进行了详细讨论，如张谊生、潘晓军（2007）等，简述如下。

"略"，本义为经营天下。《说文·田部》："略，经略土地也。从田各声。"由此引申出"谋略、谋划"义，谋略一般只是论其大体轮廓，进一步引申出"大旨、简略、减少"义，再虚化出"略微、稍微"义。《汉语大词典》引北周庾信《周骠骑大将军李夫人墓志铭》："（夫人）本有风气之疾，频年增动，略多枕卧。"《汉语大字典》引《红楼梦》第七十四回："外特寄香袋一个，略表我心。"均太晚。"略"表程度低，上古汉语已见，中古、近代仍有使用，如：

（33）于是项梁乃教籍兵法，籍大喜，略知其意，又不肯竟学。（《史记·项羽本纪》）

（34）蕙祥答道："因做饭，炒大妗子素菜，使着手，茶略冷了些。"（《金瓶梅词话》第二十四回）

"微"，本指隐匿、隐藏。《说文·彳部》："微，隐行也。"如《尚书·洪范》："义用昏不明，俊民用微，家用不宁。"孔传："治暗贤隐，国家乱。"段玉裁注："散训眇，微从彳，训隐行，假借通用微而散不行。"如《易经·系辞下》："几者动之微。"孔颖达疏："初动之时，其理未着，唯纤微而已。"由此引申为程度副词，"略微、稍微"义。

"微"表程度较早见于中古时期，近代继续使用，如：

（35）其生水侧下地者，叶细似蕴而<u>微</u>黄，根长而味多苦，气臭者下，亦可服食。(《抱朴子内篇·仙药》)

（36）武大入屋里，看见老婆面色<u>微</u>红，问道："你那里来?"(《金瓶梅词话》第三回)

学界对"有点""有些"的讨论不多，将在第二节进行讨论。

第二节 "有些""有点"的历史演变

"有些""有点"都是在近代汉语时期产生的程度副词，表示程度低，意义和用法相近。目前学者们主要是对现代汉语"有些""有点"的语法意义、句法功能及感情色彩等问题做过一些研究，如吕叔湘（1985/1999）、杨从洁（1988）、程美珍（1989）、马真（1989）、周元琳（1999）、李宇明（2000）、毕永峨（2007）和董秀芳（2011）等。该二词在历史层面的一些基本问题，如词汇化历程、历史使用情况、二者意义的异同及发展变化等，则语焉不详。有鉴于此，下文将对这些问题重点展开讨论。

一 "有些""有点"的词汇化

（一）"有些"的词汇化

不定量词"些"出现于近代汉语时期。吕叔湘（1985：366）认为："'些'是近代借来传写口语里的一个词的，字形又作'嘞'、'吵'、'叠'、'尖'等。这个口语里的词的来源还待查究，我们疑心它和古代的'少'有点关系。"又（1985：368）指出，"些"在文献

265

中有多种表达形式，但其主要形式是"些""些些""些子""些儿"
"些个"等几个。下文的"有些"指"有"与"些"及其变体的组合
形式。

词汇化，指的是从非词汇单位变为词汇单位的过程。（董秀芳，
2011：2）跨层结构是指不在同一个句法层次上而只是在表层形式的
线性语序上相临近的两个成分的组合。有一些跨层结构在历史发展过
程中变成了词。（董秀芳，2011：265）跨层结构是汉语词汇化的重要
来源之一，"有些"正是经历了从跨层结构演变为语言单位的词汇化
过程。

"有些"较早见于唐代，如：

（37）还<u>有些些</u>惆怅事，春来山路见薜芜。（白居易《湖上醉
中代诸妓寄严郎中》）

（38）黄花丛畔绿尊前，犹<u>有些些</u>旧管弦。（又，《闰九月九日
独饮》）

上例中的"有些些"只是在线性序列上紧邻的跨层结构。在此结
构中，动词"有"与"些些"并无直接的句法关系，"惆怅事""旧
管弦"均为体词性成分，受"些些"修饰。"些些"与其后的体词性
成分（NP）关系更为密切，它们一起充当动词"有"的宾语。因此，
这种用法的"有＋些些＋NP"的结构应分析为"有＋［些些＋
NP］"。

考察发现，"有＋些些＋NP"这一结构层次的变化发生在唐代，即
其后接成分为谓词性时，"有些"就有了重新分析为程度副词的可能。
这种用法在敦煌变文中已经出现，如：

（39）门前有一儿郎，性行不妨慈善，出来好个面貌，只是<u>有</u>

<u>些</u>些舌短云云。①（《金刚丑女因缘》）

Langacker 认为，语言结构层次变化的类型有三种：取消分界（boundary loss）、改变分界（boundary shift）、增加分界（boundary crea-tion）（Langacker，R. W：1977）。显然，程度副词"有些"的形成过程属于取消边界，这其中经历了"黏合"的过程，"黏合"是指两个或者几个原来分开的但常在句子内部的语段里相遇的要素互相融合成为一个绝对的或者难于分析的单位（索绪尔，1983：248）。"有些"在线性序列上紧邻，便有黏合成词的可能性。这一变化发生的条件是"有些"的后接成分由体词性成分转变为谓词性成分。

当"有些"用于谓词性成分之前时，其在句中的地位就发生了变化，即由充当句子的谓语变为状语，表示程度。上例中"有"和"些"的结合已比较紧密，"有+些+VP"的结构应分析为"［有+些］+VP"，这与"有+［些+NP］"结构的差异明显。不过，"有些"在唐代时期用作表低量的程度副词例句还很少，基本上还是以"有+［些+NP］"的结构形式为主。如在敦煌变文、王梵志诗、《入唐求法巡礼行记》及《祖堂集》等文献之中，表程度的"有些"极少，仅发现 1 例，即例（39）。因此，程度副词"有些"在此期还仅仅处于萌芽状态。

一般认为，使用频率是词汇化的一个重要因素。伴随着"有+些+VP"的大量使用，"有些"的词汇化程度越来越高。表程度的"有些"在宋代以后频见，不断发展壮大，如《朱子语类》中"有些"就已相当常见，有 48 例之多。如：

（40）若<u>有些</u>黑暗，便不能与天相契矣。（卷八十七）

（41）若<u>有些</u>子吒异，便不是极精极密，便不是中庸。（卷六

---

① 吕叔湘著，江蓝生补：《近代汉语指代词》亦举此例（学林出版社 1985 年版，第 389 页）。

十二)

（42）自欺者，外面如此做，中心其实<u>有些子</u>不愿，外面且要人道好。（卷十六）

（43）贺孙录云："这里若<u>有些</u>违理，恰似天知得一般。"（卷八十一）

且从用法上来看，此期"有些"已经比较成熟，可以修饰形容词、心理动词、助动词、动词短语，用例分别如上。

元代以后程度副词"有些"的力量继续壮大，这种趋势一直延续到明清时期。在这个过程中，"有些"的词汇化程度进一步增强，在宋代用法的基础上，还可以修饰主谓短语、动补短语［如例（47）、（48）］，这已经与现代汉语的情况几无差别。如：

（44）咱们打驼驮行，日头正晌午也，<u>有些</u>热。早来，吃了干物事，<u>有些</u>渴。（《老乞大谚解》上）

（45）月娘听了，心内就<u>有些</u>恼，因向玉楼道："你看，恁没来头的行货子，我说他今日进来往你房里去，如何三不知又摸到他那屋里去了？这两日又浪风发起来，只在他前边缠。"（《金瓶梅词话》第七十四回）

（46）那张金凤听见要见和尚去，他便<u>有些</u>不愿意。（《儿女英雄传》第七回）

（47）我<u>有些</u>脑痛头眩，请太医来诊候脉息，看甚麽病。（《老乞大谚解》下）

（48）欲待不去，那良心忒也<u>有些</u>过不去。（《醒世姻缘传》第十四回）

（二）"有点"的词汇化

"点"本为名词，指小黑点。《说文》："点，小黑也。"如《晋书·袁宏传》："如彼白珪，质无尘点。"后引申为液体小滴，如《法华经·化城喻品》："假使有人磨以为墨，过于东方千国土，乃下一点，大如微尘；又过千国土，复下一点，如是展转，尽地种墨。"进一步引申为不定量词。近代汉语时期不定量词"点"始见，如韩愈《高君仙砚铭》："棱而宛中，有点墨迹。"吕叔湘（1985：369）也认为，"《说文》：'点，小黑也。'后来引申到和黑色无关的东西，如'雨点'、'泪点'，再略一引申，就成了表少量的准量词了"。这里的"准量词"即指不定量词。文献中"点"还作"点儿""点子""点个"等表达形式，下文中的"有点"指"有"与"点"及其变体的组合形式。

程度副词"有点"出现的时间晚于"有些"，但其词汇化过程与"有些"类似。"有点"共现较早见于唐代，此时量词"点"与其后的体词性成分（NP）一起充当动词"有"的宾语。如：

（49）棱而宛中，<u>有点</u>墨迹。（韩愈《高君仙砚铭》）

（50）叮咛善保护，勿令<u>有点</u>痕。（寒山《寒山诗》）

上二例中"有点"尚未词汇化为词，仅是在语言线性上相邻的成分。与"有些"的结构变化相类似，当后接成分转变为谓词性成分以后，"有点"就可能转化为程度副词，表程度低。调查发现，"有点"用作程度副词较早见于明代。如：

（51）碧峰长老看见他说个飞锡乘杯，都是些实事，心上也<u>有点儿</u>生欢生喜，说道："你也思慕着南国北溟么?"（《三宝太监西洋记》第六回）

（52）殷洪曰："老师为何如此?"马元曰："腹中<u>有点</u>痛疼。"（《封神演义》第六十回）

上例中"有点"分别修饰"生欢生喜""痛疼"等谓词性成分。程度副词"有点"在明代的使用频率还不高，而且这种局面一直维持到清代中期。如《金瓶梅词话》、《近代汉语语法资料汇编》（明代卷）、《醒世姻缘传》、《聊斋俚曲集》等明代及清初的文献，均未发现"有点"用作程度副词的用例，清代中期文献《红楼梦》（前80回）中程度副词"有点"也仅2处。不过，清末的《儿女英雄传》《海上花列传》《老残游记》《官场现形记》等文献中"有点"却大量使用，呈"突飞猛进"之势，如：

（53）不但我不认得他，这个人来得<u>有点子</u>酸溜溜，还外带着挺累赘。（《儿女英雄传》第十七回）

（54）也搭着他实在<u>有点儿</u>怕人家。（又，第二十三回）

（55）至于小姐呢，平时爱站门子是有的统领走出走进，也着实见过几面，又粗又蠢的一个大汉，实在心上<u>有点</u>不愿意，现在为了此事害的爸爸要寻死。（《官场现形记》第三十回）

（56）他只得说："奴才<u>有点儿</u>头疼，只怪晕的，想是吃多了。"（《儿女英雄传》第三十五回）

（57）老爷此时倒<u>有点儿</u>听进去，不肯走了，点点头。（又，第三十八回）

除了使用频率的大量增加外，"有点"的句法功能也日益丰富，与"有些"颇为相似，可用于各种成分之前，已发展为一个比较成熟的程度副词。如上例所示，"有点"可以修饰形容词、心理动词、助动词、主谓短语、动补短语等。

二 "有些""有点"的历史考察

程度副词"有些""有点"的意义相近，句法功能相似。程度副词

"有点"的产生远远迟于"有些"，且"有点"出现初期使用不多，这种局面一直延续至清代末年。

清末以来"有点"获得了迅速发展，在使用频率上与"有些"互有优势，即它们在南北方文献中的分布并不均衡：在南方系文献中"有点"的使用量明显超过"有些"，"有点"在北方系文献中的发展则相对缓慢。

表 10 - 1　　　"有些""有点"在清末民初时期文献中的使用情况

语料 用法	海上 花列传	老残 游记	二十年目 睹之怪现状	官场 现形记	三侠 五义	小额	春阿氏
有些	19	5	22	14	93	0	21
有点	47	16	130	98	9	20	12

从表 10 - 1 可以看出，"有些""有点"在南北文献中的使用情况差别很大："有点"在前四种南方文献中使用频繁，其数量上均已明显超过了"有些"，但在后三种北方文献中二词表现不一——在此四种文献中，在清末极具京味色彩的小说《小额》中，"有点"的使用比较常见，已找不到"有些"的踪迹，但同为北方系文献的天津方言背景的《三侠五义》和北京方言背景的《春阿氏》，"有点"的使用却并不及"有些"常见。这似可说明在清末民初这一段时期里，"有点"相对"有些"尚未取得完全的优势，在南方系文献中已取得较明显优势，但在部分北方系的文献中使用量仍不及"有些"。

程度副词"有点"早期的用例极少，就目力所见，明代文献之中仅 2 例，即例（51）（52）。由于《西洋记》《封神演义》的作者问题均存在争议，因此，明代出现的"有点"的方言背景问题仍难以准确判定。不过，从表 10 - 1 反映的语言事实来看，"有点"的快速发展应该在清末以后。因此，似可这样看待"有点"的发展历程："有点"早期用例的地域归属虽然不甚明朗，但其大量的使用应该是从南方方言开始，然后再逐渐扩展到北方方言之中。

现代汉语时期"有点"的使用范围进一步扩大，使用频率逐步增

加，形成对"有些"的优势局面。我们调查了此期的主要几部文献，
"有点"的使用量基本上超越"有些"。

表 10 – 2 　　　　　　　　现代汉语"有点"的使用情况 　　　　单位：例

副词＼语料	生死场	骆驼祥子	北京人	围城	编辑部的故事	你是一条河	汪曾祺自选集	皇城根	妻妾成群	在细雨中呼喊	万寿寺	合计
有些	5	27	44	7	0	5	8	29	5	28	0	158
有点	7	56	15	29	24	6	126	73	28	6	51	421

　　从表 10 – 2 可看出，除《北京人》和《在细雨中呼喊》中的"有
些"多于"有点"外，其余 9 部文献里"有些"的使用量均不及"有
点"。这 9 部文献所反映的应是现代汉语时期"有些""有点"使用的
总体特征，也就是说，现代汉语中"有点"的使用比"有些"更常见。
此外，我们还利用台湾"中央研究院"的现代汉语平衡语料库进行了
检索，共得到"有点"例 470 条，而"有些"例仅 161 条，"有点"用
例也明显多于"有些"，结果与表 10 – 2 统计数据相一致。

　　为什么表 10 – 2 中《北京人》（作者曹禺）和《在细雨中呼喊》
（作者余华）两部语料中，"有些"的使用数量超过"有点"，我们认为
极有可能是作家言语习惯使然。为此，我们调查了"有些"和"有点"
在曹禺和余华其他作品中的使用情况，统计结果证实了我们的推测。

　　在曹禺的 7 部作品中，"有些"均多于"有点"，这与现代汉语的
总体趋势不太一样（见表 10 – 3）。

表 10 – 3 　　　　　"有些""有点"在曹禺作品的使用情况 　　　　单位：例

副词＼语料	日出	原野	蜕变	北京人	明朗的天	胆剑篇	王昭君	合计
有些	9	10	24	44	12	8	12	119
有点	6	8	4	15	5	0	4	42

　　此外，我们调查了余华的《河边的错误》《一个地主的死》《现实
一种》《在细雨中呼喊》《夏季台风》等 5 部作品，发现"有些"在这
些作品中的使用频率均高于"有点"，这也和现代汉语的总体趋势不同

272

（见表 10 － 4）。

表 10 － 4　　　　　　**"有些""有点"在余华作品的使用情况**　　　　　单位：例

	河边的错误	一个地主的死	现实一种	在细雨中呼喊	夏季台风	合计
有些	22	15	18	28	9	92
有点	8	1	6	6	0	21

从表 10 － 2、10 － 3 和 10 － 4 可以看出，现代汉语中使用是以"有点"为常，"有点"对"有些"的竞争虽未完成，但已经取得了全面的优势。"有些"在部分文献中仍被使用，可能是作家的语言习惯等原因造成的，这并不是它们在现代汉语时期的主要特征。

三　历时兴替原因探究

某一语法功能可以由很多语法形式表达，语言的经济原则使得这些语法形式进行了自然选择，优胜劣汰，由此系统大大简化（徐正考、史维国，2008）。程度副词"有些""有点"的意义基本相同，句法功能也很相似，如果它们长期共存，并不符合语言使用过程中的经济原则。因此，当"有点"出现以后，就出现了"有些""有点"并存的局面，势必导致它们之间形成竞争关系。在语言的经济原则作用下，语义方面的差异是"有点"在二者的竞争中取得优势的主要原因。"有些""有点"的语义差异，与不定量词"些""点"的意义有关。

"些"和"点"都是近代汉语时期产生的不定量词，它们在产生之初的意义基本相同。不过，在后来的发展过程中，二者的意义出现了差别。根据吕叔湘（1985：374 － 375）的观点，从历史上看，"些"的意义变化很大。"些"字最初主要是用作"特言其少"，但在历史发展中意义发生了变化，其意义重心渐渐从"特言其少"移向表达数量的"不定"，这个过程可被称为"中性化"。"些"的"中性化"很早就开始了，到南宋时期就已经很可观了。虽然"有些"一直被用作表低量的程度副词，但其意义会随着"些"的变化而出现轻微的变化。即在"些"字意义发生变化之后，势必会影响到"有些"在表达低量程度时的精确性。

"点"的本义指"小黑点"，后来词义发生引申，虽变得与"黑色"义无关，但却保留着"小"的意义，进一步引申为表"少量"的不定量词。在其本义的影响下，不定量词"点"的中性化程度不及"些"之甚（吕叔湘，1985：377）。由于"点"的意义限制，"有点"词汇化以后，其意义也难以拓展。因此，"有点"一直被用来表示程度低。相比"有些"而言，"有点"就成为表"程度低"义更加精确的程度副词。在经济性原则驱动下，人们往往也会选择"有点"而不用或少用"有些"。二词经过历时竞争，"有点"在清代末期发展迅速，最终超越"有些"，并成为表达低量程度最常用的程度副词。

第十一章　结语

人类的语言表达与程度密切相关，程度副词是表达程度量最重要的手段之一。我们借助大型的标记语料库，以程度副词为切入点，考察汉语程度副词历史演变的相关问题，并将其与英语（包括少量的其他语言和少数民族语言）进行比较。下文将对本书所做的主要工作和研究中存在的问题进行简要总结，并指出需作进一步研究的方向。

第一节　已做工作的总结

一　较为全面地介绍了语料库和语料库语言学

语料库语言学是一门新兴的学科，提供了全新的研究范式和方法，助力现代语言学研究。第一章较为全面地介绍了汉语、英语研究中常用的语料库和语料库语言学。第二章介绍了研究采用的理论基础和研究方法，特别是对词语搭配和构式搭配分析法进行系统论述，为下文的研究做好准备。

本书使用的台湾"中央研究院"古汉语语料库，是一个开放标注的大型汉语历史语料库。本研究使用其上古汉语、中古汉语和近代汉语三个分库的部分语料。该语料库有词类标注，程度副词均被标注出来，这给我们的研究提供了极大的方便。借助语料库的语言学研究，重视真实语料和实证数据，避免了传统基于直觉的语言研究的不足，因此结论更为可信。

二 使用大型语料库进行汉语程度副词的历史考察

本书将汉语程度副词分为"最"类词、"太"类词、"甚"类词、"更"类词、"略"类词 5 个类别，并比较全面地统计上述 5 类程度副词在上古、中古和近代汉语里的使用情况。第四章概述了汉语程度副词的历史面貌，第五章进行了具体论述。总体来看，各个类别之间的差异较大。

"最"类词在历史过程中数量有所增加，但主要成员相对稳定。"至""最""极"三词一直是古代汉语中最常见的"最"类词成员，它们的使用情况虽发生了一些变化，但相对其他成员而言，其优势地位显著，使用频率、使用范围和搭配能力远超其他成员。

相较于其他类别，"太"类词的数量明显偏少，是一个并不太复杂的类别。"太"一直是该类词的最主要成员，从上古汉语到近代汉语都是如此。其他成员，如"已""过""忒"等往往用于一定的历史时期，无法与"太"相抗衡。从语义上看，"太""过"二词的搭配词无明显偏好，而"忒"常与消极意义的词语组合搭配。

"更"类词是很有特点的一类词，它们数量较多，且历时变化较大。上古时期"更"类词已很常见，主要有"益""愈""弥""加"等。中古以后时期程度词"更"发展迅速，快速"挤占"其他成员的使用空间，成为最主要的"更"类词成员。近代以后"越""越发"等发展很快，使用频率上仅次于"更"。

"甚"类词是数量众多的程度副词类别。从数量上看，"甚"类词的内部成员经历了不断丰富和发展的过程。在这个过程中，旧质要素不断消亡，如"孔""雅"等，新兴成员不断涌现，如"很""恁"等。部分成员保持了强大的生命力，在整个古代汉语阶段都有较多的使用，如"甚"等。

"略"类词是程度副词中数量最少的一个类别。无论是从成员的数量，还是从它们的使用频率来看，"略"类词都远远低于其他类别的程度副词。

三 利用语言统计学的方法进行程度副词的搭配研究

搭配是语料库语言学研究的中心问题。借助构式搭配分析法，主要是构式搭配强度分析法和多项特异分析法，研究了不同程度副词与搭配词之间相互吸引和排斥程度，见本书第六章。① 本章分别以上古汉语的"最"类词、中古汉语的"甚"类词和近代汉语的"更"类词为例进行"个案"式的研究。具体介绍了构式搭配分析的所需数据和计算方法，通过 coll. analysis 3.2a 软件计算各个构式与不同搭配词的搭配强度（coll. strength）、特异值（pbin），来确定程度副词与搭配词是相互吸引还是相互排斥，反映出各个程度副词的搭配能力和显著搭配词，呈现不同程度副词的特异搭配词，以及不同程度副词（尤指近义程度副词）的差异性。通过对应分析，以二维图的方式将"最"类词、"甚"类词和"更"类词内部成员的搭配差异性呈现出来。通过构式搭配分析，能够更充分地反映各个程度副词的搭配特征，即程度副词可与哪些词语搭配，不与哪些词语搭配，它们搭配的能力如何，搭配是否达到统计学的显著意义，这都表明这种分析方法在语言研究中具有其明显的优势。

---

① 本书全面计算了搭配词与所有程度副词构式的搭配强度，且制作成表格。由于表格太多，附于"正文"之后会占据大量的篇幅，因此本书未将它们全部呈现出来。

四 进行历史汉语与英语程度副词的比较研究

这一部分是本书希望有所突破的内容，也是极为困难的章节。我们可以借助语料库调查统计汉语程度副词的面貌和使用情况，但调查古代英语强化词的使用情况，确实存在诸多困难：一是英语强化词的历史研究往往都比较零散，没有形成系统，体系特征不够明朗；二是现行的大型英语语料库往往收集的是现代英语的文献，专门收录英语历史文献的语料库比较少。虽然目前已有一些汇集古英语、中古英语和早期现代英语资料的语料库，如 The Diachronic Part of the Helsinki Corpus（赫尔辛基历时英语语料库）等，但大都是生语料库，未进行词类和句法标注或未对公众开放。众所周知，历史上英语也发生过显著的变化，古代英语与现代英语在词汇、语法和句法上的差距非常明显，借助无标记的历史语料库进行英语强化词演化研究，无疑是非常困难的。因此，本书在第七章尝试性地将近代汉语与早期现代英语进行比较，考察二者在程度副词使用上的异同。

具体做法是：选取英语早期文献的标记语料库 Early English Books Online（V3）（EEBO）作为早期现代英语的代表，与近代汉语进行比较。研究发现：（1）程度副词系统发展不够均衡，部分成员使用极为频繁，而其他成员使用较少。EEBO 中的一些成员使用非常频繁，如 so、very、as、too、about、rather、far、quite、under、that、this、circa 和 pretty 等 13 个词，这些词的使用频率均超过 10000 次，近代汉语中的"更""甚""最""极""太""越""越发"等词使用很频繁。（2）程度副词系统不断地发展变化，是一个具有历史层次性的系统。考察发现，英语强化词与汉语程度副词相同，均处于不断的发展变化之中，早期现代英语中的强化词既有此期新兴的成员，也有从古英语和中古英语继承而来的成员。近代汉语也是这样，除了承袭上古、中古而来的程度副词外，也有不少近代新出现的成员。（3）程度副词是一个不对称的系统。英语强化词可以用于句中位置，也可以用于句末。汉语程度副词虽然可用于搭配词之前，也可用于搭配词之后，但从统计情况来看，汉语程度副词位于搭配词之前的用例远远超过之后的用例。

第八章对汉英指示程度词的来源进行考察，并发现二者的语义演化模式存在某些共性，即指示意义往往会发展出程度义，这种现象在历史汉语、现代汉语方言、英语和其他语言中普遍存在。

五　利用语料库方法对语料的性质进行考察

利用语料库语言学的统计方法，考察文本中程度副词的使用情况，为探讨文本语言性质提供了新的思路。第九章通过程度副词的考察，发现《红楼梦》前 80 回与后 40 回以及《金瓶梅词话》第 53—57 回与其他的"95"回，在程度副词使用上存在明显的差异。这些差异为判定《红楼梦》和《金瓶梅词话》的作者问题提供了有力的证据。

此外，第十章对汉语标记语料库在程度副词标注上存在的问题进行了简要呈现，并以"有些""有点"为例考察了汉语"略"类词的历史演变情况。

第二节　本领域研究的不足和展望

一　汉语历史语料库的不足

毫无疑问，语料库在现代语言研究中具有巨大的优势。第十章所谈到的"汉语语料库语言学研究的问题"，实际上仅是对台湾"中央研究院"语料库在程度副词标注上存在问题的例释。除此之外，利用该语料库进行语言学研究时，如何选择具有代表性的语言样本，是语料库的设计过程中必须解决的基本问题，也是利用语料库研究语言问题时必须面对的问题。

创建一个大型的语料库工程庞大，既费时又费力。若选取文本的数量太多，既失去了语言抽样的意义和价值，又增加了工作量，在既定的时间内根本无法将语料库建立起来；若选取的文本数量太少，又不具有广泛的代表性，无法反映语言的真实情况。布朗语料库（Brown Corpus）作为世界上第一个机读语料库，是一个选取了一百万词的语料库，为后来创建语料库提供了可资参照的"样本"，此后的不少语料库大都以此为标准。台湾"中央研究院"语料库是汉语语料库的佼佼者，具有极高的学术价值。不过，该语料库在语料收集上似乎也存在一些问题，如以下几个方面。

（a）不同时期语料库的样本大小问题。收集文本数量差异较大，如上古汉语有 48 种文本、中古汉语有 37 种文本、近代汉语有 19 种文本。而且，不同文本的词数差异很大，语料库中既收集有《史记》《敦煌变文集新书》《水浒传》《红楼梦》等大部头文献，也有《老子》《阿含口解十二因缘经》《佛说兜沙经》《佛说四愿经》等内容偏少的文献。这与其他语料库选取文本的标准差异较大。布朗语料库为了追求文本词语数量的平衡，选取 500 个文本，每个文本的字数约为 2000 个词（多于 2000 词的文本，常截取其文本前面部分 2000 左右的词）。之后的LOB、FLOB 和 London-Lund 语料库，关于文本的选择基本上是基于布朗模式。LCMC（兰卡斯特现代汉语书面语通用型平衡语料库）也是利用布朗语料库的文本选择方式。不过，每个文本的数量为 3200 个字，原因是该语料库的创建者经过对不同类型汉语文本的多次试验测试，一个汉语词平均对应 1.6 个汉字，因此就选择了 3200 个汉字来对应布朗语料库 2000 个词的标准。本书使用的上古汉语、中古汉语和近代汉语部分所收文本数量不同，每个语料库所收词数差异明显，不便于对语料进行细致的统计和分析。

（b）语料库的文本类型不明。为了满足研究的需要，语料库一般要对选择文本的类型进行辨认，且每种语体所占的比重也有规定。如布朗语料库确定了 15 种文本类型，它们是：新闻报道、社论、新闻评论、宗教、操作语体、流行读物、传记和散文、其他（报告和公文等）、学术论文、科技著作、一般小说、侦探小说、西部和历险小说、爱情小说、幽默小说。① 台湾"中央研究院"现代汉语标记语料库对文本的分类更为细致，每种语料都给出了 5 个不同的特征界定：文类、文体、语式、主题、媒体。其文类共分 15 个，与布朗语料库大致对应，分别是：报道、评论、广告图文、信函、公告启示、小说语言故事、散文、传记日记、诗歌、语录、说明手册、剧本、演讲、会话、会议记录。有了这些类别上的分类，就可以进行不同文体之间的比较研究。很显然，本书使用语料库并未对收录的语料进行细致的分类，因此，直接利用现有的语料库，进行文献的不同文体之间、地域之间在程度副词上的差异性研究基本是不可能的。

（c）文献收录不全面的缺憾。台湾"中央研究院"古汉语语料库收集的文献超过 100 种，不可谓不丰富。不过，就历史汉语而言，这只是汉语历史文献的一部分而已，而且很多重要的历史文献未被收录。上古时期的文献未见甲骨文、金文，西汉的《盐铁论》等资料。中古时期所收的文献偏少，中土文献更少，如《论衡》《魏书》《南齐书》《水经注》等中古重要文献均未被收录。近代文献中唐五代文献只收录了《敦煌变文集新书》，唐诗如《王梵志诗》《寒山诗》，笔记小说如《朝野金载》等重要文献均未被收录。宋代文献中的重要资料，如禅宗语录《景德传灯录》等也不见于该语料库之中。因此，该语料库的文献尚不全面，仍有可补之处。②

---

① LCMC 将"西部和历险小说"改成"武侠传奇小说"。
② 语料库中部分语料的性质也有可商之处，这里不再一一指出。

二 语义韵的研究未能全面展开

语义韵与词语搭配研究紧密相关，是近年来语料库语言学研究的热点之一。"语义韵的发现是语料库语言学过去 20 年来最有价值的重要成果之一。"（卫乃兴，2011：82）本书在研究过程中注意到程度副词的语义韵问题，并作了一些尝试，但仍不够系统。如"太"类词中的主要成员中"太"、"过"和"已"的搭配基本限于形容词，语义上既有积极义、中性义，也有消极义的词语，其中积极义和中性义的词语较多。"忒"的搭配倾向比较明显，多与具有消极义的词语搭配，反映了"忒"的搭配习惯。"更"的搭配词在语义韵和词性特征上也颇具特色："更"的搭配词中动词的数量最多，而其他的绝大多数程度副词最常见的搭配词都是形容词。否定词是与"更"搭配频率最高的词语，表现出消极的语义韵特征，如中古汉语中"更""不"共现 175 次，近代汉语中"更""不"共现 264 次。又如"有点"具有明显的消极的语义韵色彩。田宏梅（2006）分别利用基于数据库的方法和数据驱动的方法，调查了厦门大学海外教育学院中文语料库和台湾"中央研究院"的现代汉语标记语料库，发现"有点"在两个语料库中表达消极义的用例远远高于表达中性义和积极义的用例。实际上，还有不少程度副词在使用过程中也具有明显的语义韵，这将是我们下一步需要努力的方向。

三 程度副词的社会语言学的研究尚未展开

社会语言学是研究语言与社会之间相互关系的学科，是运用语言学和社会学等学科的理论和方法，从不同的社会科学的角度去研究语言的社会本质和差异的一门学科。研究发现，语体、年龄、性别、受教育背景等因素都可能影响到程度副词的使用，因此从社会语言学的角度考察程度副词的使用情况，引起了不少国内外学者的兴趣。不过，从社会语言学的角度对历时汉语程度副词的研究，目前尚未见到，这将是一个值得深入探讨的问题。

附　表

常见语料库列表及查询网址[①]

语料库名称	网址
北京大学中国语言学研究中心语料库	http：//ccl. pku. edu. cn/corpus. asp
台湾"中央研究院"上古汉语标记语料库	http：//lingcorpus. iis. sinica. edu. tw/ancient/
台湾"中央研究院"中古汉语标记语料库	http：//lingcorpus. iis. sinica. edu. tw/middle/
台湾"中央研究院"近代汉语标记语料库	http：//lingcorpus. iis. sinica. edu. tw/early/
台湾"中央研究院"现代汉语平衡标记语料库	http：//lingcorpus. iis. sinica. edu. tw/modern/
台湾"中央研究院"汉籍电子文献（瀚典全文检索系统）	http：//hanji. sinica. edu. tw/index. html？

---

① 绝大多数的英语语料库可以通过注册兰卡斯特大学（Lancaster University）或北京外国语大学的 CQPweb 登录，进行语料的检索和查询。这里介绍的基本是可免费登录且较为常见的语料库。目力所限，众多语料库未能尽列，以待后补。

语料库名称	网址
国家语委现代汉语通用平衡语料库	http：//corpus. zhonghuayuwen. org/CnCindex. aspx
国家语委古代汉语语料库	http：//corpus. zhonghuayuwen. org/ACindex. aspx
北京语言大学语料库	http：//bcc. blcu. edu. cn/
LCMC 兰卡斯特汉语语料库	http：//ota. oucs. ox. ac. uk/scripts/download. php? otaid =2474
红楼梦网络教学研究数据中心	http：//cls. hs. yzu. edu. tw/HLM/home. htm
ACE 澳大利亚英语语料库	http：//khnt. hit. uib. no/icame/manuals/
ANC 美国国家语料库	http：//www. anc. org/
ARCHER 语料库	http：//khnt. hit. uib. no/icame/
BoE 语料库	http：//www. collinslanguage. com/wordbanks/
BNC 语料库	https：//www. english-corpora. org/bnc/
BROWN 语料库	https：//www. sketchengine. eu/brown-corpus/
COBUILD 语料库	http：//www. collins. co. uk/Corpus/CorpusSearch. aspx
COCA 美国当代英语语料库	https：//www. english-corpora. org/coca/
COHA 美国近当代英语语料库	http：//corpus. byu. edu. coha/
EEBO 语料库	http：//eebo. chadwyck. com/home
Helsinki 语料库	https：//helsinkicorpus. arts. gla. ac. uk/display. py? fs = 100 & what = index
ICE 国际英语语料库	https：//www. ucl. ac. uk/english-usage/projects/ice. htm
LOB 语料库	http：//ec-concord. ied. edu. hk/paraconc/monoconcE. htm
Longman 语料库	http：//www. long-man. com/dictionaries/corpus/index. html
LLC 口语语料库	http：//khnt. hit. uib. no/icame/manuals/
SEU 英语用法调查	http：//www. ucl. ac. uk/english-usage/

参考文献

一　中文部分

巴丹：《极性程度副词"极其"与"极为"》，《汉语学报》2011 年第 2 期。

白莲花：《语言类型学视角下的韩汉语语序对比研究》，上海三联书店 2014 年版。

［美］鲍尔·J. 霍伯尔、伊莉萨白·克劳丝·特拉格特：《语法化学说》第二版，梁银峰译，复旦大学出版社 2008 年版。

北京大学中文系 55 级、57 级语言班：《现代汉语虚词例释》，商务印书馆 1982 年版。

毕永峨：《不定量词词义与构式的互动》，《中国语文》2007 年第 6 期。

曹广顺：《敦煌变文中的双音节副词》，《语言学论丛》（第十二辑），商务印书馆 1984 年版。

曹诣珍：《〈红楼梦〉语言研究的对象及方法述略》，《红楼梦学刊》2004 年第 3 期。

岑玉珍：《汉语副词词典》，北京大学出版社 2013 年版。

曾炜：《口语中程度副词使用的性别差异》，《修辞学习》2007 年第 3 期。

晁代金：《"越来越 X"用法补说》，《文学教育》2011 年第 10 期。

晁继周：《曹雪芹与高鹗语言的比较》，《中国语文》1993 年第 3 期。

陈佳：《基于语料库的英语"COME/GO＋形容词"构式搭配关联强度与构式范畴化关系研究》，《解放军外国语学院学报》2015 年第 3 期。

陈丽：《程度补语"不过"的历时来源及认知理据》，《长江师范学院学报》2017 年第 2 期。

陈群：《说"越来越 A"》，《汉语学习》1999 年第 2 期。

陈群：《近代汉语程度副词研究》，巴蜀书社 2006 年版。

陈群：《李白诗歌中的程度副词考察》，《绵阳师范学院学报》2012 年第 1 期。

陈伟：《〈二年律令〉"偏（颇）捕（告）"新诠》，《燕说集》，商务印书馆 2011 年版。

陈宝勤：《汉语词汇的生成与演化》，商务印书馆 2011 年版。

陈炳藻、胡晴：《关于〈红楼梦〉后四十回》，《红楼梦学刊》2002 年第 3 期。

陈大康：《从数理语言学看后四十回的作者——与陈炳藻先生商榷》，《红楼梦学刊》1987 年第 1 期。

陈继征：《〈红楼梦〉后四十回非高鹗续作》，《西安交通大学学报》（社会科学版）1997 年第 2 期。

陈克炯：《先秦程度副词补论》，《古汉语研究》1998 年第 3 期。

陈兰芬：《中古汉语程度副词探析》，硕士学位论文，华南师范大学，2004 年。

陈丽雪：《十六世纪闽南语指示词的语法化现象》，《汉学研究》2009 年第 4 期。

陈秀兰：《敦煌变文词汇研究》，四川民族出版社 2002 年版。

陈秀兰：《从常用词看魏晋南北朝文与汉文佛典语言的差异》，《古汉语研究》2004 年第 1 期。

陈秀兰：《魏晋南北朝文与汉文佛典的极度副词研究》，《语言科学》2004 年第 2 期。

陈燕玲：《"很"与"太"连带结构的比较与分析》，《泉州师范学院学报》2004 年第 3 期。

程美珍：《受"有点儿"修饰的词语的褒贬义》，《世界汉语教学》1989 年第 3 期。

程文文：《简帛医籍程度副词研究》，《开封教育学院学报》2014 年第 8 期。

储泽祥、肖扬、曾庆香：《通比性的"很"字结构》，《世界汉语教学》1999 年第 1 期。

戴不凡：《揭开〈红楼梦〉作者之谜——论曹雪芹是在石兄〈风月宝鉴〉旧稿基础上巧手新裁改作成书的》，《北方论丛》1979 年第 1 期。

邓耀臣：《词语搭配研究中的统计方法》，《大连海事大学学报》（社会科学版）2003 年第 4 期。

刁晏斌：《"程度副词＋动词性词组"论略》，《伊犁师范学院学报》2006 年第 1 期。

刁晏斌：《试论"程度副词＋一般动词"形式》，《世界汉语教学》2007 年第 1 期。

丁容容、何福胜：《中国学习者英语口语中强势语的用法研究》，《外语教学》2006 年第 5 期。

丁信善：《语料库语言学的发展及研究现状》，《当代语言学》1998 年第 1 期。

董淑慧：《"敦煌变文"程度范畴研究》，硕士学位论文，南开大学，1997 年。

董秀芳：《词汇化：汉语双音词的衍生和发展》（修订本），商务印书馆 2011 年版。

董秀芳：《汉语词汇化研究的意义、存在的疑问以及新的研究课题》，《历史语言学研究》2017 年第 1 期。

董志翘、蔡镜浩：《中古虚词语法例释》，吉林教育出版社 1994 年版。

董治国：《古代汉语兼语句型新探》，《南开大学学报》（哲学社会科学版）1995 年第 6 期。

冯春田：《近代汉语语法研究》，山东教育出版社 2000 年版。

付玉萍：《"老大"从形容词到副词的语法化历程及其句法表现》，《首都师范大学学报》（社会科学版）2006 年第 5 期。

傅书灵：《〈歧路灯〉程度副词"极"字考察》，《安阳师范学院学报》2005 年第 4 期。

高小方、蒋来娣：《汉语史语料学》，高等教育出版社 2005 年版。

高育花：《汉语双音节程度副词"×为"的历史发展及演变》，《长江学术》2010 年第 2 期。

高育花：《中古汉语副词"颇"探微》，《温州师范学院学报》（哲学社会科学版）2001 年第 1 期。

高育花：《中古汉语"更"探微》，《湘潭大学学报》（哲学社会科学版）2001 年第 3 期。

高育花：《中古汉语副词研究》，黄山书社 2007 年版。

高云玲：《"更"、"更加"和"越发"》，《内江师范学院学报》2006 年第 5 期。

葛佳才：《东汉副词系统研究》，岳麓书社 2005 年版。

郭鸿杰、周芹芹、王梦娇：《基于语料库的加拿大英语强化词变异研究——变项规则分析法》，《外语教学与研究》2016 年第 3 期。

郭树荣：《〈红楼梦〉后四十回作者之我见》，《东岳论丛》1994 年第 6 期。

韩南：《金瓶梅的版本及其它》，丁贞婉译，《台湾"国立"编译馆馆刊》1975 年第 2 期。

韩陈其：《古汉语单音节程度副词之间的音义关系》，《徐州师范学院学报》（哲学社会科学版）1988 年第 4 期。

［韩］韩容洙：《现代汉语的程度副词》，《汉语学习》2000 年第 2 期。

韩新华：《程度副词"不胜"的产生》，《湛江师范学院学报》（哲学社会科学版）2012 年第 4 期。

郝琳：《动词受程度副词修饰的认知解释》，《佳木斯大学社会科学学报》
　　1999 年第 5 期。

何瑜群：《〈醒世恒言〉程度副词计量研究》，《桂林航空工业学院学报》
　　2013 年第 2 期。

洪波：《论汉语实词虚化的机制》，郭锡良主编《古汉语语法论集》，语
　　文出版社 1998 年版。

洪波：《论平行虚化》，《汉语史研究集刊》第二辑，巴蜀书社 2000 年版。

洪成玉：《〈史记〉中的程度副词"颇"》，《首都师范大学学报》（社会
　　科学版）1997 年第 1 期。

侯立睿：《〈国语〉程度副词研究》，硕士学位论文，山西大学，2003 年。

胡敕瑞：《〈论衡〉与东汉佛典词语比较研究》，巴蜀书社 2002 年版。

黄莹：《强化词"absolutely"搭配构式语义趋向与语义韵的历时变异》，
　　《西安外国语大学学报》2016 年第 2 期。

黄征、张涌泉：《敦煌变文校注》，中华书局 1997 年版。

黄瑞红：《程度副词与动词的搭配——基于语料库的英汉对比研究》，博
　　士学位论文，上海交通大学，2008 年。

黄盛璋：《谈程度副词》，《语文学习》1957 年第 4 期。

黄士平：《"越……越……"语句的逻辑解读》，《江汉大学学报》2001
　　年第 2 期。

黄祥年：《比较句中的"更"和"还"》，《语言教学与研究》1984 年第
　　1 期。

黄晓惠：《〈红楼梦〉中差比句式的运用——兼论前 80 回和后 40 回的
　　差异》，《安徽师大学报》（哲学社会科学版）1996 年第 1 期。

黄增寿：《汉译佛经中作状语的"甚大"》，《济南大学学报》（社会科
　　学版）2005 年第 5 期。

黄增寿：《〈贤愚经〉状语研究》，博士学位论文，南京大学，2005 年。

季薇：《现代汉语程度副词研究》，光明日报出版社 2011 年版。

加埃塔奈尔·吉尔甘：《构式组配分析新探——动词涵义和构式的互动关系研究》，邱莹、施春宏译，《国际汉语学报》2016 年第 2 辑。

贾彦德：《汉语语义学》，北京大学出版社 1999 年版。

江蓝生：《魏晋南北朝小说词语汇释》，语文出版社 1988 年版。

江蓝生：《说"麼"与"们"同源》，《中国语文》1995 年第 3 期。

江蓝生：《语法化程度的语音表现》，《中国语言学的新拓展》，香港城市大学出版社 1999 年版。

江蓝生：《疑问副词"颇、可、还"》，《近代汉语探源》，商务印书馆 2000 年版。

蒋朝军：《〈金瓶梅词话〉第五十三至五十七回真伪考辨》，硕士学位论文，四川师范大学，2004 年。

蒋朝军：《〈金瓶梅词话〉第五十三至五十七回真伪考辨补证》，《上海师范大学学报》（哲学社会科学版）2006 年第 3 期。

蒋绍愚：《古汉语词汇纲要》，北京大学出版社 1989 年版。

蒋绍愚：《唐诗语言研究》，中州古籍出版社 1990 年版。

蒋绍愚：《白居易诗词语诠释》，《国学研究》第二卷，北京大学出版社 1995 年版。

蒋绍愚：《近代汉语研究概要》（修订本），北京大学出版社 2017 年版。

蒋文野：《〈红楼梦〉中"一起"的词义考察——兼谈〈红楼梦〉前八十回和后四十回的语言差异》，《红楼梦研究集刊》1983 年第 11 期。

金晶：《〈全元散曲〉中马致远作品之程度副词研究》，《邯郸职业技术学院学报》2014 年第 2 期。

金红梅、张家合：《〈颜氏家训〉程度副词系统考》，《怀化学院学报》2013 年第 9 期。

金立鑫：《"那么"的词类问题》，《中国语文》1988 年第 2 期。

金兆梓：《国文法之研究》，商务印书馆 1903、1983 年版。

阚绪良：《南北朝时期的副词"伤"》，《中国语研究》34 号，日本白帝社 1998 年版。

阚绪良：《〈齐民要术〉词语札记》，《语言研究》2003 年第 4 期。

旷书文：《论"程度语素＋为/是"的语法化》，《暨南大学华文学院学报》2005 年第 3 期。

中国科学院语言研究所编：《明清白话小说里的语言》，劳宁译，《语言研究通讯》1995 年第 4—5 期。

雷冬平、胡丽珍：《说说程度副词"暴"和"超"》，《汉语学习》2011 年第 5 期。

黎锦熙：《新著国语文法》，商务印书馆 2000 年版。

李海霞：《〈论〉〈孟〉〈老〉〈庄〉的程度副词及其与明清的比较》，《西华大学学报》（哲学社会科学版）2007 年第 3 期。

李计伟：《试论程度副词"老大"的来源》，《云南师范大学学报》（对外汉语教学与研究版）2005 年第 6 期。

李杰群：《"甚"的词性演变》，《语文研究》1986 年第 2 期。

李杰群：《上古汉语程度副词考辨》，《纪念王力先生九十诞辰文集》，山东教育出版社 1992 年版。

李晋霞：《"好"的语法化与主观化》，《世界汉语教学》2005 年第 1 期。

李俊辉：《〈歧路灯〉程度副词语法化考察》，硕士学位论文，山东大学，2006 年。

李露蕾：《甚词演变的一种趋势》，《中国语文》1986 年第 6 期。

李晓红、卫乃兴：《双语视角下词语内涵义与语义韵探究》，《现代外语》2012 年第 1 期。

李宇明：《汉语量范畴研究》，华中师范大学出版社 2000 年版。

李元利：《汉语低程度表达及相关问题研究》，硕士学位论文，牡丹江师范学院，2015 年。

李宗江：《汉语常用词演变研究》第二版，上海教育出版社 2016 年版。

栗学英：《中古汉语副词演变研究》，南京大学出版社 2017 年版。

梁茂成：《语料库语言学研究的两种范式：渊源、分歧及前景》，《外语教学与研究》2012 年第 3 期。

梁茂成、李文中、许家金：《语料库应用教程》，外语教学与研究出版社 2010 年版。

梁晓虹：《试论〈正法华经〉中的同义复合副词》，《语苑集锦》，上海教育出版社 2001 年版。

林娟：《程度副词修饰无性状量级动词性成分考察》，《深圳大学学报》（人文社会科学版）2012 年第 1 期。

林雪：《〈吕氏春秋〉程度副词研究》，《西华师范大学学报》（哲学社会科学版）2008 年第 6 期。

蔺璜、郭姝慧：《程度副词的特点范围与分类》，《山西大学学报》（哲学社会科学版）2003 年第 2 期。

刘芬：《英语情感强化副词的认知语义研究》，博士学位论文，湖南师范大学，2016 年。

刘坚、曹广顺、吴福祥：《论诱发汉语词汇语法化的若干因素》，《中国语文》1995 年第 3 期。

刘坚等：《近代汉语虚词研究》，语文出版社 1992 年版。

刘淇：《助字辨略》，中华书局 1954 年版。

刘楚群：《论"越 V 越 A"——兼论从"越 V 越 A"到"越来越 A"的语义虚化过程》，《河北师范大学学报》（哲学社会科学版）2004 年第 4 期。

刘丹青：《语法化中的更新、强化与叠加》，《语言研究》2001 年第 2 期。

刘丹青：《汉语中的框式介词》，《当代语言学》2002 年第 4 期。

刘丹青：《语序类型学与介词理论》，商务印书馆 2003 年版。

刘剑辉、刘芬：《英汉情感强化副词研究现状与分析》，《上海师范大学学报》（哲学社会科学版）2017 年第 6 期。

刘金勤：《程度副词"好"的共时分布与历时流变》，《湖北社会科学》

2013 年第 6 期。

刘钧杰：《〈红楼梦〉前八十回和后四十回语言差异考察》，《语言研究》
　　1986 年第 1 期。

刘开骅：《中古汉语的并列式双音副词》，《烟台师范学院学报》（哲学
　　社会科学版）2004 年第 1 期。

刘凯鸣：《副词"伤"源流初探》，《汉语学习》1985 年第 6 期。

刘晓惠：《〈搜神记〉程度副词考察》，《山西广播电视大学学报》2005
　　年第 3 期。

刘晓梅：《来自粤方言的超量级程度副词"太过"》，《中国语文》2007
　　年第 5 期。

刘泽权、田璐、刘超朋：《〈红楼梦〉中英文平行语料库的创建》，《当
　　代语言学》2008 年第 4 期。

柳士镇：《从语言角度看〈齐民要术〉卷前〈杂说〉非贾氏所作》，《中
　　国语文》1989 年第 2 期。

柳士镇：《试论中古语法的历史地位》，《南京大学学报》（哲学·人文
　　科学·社会科学版）2001 年第 5 期。

柳士镇：《魏晋南北朝历史语法》（修订本），商务印书馆 2019 年版。

龙国富：《"越来越……"构式语法化——从语法化的视角看语法构式
　　的显现》，《中国语文》2013 年第 1 期。

卢惠惠：《近代汉语程度副词"好"的语法化》，《语言研究》2009 年
　　第 4 期。

卢惠惠：《近代汉语程度副词"好"的语法化及其语体特征》，《语言研
　　究集刊》2009 年第 6 辑。

陆彦：《近代汉语程度副词研究述评》，《苏州教育学院学报》2014 年第
　　2 期。

陆俭明、马真：《"还"和"更"》，《现代汉语虚词散论》，语文出版社
　　1999 年版。

陆俭明、马真：《"更加"和"越发"》，《现代汉语虚词散论》，语文出版社 1999 年版。

陆俭明、马真：《关于表重复的副词"又""再""还"》，《现代汉语虚词散论》，语文出版社 1999 年版。

罗琼鹏：《等级性、量级结构与汉语性质形容词分类》，《汉语学习》2018 年第 1 期。

罗耀华、孙敏：《"何必/何苦"的词汇化与语法化》，《汉语学习》2010 年第 2 期。

罗主宾：《副词"加倍"与"倍加"》，《绥化学院学报》2016 年第 9 期。

吕叔湘：《汉语语法论文集》（增订本），商务印书馆 1984 年版。

吕叔湘：《现代汉语八百词》（修订本），商务印书馆 1999 年版。

吕叔湘著，江蓝生补：《近代汉语指代词》，学林出版社 1985 年版。

吕雅贤：《从先秦到西汉程度副词的发展》，《北京大学学报》（哲学社会科学版）1992 年第 5 期。

马真：《先秦复音词初探》，《北京大学学报》（哲学社会科学版）1980 年第 5 期。

马真：《先秦复音词初探》（续完），《北京大学学报》（哲学社会科学版）1981 年第 1 期。

马真：《"稍微"和"多少"》，《语言教学与研究》1985 年第 3 期。

马真：《程度副词在表示程度比较的句式中的分布情况考察》，《世界汉语教学》1988 年第 2 期。

马真：《说副词"有一点儿"》，《世界汉语教学》1989 年第 4 期。

马真：《普通话里的程度副词"很、挺、怪、老"》，《汉语学习》1991 年第 2 期。

马真：《简明实用汉语语法教程》，北京大学出版社 1997 年版。

马忠：《古代汉语语法》，山东教育出版社 1983 年版。

马建忠：《马氏文通》，商务印书馆 1898、1983 年版。

马清华：《强程度标记的叠加》，《华东师范大学学报》（哲学社会科学版）2003 年第 3 期。

马庆株：《汉语动词和动词性结构》，北京大学出版社 2005 年版。

孟蓬生：《副词"颇"的来源及其发展》，《中国语文》2015 年第 4 期。

孟艳红：《〈五灯会元〉程度副词研究》，硕士学位论文，武汉大学，2004 年。

孟昭连：《〈金瓶梅〉方言研究及其他》，《南开学报》（哲学社会科学版）2005 年第 1 期。

聂丹、张显成：《论程度副词"最"的双层级特征形成机制》，《北方论丛》2011 年第 4 期。

聂志平：《关于"×得很"中"很"的性质》，《中国语文》2005 年第 1 期。

潘承玉：《〈金瓶梅〉五十三至五十七回真伪论考》（上），《绍兴文理学院》（哲学社会科学版）1997 年第 2 期。

潘海峰：《语言的主观性与主观化研究及其相关问题——兼论主观化与语法化的关系》，《上海师范大学学报》（哲学社会科学版）2016 年第 6 期。

朴银周：《程度范畴的韩汉对比研究》，硕士学位论文，华东师范大学，2005 年。

齐沪扬、张谊生、陈昌来：《现代汉语虚词研究综述》，安徽教育出版社 2002 年版。

奇唯美：《程度副词句法语义语用特征及分类研究》，博士学位论文，北京大学，2015 年。

钱慧：《〈孟子〉中的程度副词研究》，《唐山师范学院学报》2015 年第 4 期。

邵斌、王文斌、黄丹青：《英语强化词的构式搭配分析及其可视化研究》，《外语教学与研究》2017 年第 3 期。

沈家煊：《"语法化"研究综观》，《外语教学与研究》1994 年第 4 期。

沈家煊：《实词虚化的机制——〈演化而来的语法〉评介》，《当代语言学》1998 年第 3 期。

沈家煊：《跟副词"还"有关的两个句式》，《中国语文》2001 年第 6 期。

沈家煊：《语言的"主观性"和"主观化"》，《外语教学与研究》2001 年第 4 期。

沈家煊：《语用原则、语用推理和语义演变》，《外语教学与研究》2004 年第 4 期。

沈家煊：《认知与汉语语法研究》，商务印书馆 2006 年版。

沈家煊：《语言类型学的眼光》，《语言文字应用》2009 年第 3 期。

沈家煊：《怎样对比才有说服力——以英汉名动对比为例》，《现代外语》2012 年第 1 期。

施建军：《基于支持向量机技术的〈红楼梦〉作者研究》，《红楼梦学刊》2011 年第 5 期。

石玉熊、仲儒：《基于语料库的汉英比较构式中程度词的有界性对比研究》，《外语电化教学》2019 年第 4 期。

石毓智：《语法化的动因与机制》，北京大学出版社 2006 年版。

疏蒲剑：《程度副词的汉日对比研究——以「極めて」「ごく」"极"为对象》，《汉日语言对比研究论丛》2016 年第 1 期。

束定芳：《认知语义学》，上海外语教育出版社 2008 年版。

宋洪民：《〈史记〉副词"最"特殊句法位置试析》，《古汉语研究》2002 年第 2 期。

孙东平、杨忠辉：《"好不"副词语法化过程中几个问题的续议》，《毕节学院学报》2011 年第 1 期。

索绪尔：《普通语言学教程》，商务印书馆 1983 年版。

［日］太田辰夫：《中国语历史文法》（修订译本），蒋绍愚、徐昌华译，北京大学出版社 2003 年版。

覃兴华：《〈庄子〉程度副词研究》，硕士学位论文，山西大学，2006 年。

汤传扬：《近代汉语程度副词"紧"的语法化》，《牡丹江大学学报》2015 年第 6 期。

汤传扬：《程度补语"紧""很"的历史与现状》，《汉语学报》2017 年第 2 期。

唐韵：《近代汉语的程度副词"十分"》，《四川师范学院学报》（哲学社会科学版）1992 年第 4 期。

唐善生：《"程度副词 + 名"与"程度副词 + 有 + 名"结构》，《华中师范大学学报》（人文社会科学版）2000 年第 5 期。

唐贤清：《〈朱子语类〉中的副词"大段"》，《湖南大学学报》（社会科学版）2002 年第 6 期。

唐贤清：《〈朱子语类〉副词"大故"探析》，《船山学刊》2003 年第 2 期。

唐贤清：《〈朱子语类〉中的"太"、"煞"与"太煞"》，《云梦学刊》2003 年第 5 期。

唐贤清：《近代汉语副词"可煞"的演变规律》，《中南大学学报》（社会科学版）2003 年第 1 期。

唐贤清：《近代汉语副词"太煞"刍议》，《湖南社会科学》2003 年第 3 期。

唐贤清：《副词"煞"与"杀"句法分布的历时演变》，《长沙电力学院学报》（社会科学版）2004 年第 2 期。

唐贤清：《〈朱子语类〉副词研究》，湖南人民出版社 2004b 年版。

唐贤清、罗主宾：《程度副词作补语的跨语言考察》，《民族语文》2014 年第 1 期。

陶光：《一百二十回本〈红楼梦〉乃曹雪芹一人所作》，《九江师专学报》（哲学社会科学版）1995 年第 1 期。

田宏梅：《利用汉语语料库研究词语搭配——以"有点"为例》，《暨南大学华文学院学报》2006 年第 3 期。

田家隆：《程度副词"非常""异常""无比""万分"的衍生与发展——

兼论其在现代汉语状补位置上的不对称性》，《国际汉语学报》2015
　　年第 1 辑。

汪维辉：《〈红楼梦〉前 80 回和后 40 回的词汇差异》，《古汉语研究》2010
　　年第 3 期。

汪维辉：《〈齐民要术〉卷前"杂说"非贾氏所作补正》，《古汉语研
　　究》2006 年第 2 期。

汪维辉：《东汉—隋常用词演变研究》（修订本），商务印书馆 2018 年版。

汪维辉：《汉语核心词的历史与现状研究》，商务印书馆 2017 年版。

汪晓莉、李娇娇：《基于语料库的〈长恨歌〉英译本中程度副词的强化
　　研究》，《上海对外经贸大学学报》2015 年第 5 期。

王静：《"很"的语法化过程》，《淮阴师范学院学报》（哲学社会科学
　　版）2003 年第 4 期。

王静：《"很"、"非常"和"十分"的不对称及其原因》，《黄河科技大
　　学学报》2003 年第 4 期。

王静：《"有些""有点"的来源及其在近、现代汉语中的用法》，《宜
　　宾学院学报》2010 年第 5 期。

王珏：《可受程度副词修饰的动词短语》，《解放军外国语学院学报》1992
　　年第 1 期。

王力：《中国现代语法》，商务印书馆 1954、1985 年版。

王力：《汉语史稿》，中华书局 1980 年版。

王力：《汉语语法史》，商务印书馆 1989 年版。

王寅：《认知语言学》，上海外语教育出版社 2007 年版。

王海华、陈国华：《中国学习者适用英语强势词搭配的发展特点》，《外
　　国语》2007 年第 1 期。

王丽洁：《〈型世言〉程度副词研究》，硕士学位论文，山东大学，2007 年。

王仁铭：《〈红楼梦〉后四十回未必不是曹雪芹写的》，《江汉学术》1998
　　年第 1 期。

王榕培、王之江：《英语词汇学》，上海外语教育出版社 2018 年版。

王世华：《〈红楼梦〉语言的地方色彩》，《红楼梦学刊》1984 年第 2 期。

王信娟：《现代汉语语汇层面表程度的义类语素研究》，硕士学位论文，上海师范大学，2012 年。

王秀玲：《程度副词"分外"的来源及其发展》，《古汉语研究》2007 年第 4 期。

王阳阳、马贝加：《副词"更"的语法化》，《浙江教育学院学报》2007 年第 1 期。

王泽鹏：《"被"，其词义虚化的历时考察——通过语义韵律进行调查》，陈淑梅、解海江主编《语海新珠——庆祝张志毅先生科学研究和辞书工作 50 年论集》，光明日报出版社 2010 年版。

卫乃兴、桂诗春、杨惠中：《词语搭配的界定与研究体系》，上海交通大学出版社 2002 年版。

卫乃兴：《基于语料库和语料库驱动的词语搭配研究》，《当代语言学》2002 年第 2 期。

卫乃兴：《基于语料库的对比短语学研究》，《外国语》2011 年第 4 期。

卫乃兴、李文中、濮建忠、梁茂成、何安平：《变化中的语料库语言学》，《解放军外国语学院学报》2014 年第 1 期。

文旭、黄蓓：《极性程度副词"极"的主观化》，《外语研究》2008 年第 5 期。

吴敢：《20 世纪〈金瓶梅〉研究的回顾与思考》，《徐州师范大学学报》（哲学社会科学版）2001 年第 2 期。

吴勇、周国强：《英语强调词研究的特点与趋势》，《外语教学理论与实践》2009 年第 4 期。

吴福祥：《敦煌变文语法研究》，岳麓书社 1996 年版。

吴福祥：《汉语方所词语"後"的语义演变》，《中国语文》2007 年第 6 期。

吴福祥：《汉语主观性与主观化研究》，商务印书馆 2011 年版。

吴福祥：《近代汉语语法》，中国社会科学出版社 2015 年版。

吴立红：《状态形容词的程度磨损及其表达式的变化》，《修辞学习》2005
年第 6 期。

吴琦幸：《"伤"字新解》，《中国语文》1982 年第 1 期。

武荣强、赵军：《"最"的语法化和主观化》，《湖南科技学院学报》2006
年第 6 期。

武振玉：《〈儿女英雄传〉中的程度副词述评》，《绥化师专学报》2003
年第 4 期。

武振玉：《〈朱子语类〉中的"十分"》，《古籍整理研究学刊》2004 年
第 2 期。

武振玉：《程度副词"非常、异常"的产生与发展》，《古汉语研究》2004
年第 2 期。

武振玉：《程度副词"好"的产生和发展》，《吉林大学社会科学学报》
2004 年第 2 期。

武振玉：《程度副词"十分"的产生与发展》，《山东教育学院学报》2004
年第 6 期。

武振玉：《古代汉语中双音程度副词的产生和发展》，《新疆师范大学学
报》（哲学社会科学版）2005 年第 2 期。

武振玉：《试论〈三言二拍〉中的双音程度副词》，《延边大学学报》（社
会科学版）2005 年第 2 期。

夏青：《"颇"字小议》，《古汉语研究》1996 年第 1 期。

夏齐富：《程度副词再分类试探》，《安庆师院社会科学学报》1996 年第
3 期。

［日］香坂顺一：《水浒传词汇研究（虚词部分）》，植田均译，李思明
校，文津出版社 1992 年版。

向熹：《简明汉语史》（修订本），商务印书馆 2010 年版。

肖奚强：《"更"字歧义句及其相关句式》，《南京师大学报》（社会科

学版）1993 年第 4 期。

肖奚强：《谈程度副词"太₁"和"太₂"》，《零陵学院学报》2002 年第 1 期。

肖奚强：《相对程度副词句法语义分析》，《南京师大学报》（社会科学版）2003 年第 6 期。

肖奚强、钱如玉：《现代汉语副词研究综述》，《云南师范大学学报》（对外汉语教学与研究版）2006 年第 3 期。

肖小平、龙海平：《现代汉语"极为"类"副 + 为"结构的形成》，《语言教学与研究》2013 年第 3 期。

邢福义：《"越 X，越 Y"句式》，《中国语文》1985 年第 3 期。

邢福义：《"很淑女"之类说法语言文化背景的思考》，《语言研究》1997 年第 2 期。

邢福义：《"最"义级层的多个体涵量》，《中国语文》2000 年第 1 期。

熊文新：《语言资源视角下的语料库建设与应用研究》，外语教学与研究出版社 2015 年版。

徐朝华：《上古汉语的程度词》，《河北师院学报》1993 年第 3 期。

徐朝华：《汉代的副词"颇"》，《纪念马汉麟先生学术论文集》，南开大学出版社 1998 年版。

徐建宏：《程度副词"很"与"太"的用法辨析》，《辽宁大学学报》（哲学社会科学版）2005 年第 2 期。

徐俊霞：《程度副词"非常"的来源》，《殷都学刊》2003 年第 1 期。

徐正考、史维国：《语言的经济原则在汉语语法历时发展中的表现》，《语文研究》2008 年第 1 期。

许余龙：《语言的共性、类型和对比———试论语言对比的理论源泉和目的》，《外语教学》2010 年第 4 期。

［古希腊］亚里士多德：《范畴篇·解释篇》，方书春译，商务印书馆 1941、1986 年版。

严安政:《从"忙"和"连忙"看后四十回作者问题》,《红楼梦学刊》1991 年第 2 期。

杨伯峻、何乐士:《古汉语语法及其发展》(修订本),语文出版社 2001 年版。

杨勇:《高程度副词的语义磨蚀及其补偿机制》,《汉语学报》2017 年第 1 期。

杨从洁:《不定量词"点"以及"一点""有点"的用法》,《语言教学与研究》1988 年第 3 期。

杨海峰:《"颇"的语法化和主观化》,第七届国际古汉语语法研讨会论文,法国,Roscof,2010 年。

杨慧中:《语料库语言学导论》,上海外语教育出版社 2002 年版。

杨晶、王勇:《into 一致构式中互为变化的共现语素——国外对 into 一构式研究综述》,《外语学刊》2010 年第 2 期。

杨荣祥:《汉语副词形成刍议——以近代汉语为例》,《语言学论丛》第二十三辑,商务印书馆 2001 年版。

杨荣祥:《从历史演变看"VP + 甚/极"的句法语义结构关系及"甚/极"的词性》,《语言科学》2004 年第 2 期。

杨荣祥:《近代汉语副词研究》,商务印书馆 2005 年版。

杨树达:《高等国文法》,商务印书馆 1984 年版。

杨永龙:《实词虚化与结构式的语法化》,学林出版社 2017 年版。

姚梅林、吴建民:《迁移机制与语言迁移》,《宁波大学学报》(教育科学版)2000 年第 1 期。

姚占龙:《也谈能受程度副词修饰的"有 + 名"结构》,《汉语学习》2004 年第 4 期。

叶玉英:《论程度副词｛太｝出现的时代及其与"太"、"大"、"泰"的关系》,《福建师范大学学报》(哲学社会科学版)2009 年第 3 期。

殷晓杰、仁丹:《〈金瓶梅词话〉第 53 至 57 回为南方人所作补证》,

《汉语史学报》2015 年第 1 期。

由建伟:《英语强化词述评》,《佳木斯教育学院学报》2013 年第 11 期。

俞敏:《高鹗的语言比曹雪芹更像北京话》,《中国语文》1992 年第 4 期。

语言学名词审定委员会:《语言学名词》,商务印书馆 2011 年版。

袁宾:《近代汉语"好不"考》,《中国语文》1984 年第 3 期。

袁明军:《程度副词和动词的类》,《语言学论辑》(3),南开大学出版社 2000 年版。

詹宏伟、周颖洁:《构式连接:基于语料库的双宾构式定量分析》,《西安外国语大学学报》2012 年第 4 期。

詹全旺:《英语增强词 terribly 的主观化———一项基于语料库的研究》,《外国语》(上海外国语大学学报)2009 年第 5 期。

张伯江、方梅:《汉语功能语法研究》,江西教育出版社 1996 年版。

张斌:《汉语语法学》,上海教育出版社 1998 年版。

张舸:《现代汉语程度副词研究的回顾、问题与展望》,《思想战线》2008 年第 1 期。

张平:《程度副词"还"新探》,《广西民族学院学报》(哲学社会科学版)2006 年第 3 期。

张桂宾:《相对程度副词与绝对程度副词》,《华东师范大学学报》(哲学社会科学版)1997 年第 2 期。

张国宪:《现代汉语形容词的典型特征》,《中国语文》2000 年第 5 期。

张惠英:《〈金瓶梅〉俚俗难词解》,社会科学文献出版社 1992 年版。

张家合:《〈世说新语〉心理动词研究》,《阜阳师范学院学报》(社会科学版)2010 年第 6 期。

张家合:《程度副词"过"、"过于"的语法化及功能差异》,《佳木斯大学社会科学学报》2010 年第 5 期。

张家合:《程度副词"越"、"越发"的语法化及相关问题》,《汉语学习》2010 年第 5 期。

张家合：《中古汉语程度副词初探》，《唐山师范学院学报》2010 年第 6 期。

张家合：《从程度副词看中土文献与汉译佛经的差异》，《泰山学院学报》2012 年第 1 期。

张家合：《汉语"更加"类副词的历时演变》，《浙江师范大学学报》（社会科学版）2013 年第 1 期。

张家合：《〈元曲选〉曲文跟宾白的语言差异：以常用词"若－如""站－立"为例》，《浙江师范大学学报》（社会科学版）2016 年第 2 期。

张家合：《程度副词"有些""有点"的历史考察》，《浙江师范大学学报》（社会科学版）2017a 年第 3 期。

张家合：《汉语程度副词历史演变的多角度研究》，中国社会科学出版社 2017b 年版。

张美兰、战浩：《从甚词的角度看 19 世纪末 20 世纪初沪语新派老派的分布》，《语言科学》2018 年第 5 期。

张琪昀：《"太"、"很"考辨》，《汉语学习》2002 年第 4 期。

张卫东、刘丽川：《〈红楼梦〉前八十回与后四十回语言风格差异初探》，《深圳大学学报》（人文社会科学版）1986 年第 1 期。

张亚军：《副词与限定描状功能》，安徽教育出版社 2002 年版。

张亚军：《程度副词与比较结构》，《扬州大学学报》（人文社会科学版）2003 年第 2 期。

张治三：《〈三国志·魏书〉程度副词的特点》，《殷都学刊》2001 年第 3 期。

张勇先：《英语发展史》，外语教学与研究出版社 2014 年版。

张谊生：《论与汉语副词相关的虚化机制——兼论现代汉语副词的性质、分类与范围》，《中国语文》2000a 年第 1 期。

张谊生：《程度副词充当补语的多维考察》，《世界汉语教学》2000b 年第 2 期。

张谊生：《现代汉语虚词》，华东师范大学出版社 2000c 年版。

张谊生：《现代汉语副词探索》，学林出版社 2004 年版。

张谊生：《"太"的语义内涵和语用规约》，《中国语言学报》2006 年第 12 期。

张谊生：《从间接的跨层连用到典型的程度副词——"极其"词汇化和副词化的演化历程和成熟标志》，《古汉语研究》2007 年第 4 期。

张谊生：《程度副词"到顶"与"极顶"的功能、配合与成因——兼论从述宾短语到程度副词的结构与语义制约》，《世界汉语教学》2013 年第 1 期。

张谊生：《介词的演变、转化及其句式》，商务印书馆 2016 年版。

张谊生：《从相对到绝对：程度副词"最"的主观化趋势与后果》，《语文研究》2017 年第 1 期。

张谊生：《"很/太 + 名/动"的形化模式与演化机制及其表达功用——兼论程度副词在相应组配中的四种功用》，《汉语学习》2019 年第 5 期。

张谊生、潘晓军：《"稍微"类副词的历时来源和发展演变》，《忻州师范学院学报》2007 年第 3 期。

张玉金：《甲骨文虚词词典》，中华书局 1994 年版。

章振邦：《新编英语语法教程》，上海外语教育出版社 2009 年版。

赵长才：《〈庄子〉的程度副词系统》，《汉语史学报》第六辑，上海教育出版社 2006 年版。

赵军：《程度副词"顶"的形成与分化》，《云南师范大学学报》（对外汉语教学与研究版）2005 年第 2 期。

赵军：《"最"类极性程度副词的形成和发展》，《宁夏大学学报》（人文社会科学版）2009 年第 4 期。

赵文任：《汉语口语语法》，吕叔湘译，商务印书馆 1978 年版。

郑庆君：《话说汉语中的"很"》，《汉语学习》1997 年第 5 期。

郑庆山：《从方言看程高本后四十回的作者》，《蒲峪学刊》1993 年第 1 期。

郑燕明：《析〈儿女英雄传〉中的程度副词"最"》，《兵团教育学院学报》2004 年第 3 期。

郑燕萍：《〈型世言〉程度副词句法语义分析》，《学术交流》2007 年第 4 期。

钟兆华：《近代汉语虚词研究》，中国社会科学出版社 2011 年版。

周凤彤：《副词刍议》，《齐齐哈尔大学学报》（哲学社会科学版）1988 年第 2 期。

周广干：《〈左传〉〈国语〉程度副词比较研究》，《南阳师范学院学报》（社会科学版）2011 年第 11 期。

郭韶华：《语用频率效应研究》，商务印书馆 2001 年版。

周小兵：《论现代汉语的程度副词》，《中国语文》1995 年第 2 期。

周元琳：《"（一）点儿"的语法功能和语用特征》，《安庆师范学院学报》1999 年第 5 期。

朱德熙：《汉语方言里的两种反复问句》，《中国语文》1985 年第 1 期。

朱德熙：《现代汉语形容词研究》，《语言研究》1956 年第 1 期。

朱德熙：《语法讲义》，商务印书馆 1982 年版。

朱冠明：《口语中新流行的程度副词"巨"》，《语文建设通讯》2005 年第 3 期。

朱庆之：《佛典与中古汉语词汇研究》，台湾：文津出版社 1992 年版。

朱庆之：《佛教混合汉语初论》，《语言学论丛》第二十四辑，商务印书馆 2001 年版。

祝鸿杰：《试论若干甚辞的来源》，《语言研究》1987 年第 2 期。

Heine，B. & T. Kuteva：《语法化的世界词库》，龙海平、谷峰、肖小平译，世界图书出版公司 2012 年版。

二 英文部分

Aarts, B. , "Corpus linguistics, Chomsky and Fuzzy Tree Fragment", In C. Mair & M. Hundt (eds.), *Corpus Lingustics and Linguistics Theory*, Amsterdam: Rodopi, 2001.

Adamson, S. & V. , González-Díaz, *Back to the Very Beginning: the Development of Intensifiers in Early Modern English*, Presented at the Thirteenth International Conference on English Historical Linguistics, Vienna, 2004.

Allerton, D. J. , "English Intensifiers and Their Idiosyncrasies", In R. Steele & T. Threadgold (eds.), *Language Topics: Essays in Honor of Michael Halliday*, Volume 2, Amsterdam: Benjamins, 1987.

Alternberg, B. , "Amplifier Collocations in Spoken and Written English", In S. Johansson & A-B. Stenstrom (eds.), *English Computer Corpora: Selected Papers and Research Guide*, Berlin: de Gruyter, 1991.

Anderson, W. , "Absolutely, Totally, Filled to the Brim with the Famous Grouse: Intensifying Adverbs in the Scottish Corpus of Texts and Speech", *English Today*, 22 (3), 2006, pp. 10 – 16.

Athanasiadou, A. , "On the subjectivity of Intensifiers", *Language Sciences*, 29 (4), 2007.

Bäcklund, Ulf, *The Collocation of Adverbs of Degree in English*, PhD Diss, Uppsala University (unpublished manuscript), 1973.

Baker, G. Francis & E. Tognini-Bonelli (eds.), *Text and Technology*, Amsterdam: John Benjamins, 1993.

Bauer, L. & W. Bauer, "Adjective Boosters in the English of Young New Zealanders", *Journal of English Linguistics*, 30 (3), 2002, pp. 244 – 257.

Biber et al. , *Longman Grammar of Spoken and Written English*, Beijing: Foreign Language Teaching and Research Press, 1999.

Blum-Kulka S. , J. House, & G. Kasper (eds.), *Cross-Cultural Pragmatics: Requests and Apologies*, Norwood, NJ: Ablex, 1989.

Bolinger, D. , *Degree Words*, The Hague & Paris: Mouton, 1972.

Brown, P. & S. Levinson, *Politeness: Some Universals in Language Use*, Cambridge: Cambridge University Press, 1987.

Bybee, J. , "Cognitive Progress in Grammaticalization", In M. Tomasello (ed.), *The New Psychology of Language Volume II* , New Jersey: Lawrence Erlbaum Associate Inc. , 2003a.

Bybee, J. , "Mechanism of Change in Grammaticalization: the Role of Frequency", In J. Janda & B. D. Joseph (eds.), *Handbook of Historical Linguistics*, Blackwell, 2003b.

Cacoullos, T. R. , "From Pronoun to Intensifier", *Linguistics*, 40 (2), 2002, pp. 285 – 318.

Clear, J. , "From Firth Principles: Computational Tools for the Study of Collocation", In M. Baker, G. Francis & E. Tognini-Bonelli (eds.), 271 – 292, *Text and Technology: in Honor of John Sinclair*, Amsterda, Benjamins, 1993.

Cruse, D. , *Lexical Semantics*, Cambridge: CUP, 1986.

Crystal, D. (ed.), *A Dictionary of Linguistics and Phonetics*, Malden, MA. Blackwell, 2008.

de Klerk, V. , "Expressing Levels of Intensity in Xhosa English", *English World-Wide*, 2005, 26 (1), Dressler, W. U. & L. M. Barbaresi, 1994.

Desagulier, G. , "Visualizing Distances in a Set of Near-synonyms: Rather, Quite, Fairly, and Pretty", Glynn, D. & J. Robinson (eds.), *Poly-*

semy and Synonymy: *Corpus Methods and Applications in Cognitive Linguistics*, Amsterdam: John Benjamins Publishing, 2012.

Dressler, W. U. & L. M. Barbaresi, *Morphopragmatics*: *Dimunitives and Intensifiers in Italian*, *German and Other Languages* (Trends in Linguistics: Studies and Monographs No. 76), Berlin/New York: Mouton de Gruyter, 1994.

Fillmore, C., " 'Corpus linguistics' vs. 'Computer-aided Armchair Linguistics' ", In J. Svartvik (ed.), *Directions in Corpus Linguistics*, Berlin: Mouton de Gruyter, 1992.

Finegan, E., *Subjectivity and Subjectivisation*: *An Introduction*, In Stein & Wright, 1995.

Firth, J., "A Synopsis of Linguistic theory 1930—1955", In J. Firth (ed.), *Studies in Linguistic Analysis*, Oxford: Philological Society, 1957.

Fries, Charles C., *American English Grammar*, New York: Appleton Century Crofts, 1940.

Goldberg, A., *Constructions*: *A Constrction Grammar Approach to Argument Structure*, Chicago: Chicago University Press, 1995.

González-Díaz, V., "Recent Developments in English Intensifiers: the Case of Very Much", *English Language and Linguistics*, 12 (2), 2008, pp. 221 – 243.

Granger, S., "Prefabricated Patterns in Advanced EFL Writing: Collocations and Formulae", In A. P. Cowie (ed.), *Phraseology*: *Theory*, *Analysis and Applications*, Oxford: Clearendon Press, 1998.

Greenbaum, S., *Verb-intensifier Collocations in English*, The Hague: Mouton, 1970.

Greenbaum, S., "Some Verb-intensifier Collocations in American and British English", *American Speech*, 49 (1 – 2), 1974, pp. 79 – 89.

Gries, S. A. , "Stefanowitsch, Extending collostructional Analysis: A Corpus-based Perspective on 'alternations'", *International Journal of Corpus Linguistics*, 9 (1), 2004, pp. 97 – 129.

Gries, St. Th. & A. Stefanowitsch, "Cluster Analysis and the Identification of Collexeme Classes", In J. Newman. & S. Rice (eds.), *Empirical and Experimental Methods in Cognitive/functional Research 73 – 90*, Stanford, CA: CSLI, 2010.

Halliday, M. A. K. , "Lexis as a Linguistic Level", In C. E. Bazell, J. C. Catford, M. A. K. Halliday & R. H. Robins (eds.), *In Memory of J. R. Firth 148 – 162*, London: Longman, 1966.

Halliday, M. A. K. , *An Introduction to Functional Grammar*, London: Edward Arnold, 1985/1994/2004.

Hallday, M. A. K. , "Corpus Studies and Probabilistrc Grammar", In Aijmer and Altenberg (eds), *English Linguistics: Studies in Honour of Jan Svartvik*, London: Longman, 1991: 41 – 42.

Heine et al. , *Grammaticalization: A Conceptual Framework*, Chicago: The University of Chicago Press, 1991.

Heylen, K. , & T. Ruette, "Degrees of Semantic Control in Measuring Aggregated Lexical Distances", In L. Borin, A. Saxena, A. , & T. Rama (eds.), *Approaches to Measuring Linguistic Differences*, Berlin & New York: Mouton de Gruyter, 2013.

Hilpert, M. , "Distinctive Collexeme Analysis and Diachrony", *Corpus Linguistics and Linguistic Theory*, 2 (2), 2006, pp. 257 – 262.

Hunston, S. , *Corpora in Applied Linguistics*, Cambridge: Cambridge University Press, 2002.

Ito, R. & S. Tagliamonte, "Well Weird, Right dodgy, Very Strange, Really Cool: Layering and Recycling in English Intensifiers", *Language in So-*

ciety, 32 (2), 2003, pp. 257 – 279.

Jespersen, O. , *Language: Its Nature, Development, and Origin*, London: George Allen & Unwin, 1922.

Ježek, E. , *The Lexicon: An Introduction*, Oxford: OUP, 2016.

Johansson, S. , G. Leech, & H. Goodluck, *Manual of Information to Accompany the Lancaster-Oslo/Bergen Corpus of British English, for Use with Digital Computers*, Oslo: University of Oslo, 1978.

Karlgren, B. , *New Excursions in Chinese Grammar*, BMFEA, 24, 1952.

Kennedy, G. , *An Introduction to Corpus Linguistics*, London: Longman, 1998.

Kennedy, G. , "Amplifier collocations in the British National Corpus: Implications for English Language Teaching", *TESOL Quarterly*, 37 (3), 2003, pp. 467 – 487.

Klein, H. , *Adverbs of Degree in Dutch and Related Languages*, Amsterdam: John Benjamins Publishing Company, 1998.

Knowles, G. , "Corpora, Databases and the Organisation of Linguistic Data", In T. Jenny and S. Mick (eds.), *Using Corpora for Language Research: Studies in the Honour of Geoffrey Leech*, London: Longman, 1996.

Kuha, M. , *Investigating the Spread of "so" as an Intensifier: Social and Structural Factors*, Texas Linguistic Forum, 2004.

Kyto, M. , *Manual to the Diachronic Part of the Helsinki Corpus of English Texts, Coding Conventions and Lists of Source Texts*, 3rd Edition, University of Helsinki, Department of English, Helsinki, 1996.

Labov, W. , "Intensity", In D. Schiffrin (ed.), *Meaning, Form and Use in Context: Linguistic Applications*, Washington, D. C. : Georgetown University Press, 1985.

Langacker, R. W. , "Syntactic Reanalysis", In C. N. Li (ed.), *Mechanisms of Syntactic Change*, Austin: University of Texas Press, 1997.

Leech, G., "The State of the Art in Corpus Linguistics", In K. Aijmer & B. Altenberg (Eds.), *English Corpus Linguistics: Studies in Honour of Jan Svartvik 8 - 29*, London: Longman, 1991.

Leech, G., "Corpus and Theory of Linguistic Performance", In J. Svartvik (ed.), *Directions in Corpus Linguistics*, Berlin: Mouton de Gruyter, 1992.

Leech, G., "Teaching and Language Corpora: A Convergence", In S. Fligelstone & A. McEnery et al. (eds.), *Teaching and Language Corpora*, London: Longman, 1997.

Lien, C., "The Development of Southern Min Demonstratives + Type Classifier/Quantifier Construction in Late Ming and Early Qing Texts: From Demonstratives to Intensifiers", *Language and Linguistics*, 15 (4), 2014, pp. 495 - 510.

Lorenz, G., *Adjective Intensification—Learners versus Native Speakers: A Corpus Study of Argumentative Writing*, Amsterdam: Rodopi, 1999.

Lorenz, G., "Really Worthwhile or Not Really Significant? A Corpus-based Approach to the Delexicalization and Grammaticalization of Intensifiers in Modern English", In I. Wischer & G. Diewald (eds.), *New Reflections on Grammaticalization*, Amsterdam: Benjamins, 2002.

Lorenz, G., "Overstatement in Advanced Learners' Writing: Stylistic Aspects of Adjective Intensification", In S. Granger (ed.), *Learner English on Computer*, London: Longman, 1998.

Louw, B., "Irony in the Text or Insincerity in the Writer? The Diagnostic Potential of Semantic Prosodies", In M. Baker, G. Francis & E. Togni-ni-Bonelli (eds.), *Text and Technology*, Amsterdam: John Benjamins, 1993.

Louw, H. , "Really Too Very Much-adverbial Intensifiers in Black South African English", http: //www. corpus. bham. ac. uk/pclc/REALLY TOO VERY MUCH. doc, 2005.

Lyons, J. , *Semantics*, 2 *vols*, Cambridge: Cambridge University Press, 1977.

Margerie, H. , "A Historical and Collexeme Analysis of the Development of the Compromiser Fairy", *Journal of Historical Pragmatics*, 9 (2), 2008, pp. 288 – 310.

Martin, J. R. & D. Rose, *Working with Discourse: Meaning beyond the Clause*, London: Continuum, 2003.

Martin, J. R. & P. White, *The Language of Evaluation: Appraisal in English*, London: Palgrave, 2005.

McEnery, T. & A. Hardie, *Corpus Linguistics: Method, Theory and Practice*, Cambridge: Cambridge University Press, 2012.

McEnery, T. & A. Wilson, *Corpus Linguistics*, Edinburgh: Edinburgh University Press, 2001.

McEnery, T. , Z. Xiao, & L. Mo, "Aspect Marking in English and Chinese: Using the Lancaster Corpus of Mandarin Chinese for Contrastive Language Study", *Literary and Linguistic Computing*, 18 (4), 2003, pp. 361 – 378.

McEnery, T. , R. Xiao & Y. Tono, *Corpus-Based Language Studies: An Advanced Resource Book*, London and New York: Routledge, 2006.

McEwen, W. & B. Greenberg, "Effects of Message Intensity on Receiver Evaluations of Source, Message, and Topic", *Journal of Communication*, 20 (4), 1970, pp. 340 – 350.

McIntosh, A. , "Patterns and Ranges", In A. McIntosh & M. A. K. Halliday (Eds.), *Patterns of Language: Papers in General, Descriptive and Applied Linguistics 181 – 199*, Bloomington and London: Indiana University Press, 1966.

Méndez-Naya, B. , "On Intensifiers and Grammaticalization: The Case of Swite", *English Studies*, 2003, 84/4: 372 – 391.

Méndez-Naya, B. , *Full good*, *Right good*, *Well Good? On the Competition of Intensifiers in the Middle English Period*, Presented at the Thirteenth International Conference on English Historical Linguistics, Vienna, 2004.

Mendez-Naya, B. , *Adjunct*, *Modifier*, *Discourse Marker: On the Various Functions of Right in the History of English*, Folia Linguistica Historica, 27, 2006: 141 – 69.

Méndez-Naya, B. , "He Nas Nat Right Fat: On the Origin and Development of the Intensifier Right", In Gabriella Mazzon (ed.), *Studies in Middle English Forms and Meanings 191 – 207*, Bern: Peter Lang, 2007.

Méndez-Naya, B. , *Special Issue on English Intensifiers*, *English Language and Linguistics*, *12. 2: 213 – 219*, Cambridge: Cambridge University Press, 2008.

Méndez-Naya, B. , "On the History of Downright", *English Language and Linguistics*, 2008, 12/2: 267 – 87.

Miller, W. J. , *Grammaticalization in English: A Diachronic and Synchronic Analysis of the "ASS" Intensifier*, San Francisco, California (Thesis), 2017.

Mizokami, Y. , "Does 'Women's Language' Really Exist? A Critical Assessment of Sex Difference Research in Sociolinguistics", *Multicultural Studies*, 2001, 1: 141 – 59.

Mizokami, Y. , "Ambiguous Boundary between Women's and Men's Speech in the Japanese Language in the Use of Polite Expressions", *Studia Linguistica*, 2003, 16: 105 – 26.

Mulac, A. , J. Wiemann, S. Widenmann & T. Gibson, "Male/female Language Differences and Effects in Same-sex and Mixed-sex Dyads: The Gender-linked Language Effect", *Communication Monographs*, 55 (4), 1988, pp. 315 – 335.

Murphy, B., *Corpus and Sociolinguistics: Investigating Age and Gender in Female Talk*, Amsterdam: Benjamins, 2010.

Mustanoja, T., *A Middle English Syntax*, Amsterdam: John Benjamins Publishing Company, 1960.

Nevalainen, T. & R. Matti, "Fairly Pretty or Pretty Fair? On the Development and Grammaticalization of English Downtoners", *Language Sciences*, 24 (3 – 4), 2002, pp. 359 – 380.

Newcombe, N. & D. Arnkoff, "Effects of Speech Style and Sex of Speaker on Person Perception", *Journal of Personality and Social Psychology*, 37 (8), 1979, pp. 1293 – 1303.

Palmer, F. R., *Semantics: A New Outline*, Cambridge: Cambridge University Press, 1976.

Paradis, C., "Reinforcing Adjectives: A Cognative Semantic Perspective on Grammaticalization", In Bermudez-Otero, Ricardo et al. (eds.), *Generative Theory and Corpus Studies: A Dialogue from 10 ICEHL, Topics in English Linguistics*, Berlin: Mouton de Gruyter, 2000.

Paradis, C., *Degree Modifiers of Adjectives in Spoken British English*, Lund: Lund University Press, 1997.

Paradis, C., "It's well weird. Degree Modifiers of Adjectives Revisited: The nineties", In J. Kirk (ed.), *Corpora Galore: Analyses and Techniques in Describing English 147 – 160*, Amsterdam and Atlanta: Rodopi, 2000.

Paradis, C., "Configurations, Construals and Change: Expressions of Degree", *English Language and Linguistics*, 12 (2), 2008, pp. 317 –

343.

Partington, A. , "Corpus Evidence of Language Change: The Case of the Intensifier", In M. Baker, G. Francis, & E. Tognini-Bonelli (eds.), *Text and Technology: In Honour of John Sinclair*, *177 – 192*, Amsterdam: John Benjamins, 1993.

Partington, A. , "Utterly Content in Each Other's Company: Semantic Prosody and Semantic Preference", *International Journal of Corpus Linguistics*, 9 (1), 2004, pp. 131 – 156.

Pennebaker, J. , M. Mehl, & K. Niederhoffer, "Psychological Aspects of Natural Language Use: Our Words, Ourselves", *Annual Review of Psychology*, 54 (1), 2003, pp. 547 – 577.

Peters, H. , "Degree Adverbs in Early Modern English", In Dieter Kastovsky (ed.), *Studies in Early Modern English 269 – 288*, Berlin & New York: Walter de Gruyter, 1994.

Poynton, C. , "The Privileging of Representation and the Marginalising of the Interpersonal: A metaphor (and more) of Contemporary Gender Relations", In T. Threadgold & A. Cranny-Francis (eds.), *Feminine/Masculine and Representation*, *231 – 240*, Sydney: Allen & Unwin, 1990.

Precht, K. , "Gender Differences in Affect, Evidentiality, and Hedging in American Conversation", *Paper Presented at the Annual Meeting of the Linguistics Society of America*, 3 – 6 January, San Francisco, 2002.

Quirk, R. , S. Greenbaum, G. Leech et al. , *A Comprehensive Grammar of the English Language*, New York: Longman, 1985.

Quirk, R. , S. Greenbaum, G. & Leech et al. , *A Grammar of Contemporary English*, London: Longman Group Limited, 1972.

Rayson, P. & R. Garside, "Comparing Corpora Using Frequency Profiling", In A. Kilgarriff & T. Berber-Sardinha (eds), *Proceedings of the Work-*

shop on Comparing Corpora, 1 – 6. 1 – 8 October, Hong Kong, 2000.

Recski, L. , *It's Really Ultimately Very Cruel. . .: Contrasting English Intensifi-er Collocations across EFL Writing and Academic Spoken Discourse*, DELTA, 20 (2), 2004, pp. 211 – 234.

Renouf, A. , "Corpus Linguistics: Past and Present", 卫乃兴等:《语料库应用研究》, 上海外语教育出版社 2005 年版。

Rissanen, M. , "From 'Auickly' to 'Fairly': on the History of Rather", *English Language and Linguistics*, 12 (2), 2008, pp. 345 – 359.

Sahlgren, M. , *The Word-Space Model*, Ph. D. Dissertation, Stockholm University, 2006.

Sinclair, J. , *Corpus Concordance Collocation*, Oxford: Oxford University Press, 1991.

Sinclair, J. , "The search for Units of Meaning", *Textus*, 9, 1996, pp. 75 – 106.

Sinclair, J. , "The Lexical Item", In E. Weigand (ed.), *Contrastive Lexical Semantics*, *1 – 24*, Amsterdam: John Benjamins, 1998.

Spitzbardt, H. , *English Adverbs of Degree and Their Semantic Fields*, Philologica Pragensia 8, 1965.

Stefanowitsch, A. & S. Gries, "Collostructions: Investigating the Interaction of Words and Constructions", *International Journal of Corpus Linguistics*, 8 (2), 2003, pp. 209 – 243.

Stenström, A. , "He was really gormless – She's bloody crap: Girls, boys and intensifiers", In Hasselgård, H. & S. Okesfjell (eds.), *Out of Corpora: Studies in Honour of Stig Johnaaon*, Amsterdam and Atlanta: Rodopi, 1999.

Stenström, A. , G. Andersen & I. Hasund, *Trends in Teenage Talk*, *Corpus Compilation*, *Analysis and Findings*, Amsterdam: John Benjamins, 2002.

Stöffel, C. , *Intensives and Downtoners*: *A Study in English Adverbs*, Heidelberg: Carl Winter, 1901.

Tagliamonte, S. & C. Roberts, "So weird; so cool; so innovative: The use of intensifiers in the television series 'Friends'", *American Speech*, 80 (3), 2005, pp. 280 – 300.

Tagliamonte, S. , "So Different and Pretty Cool! Recycling Intensifiers in Toronto, Canada", *English Language and Linguistics*, 12 (2), 2008, pp. 361 – 394.

Tao, H. , "A Corpus-based Investigation of Absolutely and Related Phenomena in Spoken American English", *Journal of English Linguistics*, 35 (1), 2007, pp. 5 – 29.

Thomas, J. & Short M. (eds), *Using Corpora for Language Research*, London: Longman, 1996.

Thorndike, E. & Lorge I. , *The Teacher's Word Book of 30,000*, New York: Teachers College, Columbia University, 1963.

Thorndike, E. , *The Teacher's Word Book*, New York: Teachers College, Columbia University, 1921.

Tognini-Bonelli, E. , *Corpus Linguistics at Work*, Amaterdam: John Benjams, 2001.

Traugott, E. C. & R. B. Dasher, *Regularity in Semantics Change*, Cambridge: Cambridge University Press, 2004.

Traugott, E. C. , "From Propositional to Textual and Expressive Meanings: Some Semantic-pragmatic Aspects of Grammaticalization", In P. Lehrnann & Y. Malkeil (eds.), *Perspectives on Historical Linguistics*, Amsterdam: John Bejamins, 1982.

Tymoczko, M. , "Computerized Corpora and the Future of Translation Studies", *Meta*, 43 (4), 1998, pp. 652 – 660.

Vasilieva, I. , *Gender-specific use of boosting and hedging adverbs in English computer-related texts-a corpus-based study*, Paper presented at the International Conference on Language, Politeness and Gender, 2 – 5 September, University of Helsinki, 2004.

Vermeire, A. , *Intensifying adverbs*, *A syntactic*, *semantic and lexical study of fifteen degree intensifiers*, based on an analysis of two computer corpuses of Modern English, Vol. 1 – 2. (Unpublished Ph. D. thesis, Lancaster), 1979.

Wang, C. , *Patterns and Meanings of Intensifiers in Chinese Learner Corpora*, Shanghai Jiaotong Univeresity Press, Routledge, 2017.

Wittouck, H. , *A Corpus-Based Study on the Rise and Grammaticalisation of Intensifiers in British and American English*, Universiteit Gent, 2010.

后　记

　　程度副词是很有意思的一类词，汉语学界研究者甚众。利用标记语料库，研究程度副词（强化词 intensifiers）的成果主要集中在外语学界。本书是在国家社科基金项目结项成果的基础上修改而成。从项目立项到完成的 4 年时间内，本人借助大型的标记语料库，结合语料库语言学的理论和方法，对汉语程度副词的相关问题进行了一些思考和探索，力求有所发现。今不揣谫陋，向学人同好请教。

　　个人的成长多得益于师友的关心和帮助。本书写作遇到困难时，我曾先后向杨永龙教授、杨荣祥教授、洪波教授、吴福祥教授、李运富教授、李宗江教授、唐贤清教授、王建军教授、史文磊博士、陈佳博士、Vaclav Brezina，Andrew Hardie 等先生请教，在此一并致谢！

　　感谢我的博士导师柳士镇教授的指导和关心，并在百忙之中赐序！感谢我访学英国的合作导师 Richard Xiao 带我进入语料库语言学领域，感谢 Daniel Van Olmen 对我的指导和帮助！

　　感谢浙江师范大学人文学院一直以来的关心，并为本书提供出版经费！我所在的行知学院教学任务极重，感谢学院为本书的写作提供了宽松的研究环境！

　　感谢中国社会科学出版社文学艺术与新闻传播出版中心主任郭晓鸿

博士，以敬业和专业的精神，为本书的出版做了大量细致的工作！

感谢父母、家人和朋友给我的关心、爱护和宽容！

张家合

2020 年 11 月 26 日